普通高等职业教育“十三五”规划教材

U0873860

21世纪高职高专会计类专业课程改革规划教材

统计基础

（第二版）

主　编　张俊清　邱学林
副主编　费琳琪　赵峰松　徐玉萍
主　审　綦　颖

中国人民大学出版社
·北京·

前言 Preface

本书是高等职业教育经济管理类专业的教学用书，是编者在从事多年统计教学及统计工作实践经验的基础上编写的。本书面向高等职业教育的实际情况，从学生实际出发，充分吸取统计改革的新经验和新成就，强调统计方法的工具性和实用性，以理论够用为原则，既避开繁杂的理论论证与推导，又系统完整地阐明统计学的科学思想和方法，达到《中华人民共和国国民经济和社会发展第十三个五年规划纲要》提出的深化教育改革、增强学生实践能力、推动现代信息技术与教育教学深度融合的要求。

本书在编写的过程中突出以下特色：

(1) 以工作任务为导向。

本书结合高职高专教学的特点，以培养学生统计能力为目标，以统计工作过程“统计设计—统计调查—统计整理—统计分析”为主线，设计了九个模块，包括：认识统计、统计调查、统计整理、综合指标分析、时间数列分析、统计指数分析、抽样推断分析、相关与回归分析、认识和撰写统计分析报告。每个模块细分成多个不同的任务，引导学生逐步完成，最终达到相应的知识目标和能力目标。每个任务包括任务导入、任务分析和相关知识与拓展。结合内容，书中穿插了大量的例题。每个模块的最后都设置了模块小结、拓展阅读及技能训练。本书结构设计合理，重在培养学生几大基本能力：调查方案设计能力、调查资料收集能力、整理与分析能力、统计分析报告撰写能力和创造性运用资料能力。

(2) 强化技能提升。

本着简明适用的原则，从基础理论入手，从数据出发，以统计数据处理和分析为核心，结合实例讲解统计方法，注重学生技能的提升。教材中模块三到模块八的最后一个任务结合 Excel 软件介绍统计分析的基本方法，包括数据的收集、整理，图表的编制和数据的基本分析等，使学生能在掌握统计理论知识的基础上会用计算机进行操作，得以从大量枯燥的数据中解放出来，也能增加学生学习统计的兴趣。

(3) 通俗易懂，具有可读性。

本书对涉及的公式不强调推导过程，对能够用 Excel 软件分析的内容不强调记忆理论公式，而注重于利用计算机进行操作与分析的能力。对计算机无法直接分析的内容，强调巧妙记忆法，整体上不使读者产生枯燥的感觉。通过文、图、表、实例的有机结合，将读者带进真实的统计世界，增加本书的实用性、可读性。

本书由辽宁农业职业技术学院张俊清、邱学林担任主编，负责拟订编写教材的大纲，同时负责对全书的总纂及统稿。营口理工学院綦颖负责全书的主审工作。具体的编写分工如下：模块一、模块四、模块五由张俊清编写，模块二由费琳琪（辽宁农业职业技术学院）编写，模块三由徐玉萍（辽宁农业职业技术学院）编写，模块六、模块七由邱学林编写，模块八由赵峰松（辽宁农业职业技术学院）编写，模块九由曲延俊（营口统计局）、陈涛（辽宁职业学院）编写。

在本书的编写过程中编者参阅了大量相关资料，在此对相关作者表示诚挚的感谢！本书的编写得到了辽宁农业职业技术学院有关领导和老师的大力支持，在此一并表示感谢。同时由于编者能力有限，书中难免有不当和疏漏之处，恳请读者批评指正。

编者

目 录 Contents

模块一 认识统计 …… 1

任务一 了解统计 …… 2
任务二 了解统计工作的基本程序 …… 5
任务三 了解统计学的分类及基本方法 …… 7
任务四 了解统计学中的基本概念 …… 9
任务五 熟知常用统计软件 …… 14

模块二 统计调查 …… 25

任务一 设计统计调查方案 …… 26
任务二 设计调查问卷 …… 31
任务三 收集统计数据 …… 37
任务四 认识统计调查误差 …… 41

模块三 统计整理 …… 48

任务一 认识统计整理的步骤 …… 49
任务二 整理统计数据 …… 51
任务三 形成统计图表 …… 56
任务四 运用 Excel 进行统计整理 …… 59

模块四 综合指标分析 …… 69

任务一 运用总量指标反映事物的绝对规模 …… 70
任务二 运用相对指标反映事物的相对关系 …… 74
任务三 运用平均指标反映事物的集中趋势 …… 83
任务四 运用标志变异指标反映事物的离散趋势 …… 94
任务五 运用 Excel 进行综合指标分析 …… 101

模块五 时间数列分析 …… 114

任务一 认识时间数列 …… 115
任务二 运用时间数列的水平指标分析 …… 117
任务三 运用时间数列的速度指标分析 …… 126
任务四 运用时间数列进行趋势分析 …… 135
任务五 运用 Excel 进行时间数列分析 …… 142

模块六 统计指数分析 …… 153

任务一 认识统计指数 …… 154
任务二 编制综合指数 …… 157
任务三 编制平均指数 …… 162
任务四 运用统计指数体系进行因素分析 …… 167
任务五 运用 Excel 进行统计指数分析 …… 173

模块七 抽样推断分析 …… 182

任务一 认识抽样推断 …… 183
任务二 参数估计 …… 191
任务三 运用 Excel 进行抽样推断分析 …… 197

模块八 相关与回归分析 …… 204

任务一 认识相关分析 …… 205
任务二 认识回归分析 …… 210
任务三 运用 Excel 进行相关与回归分析 …… 215

模块九 认识和撰写统计分析报告 …… 226

任务一 认识统计分析报告 …… 227
任务二 撰写统计分析报告 …… 229

参考文献 …… 240

模块一　认识统计

学习目标

知识目标

◎ 了解统计的含义

◎ 掌握统计工作的基本程序

◎ 熟悉统计学中的基本概念

◎ 熟悉常用的统计软件

技能目标

◎ 能将统计学中的基本概念与现实中的实例相结合

◎ 能用统计学的方法分析现实问题

模块考核

模块考核单

序号	考核内容	分值	总结与归纳	成绩
1	统计的含义及特点	10		
2	统计工作的基本程序	20		
3	统计学的基本方法	20		
4	总体与总体单位、标志与指标、离散型变量与连续型变量、指标与指标体系的区别	30		
5	Excel 软件的统计功能	20		
合计		100		

请学生在模块结束后完成模块考核单并上交。

案例导入

以下是来自国家统计局的资料：

(1) 2018 年全国夏粮总产量 13 872 万吨，比 2017 年减产 306 万吨，下降 2.2%；其中播种面积 26 703 千公顷，比上年减少 164 千公顷，下降 0.6%；全国夏粮每公顷产量 5 194.9公斤，比上年减少 82.0 公斤，下降 1.6%。2018 年夏粮产量因面积减少而减产 86 万吨，因单产下降而减产 220 万吨。

（2）2018 年 8 月份，全国城镇调查失业率为 5.0%，比上月下降 0.1 个百分点，比上年同月下降 0.1 个百分点。

（3）2017 年国内生产总值 827 122 亿元，比上年增长 6.9%。其中，第一产业增加值 65 468 亿元，增长 3.9%；第二产业增加值 334 623 亿元，增长 6.1%；第三产业增加值 427 032 亿元，增长 8.0%。

（4）2017 年全年研究生毕业生 57.8 万人，普通本专科毕业生 735.8 万人，就业形势严峻。

（5）2017 年年末全国电话用户总数 161 125 万户，其中移动电话用户 141 749 万户。移动电话普及率上升至 102.5 部/百人。固定互联网宽带接入用户 34 854 万户，比上年增加 5 133 万户，其中固定互联网光纤宽带接入用户 29 392 万户，比上年增加 6 627 万户；移动宽带用户 113 152 万户，增加 19 077 万户。互联网普及率达到 55.8%，其中农村地区互联网普及率达到 35.4%。

（6）2017 年全年货物进出口总额 277 923 亿元，比上年增长 14.2%。其中，出口 153 321 亿元，增长 10.8%；进口 124 602 亿元，增长 18.7%。货物进出口差额（出口减进口）28 718 亿元，比上年减少 4 734 亿元。

（7）2017 年年末全国总人口 139 008 万人，比上年末增加 737 万人，其中城镇常住人口 81 347 万人，占总人口比重（常住人口城镇化率）为 58.52%，比上年末提高 1.17 个百分点。户籍人口城镇化率为 42.35%，比上年末提高 1.15 个百分点。

（8）2016 年国家财政科技支出为 7 761 亿元，是 1980 年的 120 倍，1981—2016 年年均增长 14.2%。

思考： 这些数据和结论是怎么得来的？代表什么含义？

任务一 了解统计

任务导入

什么是统计？我们接触过吗？提起统计大家会想到什么？

请大家举出与统计有关的例子，并列举统计学的各类分支学科。

任务分析

统计是通过整理和分析数据帮助我们认识周围世界的工具。可以说，统计学在各行各业都会用到。随着现代科学技术的迅猛发展，统计学的应用领域已不再局限于经济学。统计学发展至今，已延伸出许多边缘分支学科，如生物统计学、医学统计学、气象统计学、地质统计学、教育统计学、卫生统计学、人口统计学、农业统计学、经济计量学、社会计量学、语言计量学、历史计量学等。

相关知识与拓展

一、统计的含义

在实际生活中，提到统计，人们一般理解为三层含义，包括统计工作、统计资料和统计学。

（一）统计工作

统计工作是指利用科学的方法通过统计实践过程收集、整理和分析资料，从而提供有关社会经济现象资料的实际工作过程。如要了解大学生的消费情况，就必须完成一系列工作，如设计统计调查方案、制作调查问卷、调查人员进行调查、录入汇总调查资料、对资料进行分析及最终形成统计分析报告。所以，一项完整的统计工作过程主要包括统计设计、统计调查、统计整理、统计分析四个基本环节。

（二）统计资料

统计资料是统计工作的最终成果，一般反映在统计表、统计图、统计手册、统计年鉴、统计资料汇编和统计分析报告中，是指通过统计工作的活动过程取得的、用来反映社会经济现象的数据资料的总称。统计资料通常有两类，即原始资料和次级资料。原始资料是指直接从各调查单位收集的、用来反映个体特征的数据资料，通常通过统计调查直接取得；次级资料是指由原始资料加工得到的在一定程度上能反映总体特征的数据资料，通常需要通过查阅报刊、网络、书籍等途径获取。

（三）统计学

统计学是指研究如何收集、整理和分析统计资料的理论与方法的科学，是一门内容丰富的学科，是在统计工作的经验积累到一定程度时自然产生的，是对统计工作的理论概括，是阐述统计实践活动的基本理论和基本方法。

统计工作、统计资料和统计学三者之间不是独立的，而是相互影响、相互制约的。统计工作是基础，统计工作的成果是统计资料，能否取得符合要求的统计资料取决于统计工作的好坏，而统计学又是对统计工作经验的理论概括，用于指导统计工作不断完善和提高。因此，“统计”一词的三层含义是相互联系的，不能强制割裂开来。

二、统计的特点

（一）数量性

统计的研究对象是社会经济现象的数量方面，也就是社会经济现象总体的数量特征、数量关系和事物变化的数量规律。数量性是统计研究对象的基本特点，也是统计区别于其他活动的根本特点。因为，数字是统计的语言，数据资料是统计的原料和成果。一项统计工作，只有通过对收集到的数据资料进行分析，研究事物发展的特征和规律，才能达到统计研究的目的。但是也必须注意，统计对事物定量的分析必须和定性结合起来，才能达到准确认识事物内在规律的目的。

（二） 总体性

统计研究的总体性主要是指针对社会经济现象的总体，通过大量的观察，获得足够多的统计资料，得出反映现象总体的数量特征和资料规律性，而不是单个个体的特征。总体是由总体单位构成的。研究总体的统计数据资料，必须对总体单位进行分析，但这并不是统计研究的目的。研究总体单位主要是为了更好地分析研究现象总体的统计规律性。如人口普查需要对每一个居民进行调查，但是并不是为了研究某个人的状况，而是为了了解一个国家或一个地区的人口总数、年龄结构、自然增长等。城镇居民家庭生计调查，同样需要对每家每户进行调查，但并不是为了解个别居民家庭的生活状况，而是为了反映一个城市、一个地区、一个国家的居民的收入水平、消费水平、消费结构等。

（三） 具体性

统计的研究对象是具体事物的数值，不是抽象的量。所谓具体事物的数值，是指在一定时间、一定地点、一定条件下的某种事物的数量表现。如 2019 年 1—4 月，全国商品房销售额 39 141 亿元，增长 8.1%，增速比 1—3 月回落 2.5 个百分点，其中，住宅销售额增长 10.6%，办公楼销售额下降 11.7%，商业营业用房销售额下降 5.4%。这些数据客观反映了我国商品房 2019 年 1—4 月的销售情况。但如果任何一个数据脱离了具体的时间、地点和条件便不称其为统计数据。

（四） 社会性

统计研究的对象是社会经济现象的数量，有一定的社会性。这是因为统计是在人们的社会生产实践过程中产生和发展起来的，所以，统计中的数据是反映人们社会生产活动的状况的。如人口普查、农业普查、经济普查等统计活动就具有明显的社会性。

三、统计学的应用领域

统计的力量在于其无处不在的应用性，几乎每个行业都离不开统计。统计学的应用领域如图 1-1 所示。日常生活中，我们经常会听到工业统计学、农业统计学、物理统计学、生物统计学、医药统计学、人口统计学、空间统计学等，这样与统计学交叉的学科特别多。另外，任何一个行业，只要涉及收集和处理数据，那么统计学在其中必然发挥着重要的作用。可以说，统计是适用于所有学科领域的通用数据分析方法，是一种通用的数据分析语言。它能研究各种数据，通过对数据的整理和分析，我们能够获取必要的信息，而这些信息有助于我们在许多场合中做出更为正确的决策。

其中，统计在经济管理中的作用更加明显。如在一个完整的企业经营活动中需要开展市场调查、进行市场预测和市场分析、调整企业经营策略、对产品质量进行监测与控制等。企业只有运用统计方法才能更加深刻地认识和了解市场，从而在市场竞争中提升竞争能力。再如会计活动中的审计行为，会计师事务所在对其客户进行审计时，需要确定客户的资产负债表中所显示的应收账款的数量是否公正地体现了实际的应收账款的数量。通常，应收账款的账目数量很大，要审查和验证每个账户既费时又费钱。在这种情况下，通常的做法是审计人员选择账款的一个子集，即样本，这时采用的就是统计中的抽样推断方法。审查过抽样账款的正确性后，审计人员就可以通过样本推断出客户的资产负债表中所显示的应收账款的数量是否是可以接受的结论。

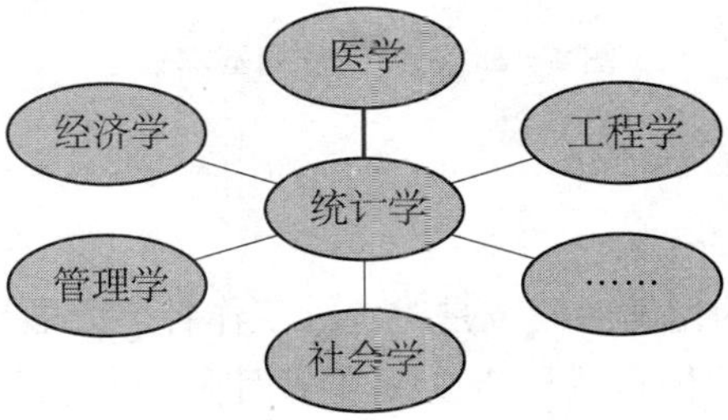

图 1-1 统计学的应用领域

任务二 了解统计工作的基本程序

任务导入

你用什么办法可以知道学生对学校食堂的评价？

任务分析

（1）设计一份调查方案。
（2）制作一份调查问卷或调查表。
（3）收集学生对学校食堂评价的数据。
（4）录入并整理数据。
（5）对数据进行分析并形成统计报告。

相关知识与拓展

一项完整的统计工作一般包括统计设计、统计调查、统计整理和统计分析四个阶段，如图 1-2 所示。

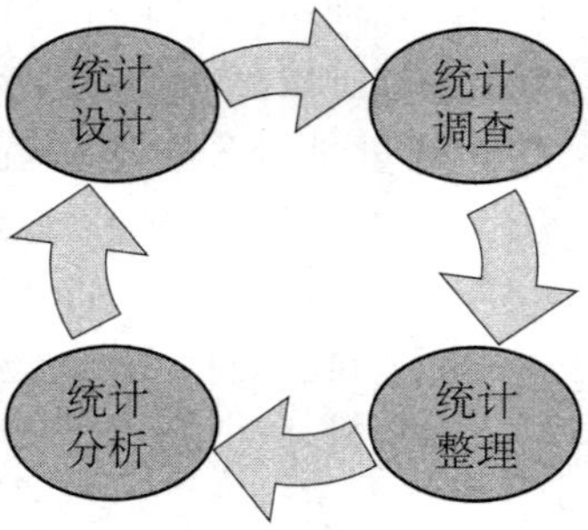

图 1－2 统计工作的基本程序

一、统计设计

统计设计是统计工作的初始阶段，是对统计工作各个方面和各个环节进行的通盘考虑和安排，是统计工作实施的依据，所以贯穿于统计调查、统计整理和统计分析各个环节中。它的成果是形成各种不同的方案，如统计调查方案、统计整理方案等。统计设计阶段的工作任务能够确保统计工作有序、顺利地进行，也能更好地保证各个统计阶段的工作质量。统计设计的内容具体包括：统计指标和指标体系、统计分类目录、统计报表制度、统计调查方案、统计汇总或整理方案以及统计分析方案等的设计。

二、统计调查

统计调查是统计工作的第二个阶段，是根据统计调查方案的要求，运用一定的科学方法，收集调查对象资料的过程。它的成果是各种形式的调查资料，其可以为进一步的统计整理和统计分析提供依据。因此，统计调查是统计整理和统计分析的基础环节。

统计调查收集的资料关系到统计工作的质量。为了保证统计调查资料的质量，统计调查一般需要做到：(1) 准确性，即收集到的资料数据必须符合客观实际、真实可靠，这是统计工作的生命。(2) 完整性，即所有的调查单位都要一一进行调查，调查表或问卷上所有的调查项目都要逐项地进行调查。(3) 及时性，即必须在规定的时间内完成资料的收集。

三、统计整理

统计整理是统计工作的第三个阶段，是指根据统计研究的目的，运用一定的科学方法，对调查收集到的资料进行科学的分组、汇总。统计调查阶段收集到的数据通常比较零散，需要进行整理，整理后形成各种统计图表。整理好数据后，再要做的就是用统计方法分析数据，如用几种简单的指标描述数据就属于分析。统计整理是统计调查的继续，也是统计分析的基本前提。

四、统计分析

统计分析是统计工作的第四个阶段，是指运用各种统计方法对整理后的统计资料进行分析研究，从而能够反映现象的数量特征，预测现象的发展前景。它的成果是计算出来的各种分析指标和对这些指标的分析说明，也包括通过计算分析后所形成的统计分析报告。目前对数据的分析经常需要借助于计算机软件进行操作，如 Excel 和 Spss 等软件。

以上四个阶段，常常是依次进行的，所以，也可以称为统计工作的全过程或一般流程。

任务三　了解统计学的分类及基本方法

任务导入

一项完整的统计工作过程需要进行统计设计、统计调查、统计整理和统计分析，那么在每一个统计阶段如何选取合适的统计方法呢？

任务分析

实际工作中，必须根据统计工作所处的阶段及统计研究的目的选择合适的统计方法。对于同一项统计资料，若选择不同的统计方法处理，有时结论是截然不同的。

相关知识与拓展

一、统计学的分类

统计学的分类如图 1-3 所示。

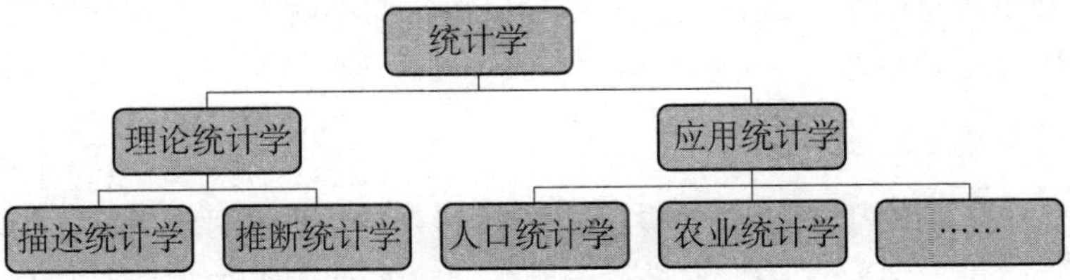

图 1-3　统计学的分类

（一）理论统计学

理论统计学主要研究统计学的一般理论和统计方法的数学理论，是统计方法的理论基础，具体包括：描述统计学和推断统计学。

1. 描述统计学

描述统计学是指研究如何取得反映客观现象的数据，并通过图表形式对所收集的数据进行加工处理和显示，进而通过综合、概括与分析得出反映客观现象的规律性数量特征的一门学科。描述统计学的主要内容包括收集数据、整理数据、展示数据以及进一步的描述性分析，目的在于通过描述数据特征、找出数据基本规律。本教材模块三至模块六中，统计数据的整理，综合指标、时间数列、统计指数等的分析就属于描述统计学的内容。

2. 推断统计学

推断统计学是指研究如何通过样本数据去推断总体数量特征，在对样本数据进行描述的基础上，对统计总体的未知数量特征作出以概率形式表述的推断的学科。推断统计学的主要内容包括参数估计和假设检验，目的在于通过样本对总体特征作出推断，是研究如何利用样本数据来推断总体特征的统计学分支。本教材模块七至模块八中，参数估计、假设检验、相关与回归分析等就属于推断统计学的内容。

（二） 应用统计学

应用统计学是研究如何应用统计方法去解决实际问题的学科，研究的内容是运用于某一特定领域的统计问题。根据统计方法在不同学科中的具体应用，应用统计学又可以分为许多具体的应用统计学科：在生物学中的应用称为“生物统计学”；在医学中的应用称为“医药统计学”；在农业试验、育种等方面的应用称为“农业统计学”；在经济领域的应用称为“经济统计学”；在社会学研究和社会管理中的应用称为“社会统计学”；在人口学中的应用称为“人口统计学”等。

二、统计工作中的基本方法

（一） 大量观察法

大量观察法是指对所研究事物的全部或足够数量的个体进行调查研究，从而占有实践资料的一种方法。由于统计工作是研究现象总体数量方面的调查研究活动，这就决定了统计学的研究对象是客观现象总体的数量方面。总体是由每个总体单位即许多个体构成的，而个体之间的特征又会有很大的差异。因此，要准确地反映现象的数量特征，必须对总体中的全部或足够多数量的个体进行调查并综合分析，而不能只取个别或少数个体。统计调查阶段通常采用大量观察法。

（二） 统计分组法

统计分组法主要运用于统计整理阶段。统计调查阶段收集来的数据比较零散和杂乱，因此需要在统计整理阶段对这些数据进行分组汇总。统计分组法主要是指根据所研究事物总体的特点和统计研究的任务，按照一定的标准，把总体划分为不同性质或类型的组。通过统计分组，可以研究总体中不同组的性质以及构成、分布特征。如对某单位 1 000 名职工的数据按工资进行分组，可分为 2 000 元以下、2 000～3 000 元、3 000～4 000 元、4 000～5 000 元、5 000 元以上五组，这就是统计分组法的体现。

（三） 综合指标法

综合指标是研究统计总体数量特征的概念和数值。因此，要想反映现象数量方面的特征，可以通过综合指标法来体现。综合指标法是统计学中常用的描述统计方法，主要是指通过各种指标从总体上反映所研究现象的数量特征和数量关系并进行对比分析的方法，如通过某班 60 人反映班级规模就是综合指标法的体现。

（四） 抽样推断法

抽样推断法是指在一定的概率保证程度下，用样本来推断总体数量特征的方法。在统计活动中，当涉及的总体单位太多时，通常采用抽样调查的方式，因为观察到的往往只是所研究现象总体中的一部分单位，所以就需要运用抽样推断法，由样本来推断总体数量特征。目前，抽样推断法已成为统计分析中最常用的方法，如用 100 个学生的消费水平来推断全校 10 000 名学生的消费水平就是抽样推断法的体现。

（五） 统计模型法

统计模型法是指通过模拟数学方程，对相关现象之间的数量变动关系进行定量研究，以了解某一现象数量变动对另一现象数量变动的影响程度。如通过模拟学生学习时间与学习成绩的方程，了解学生学习时间对学习成绩的影响程度就是统计模型法的体现。

以上几种方法适用于统计工作的不同阶段，具体适用情况如图 1－4 所示。

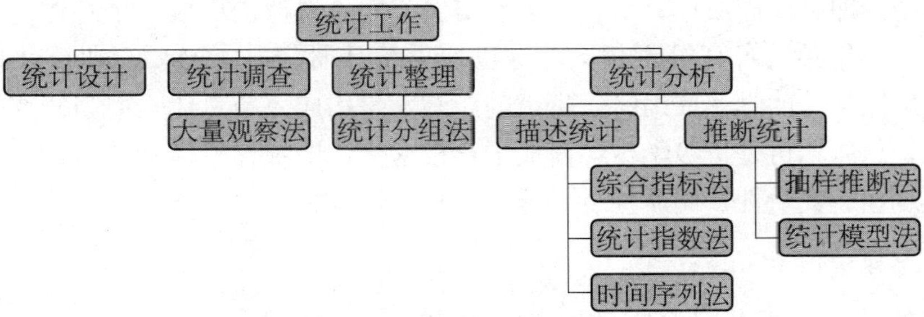

图 1－4　统计工作四个阶段的统计方法

任务四　了解统计学中的基本概念

任务导入

某市政府要了解本市居民的住房宽松拥挤状况以及住房设施条件状况，这就需要收集统计数据。为了着手收集数据，需要把研究的对象范围和研究的数量内容具体化。

思考： 该研究的对象范围如何界定？如何从数量上反映该城市居民的住房宽松拥挤状况以及住房设施条件状况？

任务分析

本任务涉及统计总体、总体单位及指标的概念。为了了解上述情况，必须明确统计总体是什么？总体单位是什么？“宽松拥挤”“设施条件”仅仅是笼统的概念，必须将其具体化为可以进行数量测算的统计指标。

相关知识与拓展

一、统计总体与总体单位

（一）统计总体

统计总体是我们所要研究的对象的全体，简称总体，是由客观存在的、在同一性质基础上结合起来的许多个别单位所形成的集合体。如研究某班学生学习成绩时，该班所有学生就构成一个总体。这个总体是由班级每个学生构成的，这些学生是客观存在的，即统计总体的客观性；要构成这个总体，必须由一定数量的学生构成，单个或少数几个学生没有意义，即统计总体要由一定数量的个体构成，具备大量性；正是因为这些学生都隶属于这个班，每个学生的班级相同，这才构成了这个总体，即构成统计总体的个体至少在某一方面的性质相同，即具备同质性；每一个学生班级相同使得他们形成一个总体，其他的特征如姓名、性别、年龄、身高等不相同，这也使得统计研究有了必要，即统计总体的变异性；当研究班级学生的学习成绩时，班级的所有学生构成一个总体，但当研究全校学生的学习成绩时，总体不再是班级学生，而成了全校学生，即统计总体的相对性。因此，统计总体具有客观性、大量性、同质性、变异性、相对性等特点。

（二）总体单位

构成总体的个体即每一个单位称为总体单位，通常是一组数据描绘的具体对象。个体可能是人，但也可能是其他事物。如要研究班级学生的学习情况时，班级的每一个学生是总体单位，而要研究区域内的工业企业时，区域内的每一个工业企业是总体单位。

必须注意，总体是统计认识的对象，而总体由总体单位构成，要认识总体必须从总体单位开始。但总体和总体单位不是一成不变的，二者随着研究目的的不同会发生改变。如要了解某一地区国有工业企业的生产经营情况时，总体是该地区的全部国有工业企业，每一个国有工业企业是总体单位。而要了解某一国有企业职工工资情况时，总体就成了该企业的所有职工，总体单位是每一位职工。

二、统计标志与统计指标

（一）统计标志

统计标志简称标志，是指总体单位所具有的属性和特征，标志的具体表现称为标志值。例如，要研究某班级学生的学习情况时，某学生的性别为女，民族为汉族，身高为165cm，基础会计成绩为90分等，这里的性别、民族、身高、成绩属于标志，这些标志的值，如女、汉族、165cm、90分等都属于对应的标志值，或称为标志表现。

以上总体单位的标志值有一些可以直接用数字表述，而另一些则需要用文字表述。因此，标志可以按照性质分为品质标志和数量标志。其中，标志值只能用文字表述的是品质标志，如性别和民族标志值用文字表示，是表明总体单位“质”的特性的标志；标志值只能用数字表述的是数量标志，如身高和成绩标志值用数字表示，是表明总体单位“量”的特性的标志。

正是由于各个总体单位具有某一相同的标志值，才构成了统计总体；也正是由于各个总体单位具有某些不相同的标志值，才有了统计的必要。因此，标志可按变异情况分为不变标志和可变标志。其中，不变标志是指各总体单位的标志表现或标志值是相同的，如某个班级学生的专业、班级都是相同的，就属于不变标志，是不同的总体单位构成统计总体的必要条件；可变标志是指各总体单位的标志表现或标志值是不同的，如每个学生的姓名、性别、年龄等是不同的，就属于可变标志。这里，总体各单位标志表现不同，可能是属性不同，也可能是数字差异，统称为变异。变异是统计的前提，没有变异也就没有统计的必要。

（二）统计指标

统计指标简称指标，是指反映社会经济现象总体数量特征的概念及具体数值。一项完整的统计指标，必须具备几大构成要素：

（1）空间范围。

（2）时间范围（数值所属的时间）。

（3）指标名称。

（4）数值。

（5）计量单位。

（6）计算方法。

如 2016 年上海市总人口 2 420 万人，这里，2016 年属于时间范围，上海市属于空间范围，总人口属于指标名称，也内含了计算方法，2 420 万属于数值，人属于计量单位。这一指标反映了上海市 2016 年的人口规模，缺少任何一项，便无法构成一项完整的统计指标。

由此可见，统计指标主要具有以下基本特征：

（1）数量性。

数量性主要体现在统计指标反映现象的数量特征，属于数量范畴．“没有没有数量的指标”，也即不存在不用数字表示的统计指标。这点和标志就有差异。

（2）具体性。

具体性主要体现在统计指标所反映的总体在具体时间、地点、条件下的数量特征。如总人口 2 420 万人，就属于一个不完整的、抽象的统计指标，缺乏现实意义。

（3）综合性。

综合性主要体现在统计指标是对总体数量特征的综合说明，是由个体数量综合而来的。如要计算班级学生的平均成绩这一指标，必须通过班级每个学生的成绩加总除以总人数得到。

（三）标志和指标二者的关系

标志和指标是统计学上两个重要的概念，在后面的模块中会经常用到，二者容易混淆。标志和指标既有密切的联系，也有一定的区别。

二者的联系体现在：

（1）标志是指标的来源和基础。

用来反映总体数量特征的指标主要是由总体单位标志值综合而来的。而标志值有用文字表述的，也有用数字表述的。而统计指标只能是由总体单位数量标志值综合而来的。可见，标志是指标的来源和基础。

（2）统计指标与数量标志之间存在着变换关系。

统计指标是反映总体特征的，而标志是反映总体单位特征的，二者反映的对象不同。但是，随着研究目的的转化，总体和总体单位也会发生变化。因此，当总体和总体单位变化时，相应的指标也就变成了数量标志。如研究某班学生的学习成绩时，该班学生的平均成绩属于指标，而当研究全校学生的学习成绩时，全校学生的平均成绩变成了指标，而原来属于指标的某班级学生的平均成绩，就变成了数量标志。

二者的区别体现在：

（1）研究对象不同。

标志用于说明总体单位所具有的属性和特征，指标则是反映社会经济现象总体数量特征的概念及具体数值。可见，标志的研究对象是总体单位，指标的研究对象是总体。

（2）表现形式不同。

标志是反映总体单位属性和特征的，既可以用文字表述，也可以用数值表述。用文字表述的称为品质标志，用数值表述的称为数量标志。指标是反映总体数量特征的，所有的指标都能用而且必须用数值表述。

三、变量

变量是指可变的数量标志和统计指标（如年龄、身高和体重等），都是可以用数值形式表现的。

（一）按照变量值的连续性不同，变量可分为离散性变量和连续性变量

1. 离散型变量

离散型变量是指变量的一切可能取值都以整数形式出现，并可以一一列举，取值不需要用工具度量，一般用计数的方式即可，如职工人数、企业个数、设备台数等。

2. 连续型变量

连续型变量是指在一个区间内可以连续不断取值的变量，需要使用度量工具取值。一般来说，连续型变量通过度量工具“测量”取得，测量的仪器越精密，变量值就会越精确，如人的身高、体重，产品的长度、重量等。

二者的区分对后面的时间数列分析至关重要。

（二）按照变量所受的影响因素不同，变量可分为确定性变量和随机变量

1. 确定性变量

确定性变量是指受确定性因素影响的变量。这里的确定性因素是指明确的、可解释

的、人为的或者受人控制的因素。如，收入－费用＝利润，不考虑利得和损失的情况下，利润的变化主要受收入和费用两个确定性因素的影响，属于确定性变量。

2. 随机变量

随机变量是指受随机因素影响的变量。这里的随机因素是指不确定的、偶然的、非人为控制的、不可解释的因素。例如，周五下午 1 点至 3 点的股票成交量，受行情预期、各种消息、购买行为、资金数量、新股上市等多种不确定性因素影响，属于随机变量。

四、统计指标与统计指标体系

（一）统计指标的种类

统计指标的含义前面已经提及，这里仅就统计指标的种类进行说明。

1. 按数值的表现形式，指标可以分为总量指标、相对指标和平均指标

总量指标是指以绝对数形式表现的，用来反映总体规模大小的指标，如 2018 年某校毕业生人数为 3 000 人。相对指标是指以相对数形式表现的，用来反映事物之间的相对关系的指标，如 2018 年某区工业与农业产值的比例为 3∶1。平均指标是指以平均数形式表现的，用来反映事物的一般水平的指标，如某企业 2018 年职工月平均工资为 2 800 元。以上具体内容将在模块四“综合指标分析”中详细介绍。

2. 按反映的内容和数量特点，指标可以分为数量指标和质量指标

数量指标反映的是所研究现象总体的总规模和总水平，其大小取决于总体单位数目的多少及其标志水平的高低，如总人口、国民生产总值、国内生产总值、销售量、产量、销售额、产值等。上面介绍的总量指标都属于数量指标。

质量指标反映的是所研究现象的平均水平或其他数量对比关系，也经常用来反映现象的内部构成、比例等，如价格、单位成本、劳动生产率等。上面介绍的相对指标或平均指标都属于质量指标。

二者的区分对后面的统计指数分析至关重要。

（二）统计指标体系的含义及内容

一个统计指标只能反映所研究总体某一方面的数量特征，但任何客观现象都具有多个相互联系、彼此制约的方面和特征。如果我们要全面、深入地反映客观事物，必须将各种相互联系的指标构成一个整体，用以反映所研究对象各方面相互依存和制约的关系，从而反映总体的全貌。一系列相互联系、相互制约的多个统计指标所构成的整体就是统计指标体系。如财政部制定的一些企业经济效益评价指标体系：销售利润率、总资产报酬率、资本收益率、资本保值增值率、资产负债率、流动比率、应收账款周转率、存货周转率、社会贡献率、社会积累率等，这些指标体系无一不是由两个或多个指标构成，用来全面、综合地对企业的经济效益进行评价和分析。

任务五 熟知常用统计软件

任务导入

某一调查中收集到了 1 000 份统计数据，如何对该数据进行整理分析？

任务分析

手动对统计数据进行汇总和整理，工作量大，且容易出现错误。为此需要借助计算机软件进行统计数据的整理和分析。

相关知识与拓展

数据分析的软件有很多种，如 Excel、Spss、Stata、Eviews 等，本教材主要使用 Excel软件，这里对其他软件仅作一个简单介绍。

一、Excel 软件的使用

Excel 不仅具有强大的电子表格处理能力，还包含内容丰富的统计数据分析功能，主要通过“数据分析”和“函数”两个基本功能实现。因为其具有强大的功能且简单易学，故被企业和个人广泛使用。本教材主要利用 Excel 2010 对数据进行分析。

不论什么样的软件，涉及一项统计工作时都需要解决三个问题，即数据的录入、数据的整理和数据的分析。

那么，使用 Excel 解决上述问题时主要涉及两个基本功能。

（一） Excel 的函数功能

Excel 的函数功能可以通过多种途径实现，这里仅简单介绍几种常用功能。

(1) 通过点击编辑栏的 f_x 按钮，如图 1－5 所示，可以打开“插入函数”对话框，如图 1－6 所示。

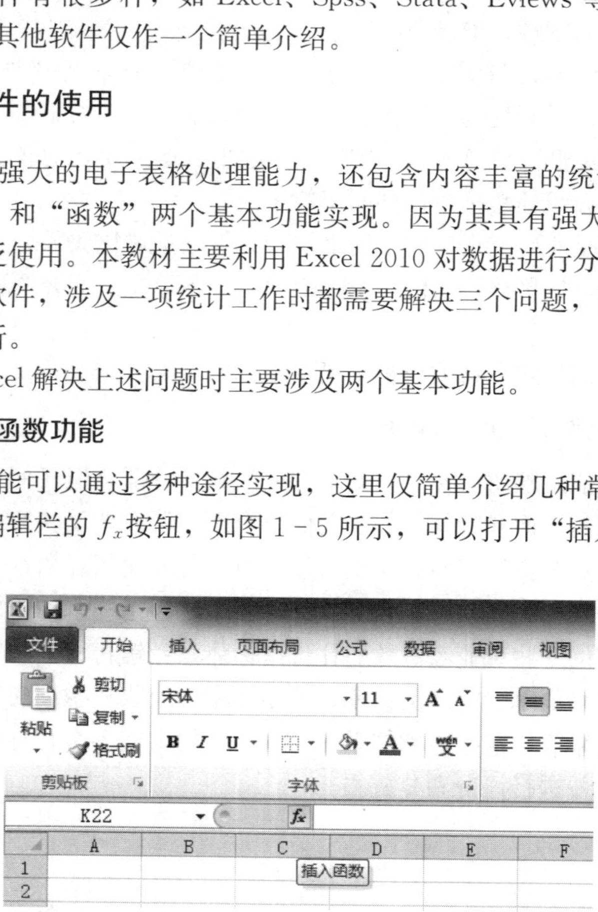

图 1－5 Excel 的函数功能（一）

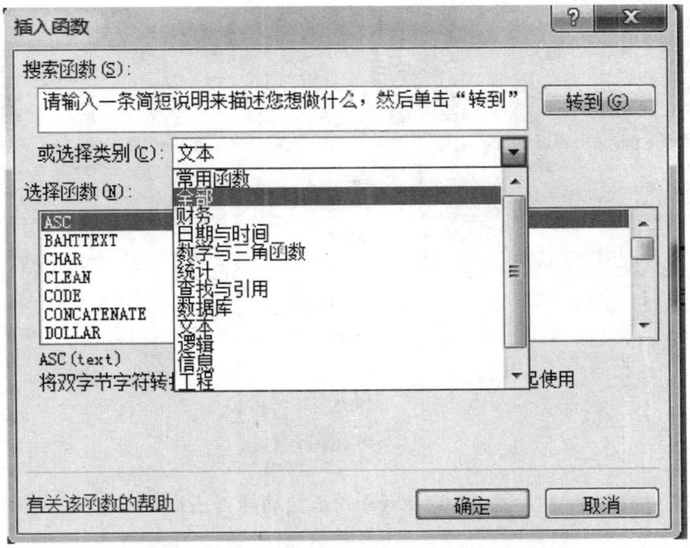

图 1-6　Excel 的“插入函数”对话框

（2）点击“开始”菜单栏的“自动求和”右边的倒三角找到“其他函数”，如图 1-7 所示，点击便可以打开“插入函数”对话框。

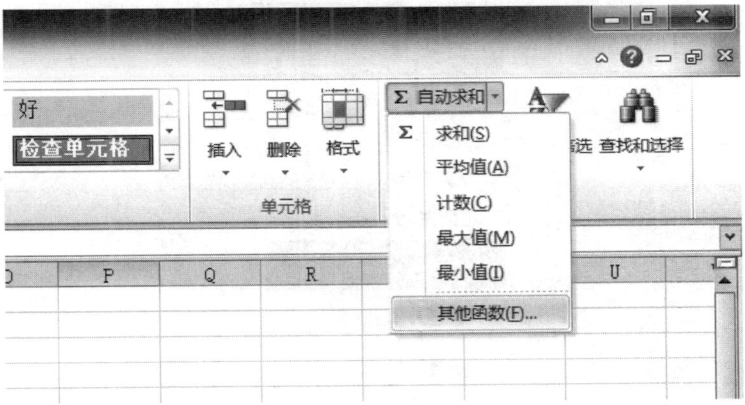

图 1-7　Excel 的函数功能（二）

（3）“公式”菜单栏下包括插入函数、自动求和、最近使用的函数、财务、逻辑、文本、日期和时间、查找与引用、数学和三角函数、其他函数等各种按钮，如图 1-8 所示。点击任何一个中的“插入函数”，都可以打开“插入函数”的对话框。如图 1-9 所示。

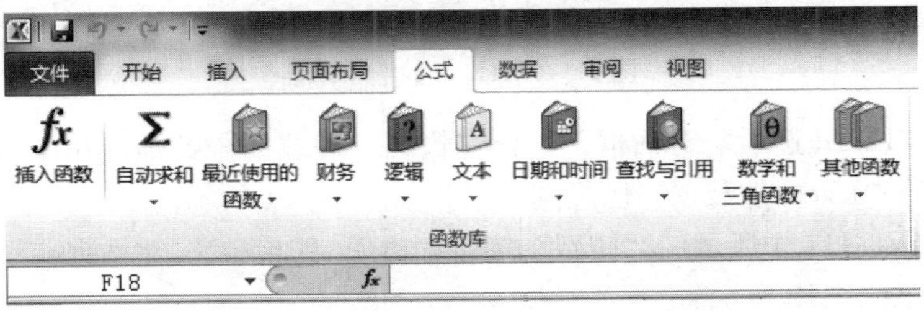

图 1-8　Excel“公式”菜单下的各种函数按钮

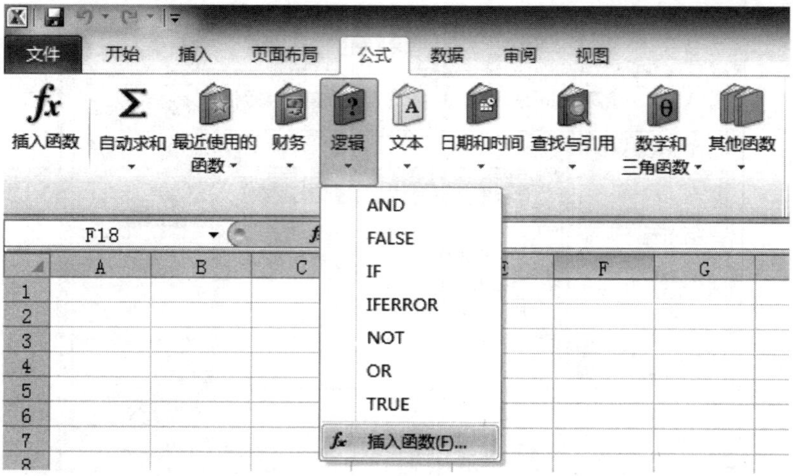

图 1-9　Excel 的函数功能（三）

（二） Excel 的数据分析功能

具体的应用步骤为：

（1）点击 Excel 中的“文件”菜单，选择“选项”，如图 1-10 所示。

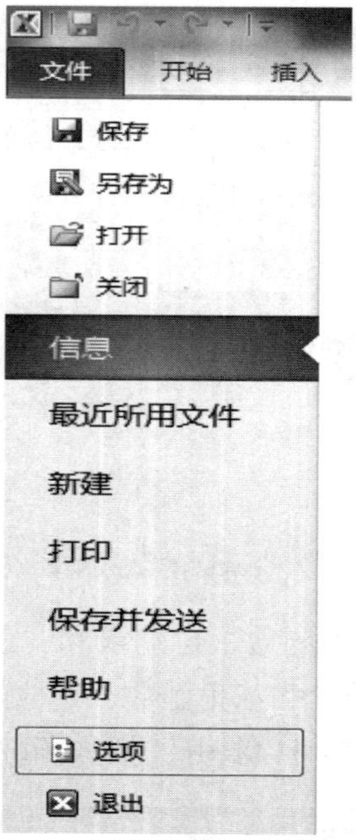

图 1-10　Excel 的选项功能

（2）出现“Excel 选项”对话框，选择左边的“加载项”类别，在窗口的下面，可以看到下拉框中的“Excel 加载项”已经选中了，如图 1-11 所示。

（3）点击图 1-11 中所示的“转到”按钮，出现“加载宏”对话框，选中复选框“分析工具库”，如图 1-12 所示。

图 1 - 11　“Excel 选项”对话框

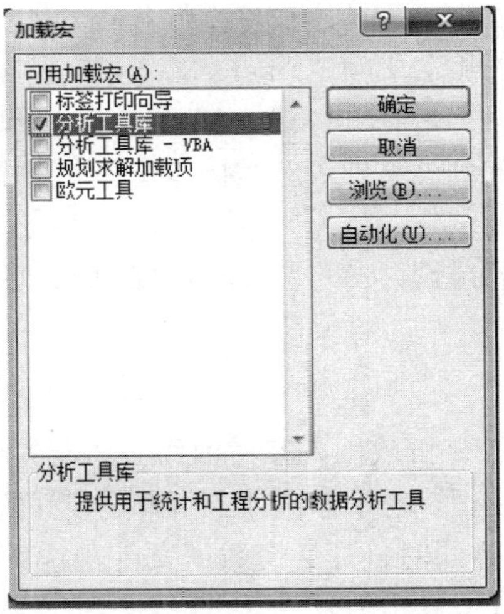

图 1 - 12　Excel 的“加载宏”对话框

（4）点击图 1 - 12 所示的“确定”按钮后，“数据分析”按钮就会出现在数据菜单栏的最右边，如图 1 - 13 所示。

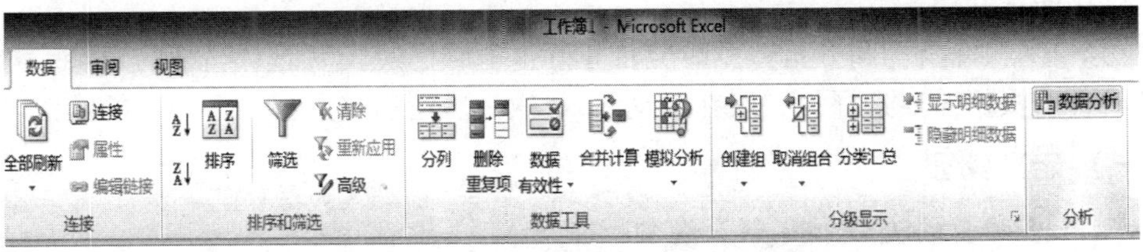

图 1 - 13　Excel 的“数据分析”按钮

（5）点击“数据分析”，系统会打开“数据分析”对话框，如图 1-14 所示。

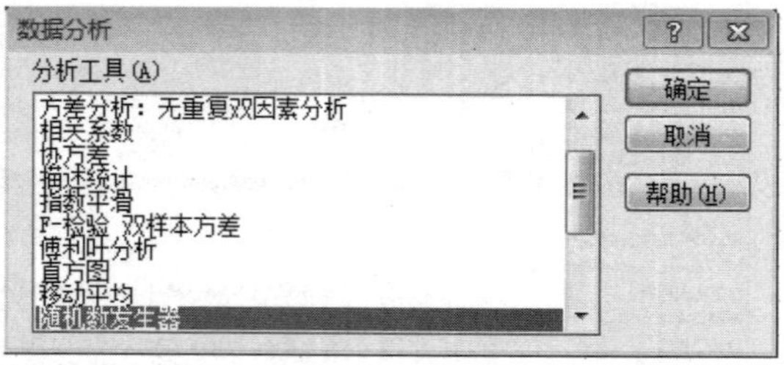

图 1-14 Excel 的“数据分析”对话框

注意： 如果用户在 Excel 的“数据”菜单中没有找到“数据分析”按钮，说明用户安装的 Excel 不完整，必须借助 Office 安装盘重新完全安装 Excel 或在 Excel 中另行安装“分析工具库”内容。

“分析工具库”的具体安装方法如下：

（1）点选“文件”—“选项”—“加载项”—“转到”，导出“加载宏”对话框，选中“分析工具库”复选框，单击“确定”按钮，系统将会引导用户进行安装。

“分析工具库”是 Excel 提供的统计数据处理分析的宏程序，包括比较完备的统计方法。但有的时候“加载宏”对话框中没有“分析工具库”，那么就无法使用 Excel 的数据分析功能。这说明 Excel 电子表格系统尚未加载“分析工具库”宏程序，必须在 Excel 中加载并启动“分析工具库”宏程序。具体步骤：单击“加载宏”对话框右边的“浏览”按钮，定位到“分析工具库”加载宏文件“Analys32. x11”所在的驱动器和文件夹（通常的路径位于“我的电脑—C 盘—Program Files-Microsoft Office-Office11-Library-Analysis-Analys32. x11”）。如果没有找到该文件，应运行“安装”程序，再进行“分析工具库”程序的加载。

（2）安装完毕后，“数据分析”按钮会自动出现在 Excel 的“数据”菜单中。

二、Spss 软件的使用

Spss 是世界上最早的统计分析软件，容易操作、功能齐全，在自然科学、技术科学、社会科学的各个领域中广泛使用，对于非统计工作者是很好的选择。但其数据管理功能相对较弱，一个 Spss 过程只允许同时打开一个数据文件，这对于有些分析工作来说不够方便。Spss 的数据编辑窗口与 Excel 类似，并且可以自己定义数据的属性（数值标签、数据类型等），最多允许有 4 096 个变量。Spss 也具有强大的图形处理功能，可以做出高质量的图形，并且可以比较方便地进行编辑。

考虑到高职高专教育的特点，本教材所有的统计工作都利用 Excel 软件完成，Spss 软件这里仅作简单介绍。

使用 Spss 软件整理和分析数据时应首先确保电脑已经安装 Spss 软件。Spss 软件有很多版本，可以根据需要选择。一般在启动 Spss 软件后还需要进行以下环节的操作。

（一）定义变量

1. 进入“变量的查看和编辑”窗口

点击数据编辑窗口左下角的“Variable View”标签，进入“变量的查看和编辑”窗口，见图1－15。在变量编辑窗口中各行用于定义变量，各列则用于定义变量的各个属性，需要定义的属性包括Name、Type、Width、Decimals、Label和Values。

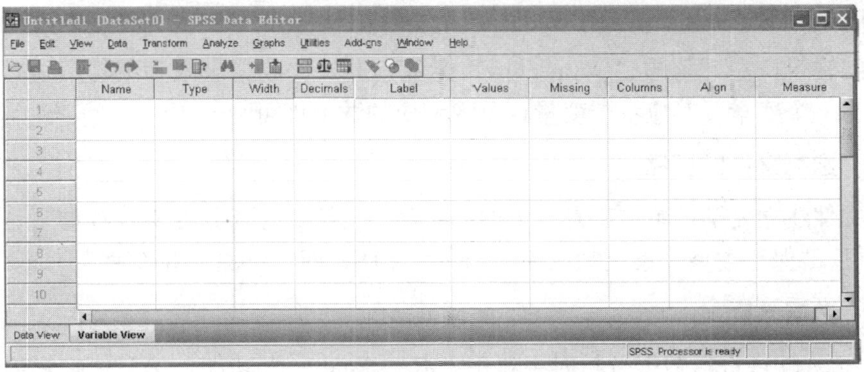

图1－15 Spss界面图

2. 定义变量名（Name）

将光标放置在编辑窗口中的第一个单元格中（即Name列），双击单元格后，输入相应的变量名“sex”。注意变量名的首字符必须是汉字或字母，字符数不能多于8个字节，即4个汉字。

3. 定义变量类型（Type）

点击Type标题下的单元格，右侧显现一个删节号，点击该删节号，则展开变量类型定义对话框。

Spss软件提供了8种可供选择的变量类型，其中常用的主要有三种类型：

Numeric：数值型变量，用于定义连续型或离散型的数值型变量；

Date：日期型变量，用于定义日期或时间型的变量；

String：字符型变量，用于定义变量值为字符的字符型变量。

如变量“sex”的值分别为m（男性）、f（女性），其是以字符作为变量值的字符型变量，因此用鼠标单击“String”前面的圆圈，选中“字符型”变量类型。

4. 定义变量宽度（Width、Decimals）

双击“Width”栏下的单元格，键入所需数值即可。其中Width栏中的数值是变量的总长度，而Decimals栏中的数值则为小数部分的位数。

如用m表示男性，用f表示女性，则其变量值的总长度只需一个字节。但因为变量名sex为三个字节，所以需把“Width”后面的方框内的数字改为3（因为定义的是字符型变量，故“Decimals”框为0）。

5. 定义变量标签（Label）

变量标签用来解释变量的含义。定义时双击“Label”标题下的单元格，直接输入即可。如变量“sex”的含义为“性别”，则在“Label”标题下的单元格中输入“性别”即可。

6. 定义变量值标签（Values）

变量值标签用于解释变量值的含义。本例中变量“性别”的两个值分别为m（男性）、f（女性），要明确表示其含义，则需要定义相应的值标签，以“男”作为m的值标签，以

“女”作为 f 的值标签。单击 Values 标题下的单元格，该单元格右侧出现一个删节号。单击该删节号，则打开变量值标签定义的对话框。

（二）数据录入

单击编辑窗口左下角的“Data View”标签，进入“数据录入和编辑”窗口。窗口中的每一列为一个变量，对应各个变量，录入相应的数值即可。

（三）数据文件的存储

数据文件建立完毕，单击工具栏上的“保存”按钮，打开数据文件存储对话框，设置并保存即可。“保存类型”系统默认为“. sav”文件，即“Spss 数据文件”。

（四）数据分析

运用 Spss 软件进行数据分析时主要用到其“Analyze”功能，然后根据需要可选择其他分析功能。

三、其他软件简介

（一）SAS 软件

SAS 过去是“Statistical Analysis System”的简称，由于现在其功能已远远超出了统计分析的范围，故“SAS”已经变成了一个单纯的商标。其强大的功能和可编程性使其成为一些超级用户的首选。

SAS 软件的主要特点包括：可以同时处理多个数据集；有很多模块、功能全面；虽然也提供了许多菜单操作方式，但仍以编程为主，学习起来有一定困难，是最难掌握的统计软件之一。SAS 的绘图功能是所有统计软件中最强大的，但同时也是最难掌握的。虽然 SAS 也提供了一些交互式的制图界面，但与其他软件相比还不够方便，仍然需要一定的训练才可以使用。因此，该统计软件主要适合于统计工作者和科研工作者使用。

（二）Stata 软件

经济学和社会科学领域的许多学者喜欢使用 Stata 软件。这一软件也有菜单式的操作界面，同时提供了强大的编程能力，易学易用，扩展性强，更新速度快，很容易将自己编写或者网上下载的程序加入到软件中。

Stata 的回归分析和回归诊断功能非常强大，几乎能对统计学和计量经济学中的所有回归方程进行估计，而在多元统计分析方面的功能稍弱。Stata 可以用菜单或程序做出高质量的图形，但完成后的图形不能再进行编辑。

（三）Minitab 软件

Minitab 也是一个简单易学的统计软件，其统计功能和图形功能都比较全面，在统计学的教学中应用广泛。这一软件的突出特色是提供的质量改进分析工具非常全面易用。

（四）Eviews 软件

Eviews 是在 Windows 操作系统中计量经济学软件里的世界性领导软件。Eviews 预测分析计量软件在科学数据分析与评价、金融分析、经济预测、销售预测和成本分析等领域应用非常广泛。Eviews 软件在 Windows 环境下运行，操作容易上手，使得本来复杂的数据分析过程变得易学易用。Eviews 处理的基本数据对象是时间数列。

以上几类软件功能强大、专业性强，对于专业的统计工作者不失为很好的选择，但高职高专教育注重掌握基本的统计方法，而这些基本的统计方法通过 Excel 软件即可操作，因此在课堂内不再涉及其他软件，仅作简单的介绍。

模块小结

- 认识统计
  - 认识统计（含义及特点）
  - 了解统计工作的基本程序
    - 统计设计
    - 统计调查
    - 统计整理
    - 统计分析
  - 了解统计学的分类及基本方法
  - 了解统计学中的基本概念
  - 熟知常用统计软件

拓展阅读

2017 年全国居民收入较快增长　居民生活质量不断改善

2017 年，全国居民收入较快增长，实际增速既快于上年，也快于 2017 年的 GDP 增长；居民消费水平进一步提高，生活质量不断改善。

一、全国居民收入较快增长，向收入翻番目标更进一步

居民收入增长快于经济增长。2017 年，全国居民人均可支配收入 25 974 元，扣除价格因素影响，比上年实际增长 7.3%，实际增速比 GDP 和人均 GDP 增长分别快 0.4 和 1.0 个百分点。

全国居民收入向翻番目标更进一步。按现价看，2017 年全国居民人均可支配收入为 25 974 元，是 2010 年的 2.1 倍。按可比价看，2011—2017 年全国居民人均可支配收入实际增速分别为 10.3%、10.6%、8.1%、8.0%、7.4%、6.3%和 7.3%，七年累计实际增长 74.4%。据此测算，在未来三年内，全国居民人均可支配收入年均实际增速在 4.7%以上，即可实现到 2020 年居民人均可支配收入实际增长翻番目标。

二、居民收入增速扭转近年回落态势，城乡居民间收入差距继续缩小

居民收入增速扭转近年回落态势。2017 年，全国居民人均可支配收入实际增速比上年加快 1.0 个百分点，扭转了居民收入增速近年来的回落态势。其中，城镇居民人均可支配收入实际增速比上年加快 0.9 个百分点，农村居民人均可支配收入实际增速比上年加快 1.1 个百分点。

城乡居民间收入差距继续缩小。按常住地分，城镇居民人均可支配收入 36 396 元，比上年实际增长6.5%；农村居民人均可支配收入13 432元，实际增长7.3%。农村居民人均可支配收入实际增速高于城镇居民0.8个百分点。城乡居民收入比由上年的2.72下降为2.71，城乡居民间收入差距继续缩小。

三、收入结构继续优化

工资、经营、财产三项收入均加快增长。2017年，全国居民人均工资性收入14 620元，增长8.7%，增速比上年加快0.7个百分点。其中，城镇居民人均工资性收入22 201元，增长7.4%。主要是经济稳中向好，带动职工工资收入稳定增长。同时，行政事业单位的工资改革、最低工资标准和企业工资指导线的上调，也助推了职工工资水平的提高。农村居民人均工资性收入5 498元，增长9.5%。主要是在本地农民工就业人数增长2.0%的基础上，农民工人均月收入增长了6.4%，使农村居民工资性收入保持较快增长。全国居民人均经营净收入4 502元，增长6.7%，增速比上年加快0.1个百分点。其中，人均三产经营净收入增长9.8%。全国居民人均财产净收入2 107元，增长11.6%，增速比上年加快3.0个百分点。其中，出租房屋净收入增长13.1%，转让承包土地经营权租金净收入增长9.1%。

转移收入继续保持两位数增长。2017年，全国居民人均转移净收入4 744元，增长11.4%。主要是各地全面落实中央关于改善民生和打赢脱贫攻坚战的要求，扶贫力度继续加大，低保标准陆续提高，城乡居民医保制度加快整合，企业和机关事业单位退休人员基本养老金继续上调。全国居民人均社会救济和补助收入增长16.5%，其中农村居民人均获得的直接到户扶贫款增长79.6%。全国居民人均报销医疗费增长11.8%，人均养老金和离退休金增长11.2%。

四、居民消费水平继续提高

居民消费平稳增长。2017年，全国居民人均消费支出18 322元，比上年增长7.1%。按常住地分，城镇居民人均消费支出24 445元，增长5.9%；农村居民人均消费支出10 955元，增长8.1%。农村居民人均消费增速高于城镇居民2.2个百分点。

食品消费支出比重（恩格尔系数）进一步降低。2017年，全国居民人均食品烟酒消费支出增长4.3%，占消费支出的比重为29.3%，比上年下降0.8个百分点。城镇居民和农村居民的食品烟酒消费支出比重分别为28.6%和31.2%，分别比上年下降0.7和1.0个百分点。

惠民政策让居民得到更多实惠。受城乡居民医保并轨政策影响，居民享受到更多的医疗服务，大部分支出可通过医疗保险制度报销。其中，城镇居民人均医疗保健支出增长9.0%，农村居民人均医疗保健支出增长13.9%。2017年以来电信行业连续出台提速降费举措，有效降低了居民通信成本，2017年全国居民人均通信支出增长0.9%，其中城镇居民通信支出下降1.6%。

五、居民生活品质不断改善

服务性消费支出增长较快。2017年，居民文化娱乐活动更加丰富多样，全国居民人均团体旅游、景点门票、体育健身活动、电影话剧演出票支出分别增长14.0%、10.6%、15.5%和9.5%。居民享受更多社会化服务，全国居民人均家政服务支出增长11.0%，旅馆住宿支出增长18.1%，美容美发洗浴支出增长8.8%。与之形成对比，居民在食品烟酒、衣着等基本需求消费支出增长较慢，增速分别为4.3%和2.9%。

居住条件进一步向好。2017 年全国居民中有管道供水入户的户比重为 87.8%，比上年提高 0.4 个百分点；有安全饮用水的户比重为 91.3%，比上年提高 0.6 个百分点；有卫生厕所的户比重为 71.7%，比上年提高 0.6 个百分点；有洗澡设施的户比重为 79.8%，比上年提高 0.7 个百分点；获取饮用水无困难的户比重为 94.8%，比上年提高 0.4 个百分点；居住竹草土坯房的户比重为 1.1%，比上年下降 0.1 个百分点。

耐用消费品持续升级换代。2017 年全国居民每百户家用汽车拥有量为 29.7 辆，比上年增长 7.4%；每百户助力车拥有量为 56.5 辆，比上年增长 6.3%；每百户空调拥有量为 96.1 台，比上年增长 5.8%；每百户电冰箱拥有量为 95.3 台，比上年增长 2.0%；每百户排油烟机拥有量为 51.0 台，比上年增长 4.8%；每百户热水器拥有量为 78.6 台，比上年增长 3.2%。其中，农村居民耐用消费品升级换代趋势更加明显，部分耐用消费品拥有量上升速度较快，每百户家用汽车、空调、排油烟机拥有量分别比上年增长 10.9%、10.6% 和 11.3%。

资料来源：国家统计局.

思考：

（1）文中在反映全国居民 2017 年生活质量时运用到了哪些统计学基本概念和统计方法？

（2）文中涉及了哪些统计指标？简单说明其与统计标志的区别与联系。

（3）结合本文谈谈你对统计工作的认识。

技能训练

一、简答题

1. 如何理解“统计”一词的含义？
2. 一项完整的统计工作过程包括哪几个基本环节？
3. 如何区分统计总体和总体单位？
4. 如何区分统计标志和统计指标？
5. 如何区分离散型变量和连续型变量？
6. 如何区分统计指标和统计指标体系？

二、单项选择题

1. “统计”一词的含义可以包括的是（　　）。

A. 统计工作、统计资料、统计学　　B. 统计工作、统计资料、统计方法

C. 统计资料、统计学、统计方法　　D. 统计工作、统计学、统计方法

2. 表示事物质的特征，不能以数值表示的是（　　）。

A. 品质标志　　B. 数量标志　　C. 质量指标　　D. 数量指标

3. 下列标志中，属于品质标志的是（　　）。

A. 职称　　B. 工资　　C. 年龄　　D. 体重

4. 在全国人口普查中，（　　）。

A. “男性”是品质标志　　B. “文化程度”是品质标志

C. “平均年龄”是数量标志　　D. “性别比”是品质标志

5. 在出勤率、废品量、劳动生产率、商品流通费用额和人均粮食生产量五个指标中，属于质量指标的有(　　)。

A. 一个　　B. 两个　　C. 三个　　D. 四个

6. 有10个企业全部职工的工资资料，若要调查这10个企业职工的工资水平情况，则统计总体是(　　)。

A. 10个企业　　B. 10个企业职工的全部工资

C. 10个企业的全部职工　　D. 10个企业每个职工的工资

7. 下列属于连续性变量的是(　　)。

A. 职工人数　　B. 企业个数

C. 设备台数　　D. 产品重量

8. 下列指标中，属于质量指标的是(　　)。

A. 合格品数　　B. 职工总数　　C. 资金产值率　　D. 工资总额

9. 统计指标按反映的内容和数量特点分为(　　)。

A. 数量与质量指标　　B. 总体与样本指标

C. 品质与质量指标　　D. 连续与离散指标

10. 标志与指标的区别之一是(　　)。

A. 标志是说明总体特征的；指标是说明总体单位特征的

B. 指标是说明总体特征的；标志是说明总体单位特征的

C. 指标是说明有限总体特征的；标志是说明无限总体特征的

D. 指标是说明无限总体特征的；标志是说明有限总体特征的

三、技能操作题

1. 要调查某高校学生的素质情况，总体、总体单位是什么？试列举若干品质标志、数量标志、数量指标、质量指标。

2. 试着调用Excel中的函数和数据分析工具。

模块二　统计调查

学习目标

知识目标

◎ 掌握统计调查方案的设计

◎ 掌握调查问卷的设计

◎ 了解收集数据的方式和方法

◎ 了解统计调查误差的种类

技能目标

◎ 能够设计出完整的统计调查方案

◎ 能够设计出规范的调查问卷

◎ 能够根据调查任务收集到完整的调查数据

模块考核

模块考核单

序号	考核内容	分值	总结与归纳	成绩
1	统计调查方案的撰写	30		
2	调查问卷的设计	30		
3	统计调查的方式及方法	20		
4	统计调查的误差及消除	20		
合计		100		

案例导入

国内一家知名的电视机生产企业，年初设立了20多人的市场研究部门，但是因为下面的这次调查，部门被注销、人员被全部裁减。调查的问题之一是：列举您会选择的电视机品牌。

其中一组的结论是：有15%的消费者选择本企业的电视机；另一组得出的结论却是：

36%的消费者表示本企业的产品将成为其购买的首选。同样的调查问卷，结构完全相同的抽样，两组数据结论却差异巨大。巨大的差异让公司高层非常恼火，为什么完全相同的调研抽样，会有如此不同的结果呢？公司决定聘请专业的调研公司来进行调研诊断，找出问题的真相。

普瑞辛格的执行小组受聘和参与调查执行的访问员进行交流，并很快提交了诊断结论：第二组在调查执行过程中存在误导行为。首先，调研期间，第二组的成员佩戴了公司统一发放的领带，而在领带上有本公司的标志，其尺寸足以让被访问者猜测出调研的主办方；其次，第二组在调查过程中，把选项的记录板（无提示问题）向被访问者出示，而本企业的名字处在候选题板的第一位。以上两个细节，向被访问者泄露了调研的主办方信息，影响了消费者的客观选择。

这家企业的老总训斥调研部门的主管："如果按照你的数据，我要增加一倍的生产计划，最后的损失恐怕不止千万。"可见，调查是直接指导营销实践的大事，对错是非可以得到市场验证，只是人们往往忽视了调查本身带来的风险。

思考：如何进行合理的统计调查才能保证统计数据的真实性？

统计与数据息息相关。统计工作的关键在于取得各种数据。统计调查过程就是收集数据资料的过程。统计调查作为整个统计工作的基础环节，是指根据统计研究的目的和要求采用科学的方法有计划、有组织地从各调查单位收集用来反映个体特征的数据资料的统计活动过程。

统计资料主要有两类：一是原始资料，是指直接从各调查单位收集的用来反映个体特征的数据资料，也称为一手数据；二是次级资料，是指由原始资料加工得到的在一定程度上能反映总体特征的数据资料，也称为二手数据。统计调查过程就是收集第一手资料的过程。

任务一 设计统计调查方案

任务导入

西安市度假村市场调查方案

一、调查目的

本次市场调查的目的是为陕西某集团鲸鱼沟度假村开发项目提供市场分析基本资料，以帮助其在该项目的市场定位和市场经营策略方面作出正确抉择。

二、调查内容

需要调查研究的具体内容主要有以下几个方面：

1. 西安市度假村的基本情况。包括度假村的数量、规模、分布、高中低档次结构、客房出租率、经济效益率。

2. 各层次度假村的典型调查。调查内容有各度假村的设计接待能力、实际接待能力、服务设施、服务功能、不同时间段（周一至周四、周五至周日）的客源结构、客房出租率、出租价格及其变化等。

3. 西安市消费者的收入状况和消费结构、度假消费状况、消费者对目前西安市度假村的评价及要求。

4. 西安市集团度假消费状况。

三、调查方法

本次研究包括三方面的调查，一是度假村调查；二是西安市消费者调查；三是西安市集团消费调查。度假村的调查范围为西安市区和长安县；消费者调查和集团消费调查的范围是西安市区内的企事业单位和城市居民户。

1. 度假村调查

这部分调查是为了取得度假村的现状资料。调查对象主要是度假村，其次还要通过有关管理机构获取一些现成资料。调查方法采用面谈调查法，并按照典型调查方法，在不同规模、不同层次的度假村中分别选择2个调查对象（按照大、中、小规模分：共选6个），对其经营状况进行深入调查。

2. 消费者调查

由于去度假村休假的消费者主要是城市居民，故调查总体包括西安市六大区非农居民，合计调查总体数为：46.3万户。针对总体庞大的特点，我们决定采用随机抽样方法选择调查对象。

根据本次调查内容要求，采用分群分层相结合的抽样设计方法。首先在以上调查总体中按随机方法抽取居委会，然后以家庭收入高低分层，并根据各层居民户占总体比例分配样本，再用等距抽样法在选中的居委会中抽取入户调查对象。

3. 集团消费调查

集团消费是度假村客流的主要来源。由于不同行业、不同规模、不同所有制的团体组织其集团消费内容和方式不同，因此，对集团消费调查采用相互交叉配额抽样方法，按照各行业、各种规模、各种团体组织的比例分配样本数。考虑到集团消费尽管有差异，但与消费者市场比较，模仿消费、攀比消费现象较为普遍，同一类型团体组织的消费相似性较强，故按照每一类型团体组织分配1～2个样本计，样本总数确定为40个，并采用面谈访问法进行调查。

四、调查时间与时限

本次调查从1月1日开始，到4月30日结束，共计五个月，具体时间安排略。

五、调查工作的组织实施

此次调查时间紧迫、涉及面广、技术要求高、工作难度大。各方要相互配合，保证调查工作顺利开展。具体要做好以下几点：选好调查人员、对调查者做好培训、设计并印制好调查问卷、准备好相关的调查礼品及材料。调查经费由集团统一安排，要求厉行节约、专款专用、严格管理。具体的费用预算如表2-1所示。

表2-1 费用预算表

序号	项目	金额（元）	备注
1	方案设计费	4 000.00	
2	选样费	4 000.00	

续前表

序号	项目	金额（元）	备注
3	问卷印制费	1 170.00	
4	度假村调查费	3 000.00	
5	集团调查费	4 800.00	
6	消费者调查费	2 000.00	
7	小礼品	1 200.00	
8	交际费	1 000.00	
9	上机处理费	3 000.00	
10	调查报告费	5 000.00	
11	总计	29 170.00	

资料来源：http：//wenku. baidu. com/view/0de8380ff78a6529647d5312. html.

思考：一项完整的统计调查方案主要包含哪些内容？

任务分析

从《西安市度假村市场调查方案》可以看出，一项完整的调查方案应该包括：调查目的、调查项目、调查对象与调查单位、调查时间与时限、调查方式与方法、调查工作的组织实施计划（包括费用的预算）。

相关知识与拓展

统计资料收集的主要形式是统计调查。为使统计调查工作得以顺利实施和完成，在组织调查之前，必须首先设计一个周密、可行的调查方案用以指导整个调查工作。统计调查方案是用来指导整个调查工作的纲领性文件，是统计设计在统计调查阶段的具体化。不同的调查方案在内容和形式上会有一定的差别，但大体上都包括调查目的、调查对象与调查单位、调查项目、调查时间与时限、调查组织方式与方法、调查工作的组织实施计划等内容，具体如图 2－1 所示。

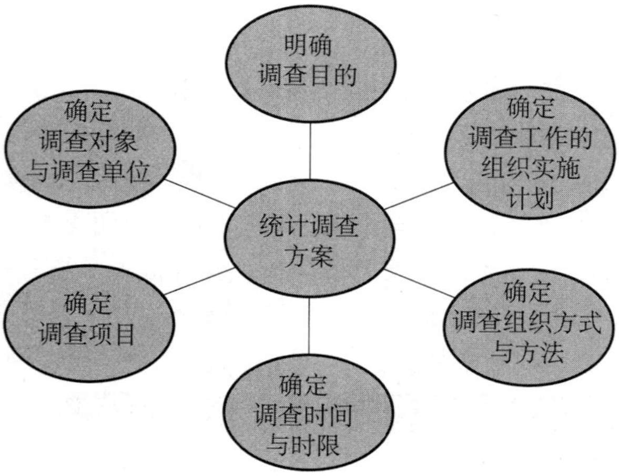

图 2－1 统计调查方案的基本内容

一、明确调查目的

在调查方案中首先要明确调查的目的。明确调查目的就是要明确统计调查要研究和解决什么问题，要取得什么样的资料，为什么要进行调查。只有明确了调查要达到的具体目标，才能有的放矢，根据调查目的收集与之相关的资料。这样，既可以降低调查成本，又可以保证调查资料的时效性。所以，调查之前必须明确调查目的。例如，2010 年全国人口普查的目的是："查清 2000 年以来我国人口数量、结构、分布和居住环境等方面的变化情况，为科学制定国民经济和社会发展规划，统筹安排人民的物质和文化生活，实现可持续发展战略，构建社会主义和谐社会，提供真实准确、完整及时的人口统计信息支持。"

二、确定调查对象与调查单位

确定调查对象就是明确统计调查的范围和界限。调查对象和调查单位的确定明确回答了"向谁调查"的问题，需要根据调查目的来确定。所谓调查对象是指在某些统计调查中需要调查和研究的由许多性质相同的调查单位所组成的现象总体，即统计总体。调查对象要根据调查目的来确定，含义必须明确，界限必须清楚。只有把调查对象的范围界定清楚，才能保证调查的客观性、真实性。例如，2010 年第六次全国人口普查规定："人口普查对象是指普查标准时点在中华人民共和国境内的自然人以及在中华人民共和国境外但未定居的中国公民，不包括在中华人民共和国境内短期停留的境外人员。"对某班级学生学习情况进行调查，则调查对象是该班级的全部学生；对某市高等院校在校学生心理健康状况进行调查，则调查对象就是该市高等院校在校的所有学生。

所谓调查单位，是指需要对之进行调查的单位，是构成调查对象的每一个单位，即总体单位。调查单位可以是调查对象的全部单位（全面调查），也可以是调查对象中的一部分单位（非全面调查），它是进行调查登记的标志承担者。例如，对某班级学生学习情况进行调查，则调查单位是该班级的每一个学生；对某市高等院校在校学生心理健康状况进行调查，则调查单位就是该市高等院校在校的每一个学生。

从实际工作出发，还要区分调查单位与报告单位。调查单位是调查项目的承担者，可以是人、单位，也可以是物，而报告单位（填报单位）则是在行政上、经济上具有一定独立性的负责报告调查内容、提交统计资料的单位。两者有时一致，有时不一致。

当调查单位自己负责向上报告时，它同时也是填报单位；当调查单位的资料由它的上级组织收集整理并向上报告时，填报单位与报告单位则不一致。如进行全国人口普查时，调查单位为每个人，报告单位则是每一户，二者通常不一致；调查某班学生学习情况时，调查单位和报告单位则都是每一个学生，二者通常一致；对某市工业企业设备情况进行调查时，调查单位是每一台设备，报告单位则是每一个企业，二者不一致。

三、确定调查项目

所谓调查项目是指调查中能够说明总体单位特征的标志，即调查单位所承担的基本标志，它由一系列品质标志和数量标志所构成。设置调查项目时必须根据调查目的来确定，内容要明确、清晰，而且要注意项目之间的相互联系和核对，从而保证能够取得确切的资料。调查项目的确定能够解决“向被调查者调查什么”的问题，是统计调查的具体内容，通常表现为调查表或调查问卷。

调查问卷通常以书面文字或表格的形式了解被调查者的意见，被调查者可自愿、自由地回答问卷中所提出的问题。后面会重点介绍调查问卷的相关内容，这里重点介绍调查表。

调查表是指将调查项目按一定的逻辑顺序进行科学的排列所形成的表格，便于调查、汇总，是确定调查项目的一个重要形式。如全国人口普查通常就采用调查表的形式，一般分为普查表短表和普查表长表。

从形式上，调查表一般分为两种：一种是一览表，另一种是单一表。一览表是在一张表上登记若干个调查单位，便于调查单位之间比较，但一般在调查项目不太多时采用；单一表是在一张表上只登记一个调查单位，该表可列出较多的调查项目，一般用于项目较多的调查。调查时应采用哪种表式，需根据调查的目的和任务而定。但不管采用何种形式的调查表，都应该包括三个主要组成部分：一是表头，包括调查表的名称，填报单位的名称、地址、性质、隶属关系等；二是表体，是调查表的核心部分，是调查项目的具体表现；三是表脚，包括调查者、填报单位及填表人的签名、填表日期等。

四、确定调查时间与时限

调查时间是指调查资料所属的时间。在统计调查中，有的资料所反映的现象是在某一时点上的状态，即调查的是时点现象，这时就必须在调查方案中规定统一的标准时点，如对普查来说，调查时间就是指普查的标准时点。例如，2010 年第六次全国人口普查的标准时点是 2010 年 11 月 1 日零时，2010 年 11 月 1 日零时便是第六次全国人口普查的调查时间。有的资料所反映的现象是在某一时期内发展过程的结果，即调查的是时期现象，这时就必须明确所要收集的资料所属时期的起止时间。因此，为了明确具体的调查时间，必须首先能够区分哪些是时期现象，哪些是时点现象。一般如产值、产量、销售量、工资总额等反映某一时期发展过程的总数量，是时期现象；而人口数、商品库存量、企业数、流动资金额等反映现象在某一时刻（或者说瞬间）的状况的总量，是时点现象。

调查期限是指进行调查工作的时限，即调查工作的起止时间，它包括收集资料和报送资料的整个工作所需要的时间。为保证资料的时效性，调查时限应尽可能地缩短。例如，第六次全国人口普查规定的时限为：从 2010 年 11 月 1 日开始到 11 月 10 日结束，则调查时限为 10 天。

五、确定调查组织方式与方法

统计调查组织方式是指组织收集原始资料的形式，如统计报表、普查、重点调查、典型调查、抽样调查等方式。统计调查方法即调查者向被调查者收集数据资料的方法，主要包括访问调查、邮寄调查、电话调查、电脑辅助调查等。例如，我国第一次经济普查规定对法人单位、产业活动单位采用普查的方式，对个体经营户的生产经营情况采用普查辅以抽样调查等方式，具体收集数据一律采取访问调查法。

六、确定调查工作的组织实施计划

调查工作的组织实施计划是统计调查工作能否顺利进行的保证。因此，在实际的统计调查工作开始之前，要制订详细的调查组织实施计划。一般来说，调查的组织实施计划的具体内容包括：确定调查工作的组织实施机构；调查人员的选择、组织和培训；调查资料的准备；调查经费的来源和开支预算等。我国第一次经济普查在方案中就明确了详细的调查工作组织实施计划。如按照全国统一领导、部门分工协作、地方分级负责、各方共同参与的原则组织实施；国务院设立经济普查领导小组及其办公室。国务院经济普查领导小组负责经济普查的组织和实施。领导小组办公室设在国家统计局，具体负责经济普查的日常组织和协调等。

任务二 设计调查问卷

任务导入

以下是一份关于购买汽油的调查问卷，请您对问卷做出客观评价。

汽油的购买

本次调查由国家汽油代理商组织，希望更多地了解消费者购买汽油时的期望。所有信息都会被保密。表格填好后请返回给我们。

1. 姓名和地址：
2. 性别：
3. 婚姻状况：
4. 年龄状况：21 岁以下　　21～40 岁　　40～60 岁　　60 岁以上
5. 大多数汽油是由您购买的还是您的妻子购买的？
6. 去年您买了多少汽油？
   5 000 升以上　　5 000～10 000 升　　10 000～20 000 升　　20 000 升以上
7. 您的汽油油箱容积多大？
8. 在您选购汽油时，价格的重要程度如何？
9. 请您尽可能充分地陈述什么原因使得您购买一种品牌的汽油而不买另外一种。
10. 您喜欢那些免费提供礼物的加油站，是不是？
11. 当您用车执行公务时，您将获赠的礼物或赠券留给自己，还是上交给您的雇主？
12. 您每年行驶的里程是长是短？

谢谢您的合作。

思考： 该问卷哪些地方不合理？请重新起草上面的调查问卷。

任务分析

完美的问卷必须具备两个功能，即能将问题传达给被调查者和使被调查者乐于回答，从而保证调查者能够取得所需的数据。要实现这两个功能，设计问卷时应当遵循一定的原则和程序，运用一定的技巧。而要想对上述问卷进行客观的评价，必须清楚一份完整的调查问卷由哪些部分构成，同时也必须注意问卷中的提问和答案在设置时需要注意哪些事项。

相关知识与拓展

统计调查方案的核心内容是确定调查项目，而调查项目通常是以调查表或调查问卷的方式来体现的，其中尤以调查问卷居多。调查问卷是用来收集调查数据的一种工具，是调查者根据调查目的和要求所设计的，由一系列问题、备选答案等组成的一种调查形式。不同的调查问卷在具体结构、题型、措词、版式等设计上会有所不同，但在结构上一般都由开头部分、甄别部分、主体部分和背景部分组成，如图 2－2 所示。

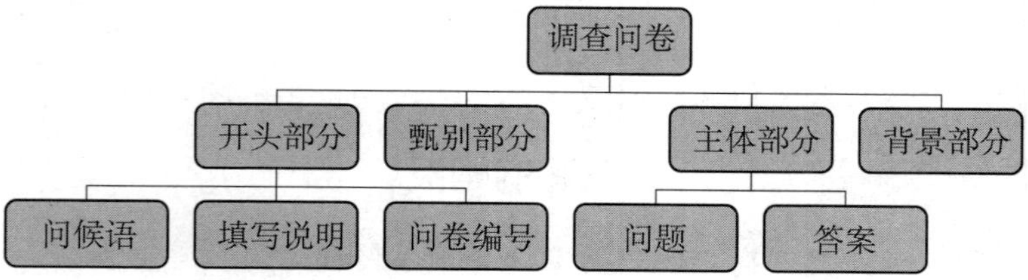

图 2－2 调查问卷的构成

一、开头部分

问卷的开头部分非常关键。开头部分的设计是否合理关系到被调查者是否愿意提供完整的数据资料。一般包括问候语、填写说明和问卷编号。

（一）问候语

市场调查首先需要根据调查目的确定调查对象和调查单位。而对于任何一个被调查者来说，一般不会预先知道自己即将面临的调查任务。所以，应该在填写问卷之前让被调查者了解这一市场调查的目的及社会意义。通常，在市场调查中，被调查者的性格特点、学历等都不同，所以要考虑到一切能够考虑到的因素，在问候语中鼓励大家积极参与本项调查。

例 2－1

尊敬的女士/先生：

您好！我是××公司市场调查员，我们正在进行一项有关手机需求方面的调查，目的是想了解人们购买手机时最为关注哪些方面，以便更好地促进手机行业的发展。您的回答无所谓对错，只要真实地反映了您的情况和看法，就达到了这次调查的目的。我们对您的回答是完全保密的，希望您能积极参与。调查要耽误您一些时间，请您谅解。谢谢您的支持与合作！

（二）填写说明

问卷主体主要由问题和答案两部分构成。对于被调查者来说需要做的就是给问卷提供答案。问卷中的题目通常种类繁多，有主观的也有客观的，有单选的也有多选的，还有的是填空题、排序题等。如果不加任何说明，收集来的问卷答案填写方式将会多种多样，也将给下一步的数据整理带来很大困难。为了将收集到的数据方便地录入电脑并进行整理分析，有必要对问卷中涉及的所有题目如何填写加以简单说明。

例 2-2

填写说明如下：

(1) 请您在括号内标上你所选择答案的题号。

对只许选择一个答案的问题，括号内只能标一个题号；对可选多个答案的问题，请将所有您认为合适的答案的题号标在括号内。

(2) 对于需要将答案排序的题目，直接将排好序的题号填入括号内。

(3) 需要填写文字或数字的题目在留出的横线上直接填写。

(4) 对于在表格中选择答案的题目，在所选的栏目内画“√”。

(5) 对于主观性比较强，没有给出选择答案、要求您自己填写的内容，请在规定的地方填写您的意见。

（三）问卷编号

问卷编号主要是对所有准备下发的问卷进行编号，用于识别问卷、调查者、被调查者姓名和地址等，同时便于校对检查、更正错误。如需要向 500 名人员分发文件以获取资料，那么问卷编号可以从 001～500 设置，将来如某一份问卷资料不全面，需要后续调查时，可以方便地通过问卷编号查找相关信息。

二、甄别部分

甄别也称为过滤，它是先对被调查者进行过滤，筛选掉不需要的，然后针对特定的被调查者进行调查。通过甄别，可以筛选掉与调查事项有直接关系的人，以达到避嫌的目的。可以确定哪些人是合格的被调查者，哪些人不是。甄别的目的是确保被调查者合格，能够作为该市场调查项目的代表，从而符合调查研究的需要。

如要调查 20～50 岁女性使用化妆品的情况，可以设置如下的甄别部分。

例 2-3

请问您的年龄是(　　)。

(1) 20 岁以下（终止访问）

(2) 20～30 岁

(3) 30～40 岁

（4）40～50 岁

（5）50 岁以上（终止访问）

但也有一些属于甄别部分，却不需要体现在问卷中。如要对女性进行调查，就不需要专门设置“您的性别：①男；②女”。因为调查者可以直接通过观察去甄别谁是合格的被调查者。

三、主体部分

主体部分是调查问卷的核心内容，包括所要调查的全部问题，主要由问题和答案两个部分组成。

（一）问题部分

问卷中的问题一般有开放性问题和封闭性问题两类。

开放性问题是指对问题的回答未提供任何具体的答案，由被调查者根据自己的想法自由作出回答。这种设计问题的方式比较灵活，适合于收集更深层次的信息，特别适合于那些尚未弄清各种可能答案或潜在答案类型较多的问题。开放性问题的设置可以使被调查者充分表达自己的意见和想法，有利于被调查者发挥自己的创造力。但由于会出现各种各样的答案，给调查后的资料整理带来一定困难，因此不易多设。

封闭性问题是指对问题事先设计出了各种可能的答案，由被调查者从中选择。

不管是哪一种类型的问题，设计时都需要注意以下几点：

（1）内容要尽可能短，以免被调查者出现急躁情绪；

（2）用词要确切、通俗，避免出现含糊不清；

（3）一项提问只包含一项内容，涉及多个内容的可以在多个问题中设置；

（4）避免诱导性提问，以免诱导被调查者给出与客观不符的答案；

（5）避免否定形式的提问，以免被调查者产生误解；

（6）避免敏感性问题，如果必须设置，可以间接询问且语言委婉。

（二）答案部分

开放性问题不需要问卷设计者提供任何具体的答案，由被调查者根据自己的想法自由作出回答。

封闭性问题的答案是标准化的，有利于被调查者对问题的理解和回答，也有利于调查后的资料整理，但对答案的要求较高，对一些比较复杂的问题，有时很难把答案设计周全。问题的答案是选择回答型，所以设计出的答案一定要遵循穷尽和互斥的原则。通常答案可以设置为两项选择、多项选择、顺序选择、评定尺度、双向列联五种。问卷设计者可以根据问题合理设置，但尽量避免只有一种单调的答案。

1. 两项选择

两项选择是指答案只有两项，要求被调查者选择其中之一来回答。被调查者只需在二者之中选择一项，回答比较容易，调查后的数据处理也很方便，但得到的信息量较少。当被调查者对两项答案均不满意时，很难作出回答。

例 2-4

你的性别是(　　)。

①男　　②女

2. 多项选择

多项选择是指设计问卷时，对一个问题给出三个或三个以上的答案，让被调查者从中选择进行回答。

根据要求选择的答案多少不同，有：

(1) 单项选择型：要求被调查者选择所给出的问题答案中的一项。

例 2-5

您的年级是(　　)。

①大一　　②大二　　③大三　　④大四

(2) 多项选择型：要求被调查者选择所有给出的问题答案中自己认为合适的，数量不受限制。

例 2-6

您平常都用手机做什么？(　　)

①打电话、发短信　　②收集信息　　③娱乐　　④工作、学习

⑤上网聊天　　⑥游戏　　⑦网购　　⑧其他

(3) 限制选择型：要求被调查者在所给出的问题答案中，选出自己认为合适的答案，但数量要受一定限制。

例 2-7

您选择这款手机的原因是(　　)。(限选两项)

①价格　　②品牌　　③质量与功能　　④外观设计　　⑤售后服务　　⑥其他____

3. 顺序选择

顺序选择是指问题的答案有多个，要求被调查者在回答时，对所选的答案按要求的顺序或重要程度加以排列。其中，对所选的答案数量可以进行一定的限制，也可以不进行限制，问题答案不仅可以反映所要调查的内容，而且可以反映被调查者对问题的看法，从而增加了信息量。

例 2-8

您一般会通过什么渠道了解手机相关信息？(　　)(请按优先顺序排列)

①直接去手机卖场　②上网查询　③亲朋好友介绍　④看报纸、杂志　⑤其他____

4. 评定尺度

评定尺度是指问题答案由表示不同等级的形容词组成，并按照一定的程度排序，由被调查者依次选择。

例 2-9

您对这种新款手机是否感到满意？(　　)

①非常满意　②比较满意　③一般满意　④不太满意　⑤不满意

5. 双向列联

双向列联是指将两类不同的问题综合到一起，通常用表格来表现，表的横向是一类问题，纵向是另一类问题，这种问题结构可以反映两方面因素的综合作用，提供单一类型问题无法提供的信息，可以节省问卷的篇幅，如表 2－2 所示。

表 2－2　以下情况中使用手机的频率

	经常使用	较常使用	一般	不太使用	完全不使用
1. 上厕所					
2. 睡觉前					
3. 排队时					
4. 吃饭时					
5. 坐车时					
6. 上课时					
7. 起床时					
8. 考试时					
9. 聚会时					
10. 学习时					

四、背景部分

背景部分通常放在问卷的最后，主要是有关被调查者的一些背景资料。该部分所包含的各项问题，可以使研究者根据背景资料对被调查者进行分类比较分析，也方便了后续调查。

例 2－10

您的姓名：__________

您的联系电话：__________

您所在的城市：__________

小知识

问卷设计的基本要求

1. 主题明确：问题的提出要紧扣主题。
2. 提问科学：问题和标准答案要易于理解和回答。
3. 逻辑性强：先易后难、先封闭后开放、先基本问题后派生问题。
4. 容量适度：以不超过 20 分钟为宜。

任务三 收集统计数据

任务导入

有以下几项调查：

(1) 质量检查部门要了解某灯泡企业生产的一批灯泡的使用寿命；

(2) 某旅游区要了解外地游客对该区旅游项目的满意度；

(3) 湖南卫视要了解“快乐男生”栏目的收视率；

(4) 为了保证“神舟十号”飞船成功发射，航天工程设计师对重要零部件进行检查；

(5) 智联招聘统计 2018 年毕业生就业情况。

思考：采用何种调查方式和方法可以获得以上调查的数据？

任务分析

要想获得以上调查的数据资料，首先必须了解统计调查的组织方式与方法、各种调查组织方式与方法的适用范围。其次结合上述调查的特点选择合适的调查方式与方法，从而取得完整的数据。

相关知识与拓展

问卷设计好了，接下来需要通过问卷调查收集数据资料。收集资料时，必须明确采用何种调查方式和方法。

一、统计调查组织方式

（一）统计报表

统计报表是指按照国家统一规定的各项要求，自上而下地统一布置，以一定的原始记录为依据，按照统一的表式、统一的调查项目、统一的报送时间与报送程序，自下而上地逐级定期向国家和主管部门报送基本统计资料的一种调查方式。统一性是统计报表的基本特点，一方面，统计报表的内容和报送的时间是由国家强制规定的，以保证调查资料的统一性；另一方面，统计报表的指标含义，计算方法、口径是全国统一的。

统计报表作为统计调查组织方式之一，过去曾经是我国主要的数据收集方式。与其他的调查组织方式相比，统计报表能够满足各级部门对统计资料的需要，能够保证统计资料的统一性和及时性，能够保证统计资料的全面性和连续性。但统计报表最大的缺点也是由于自上而下地统一布置、自下而上地逐级提供基本统计数据，如果统计报表过多会增加基层负担，有可能引起虚报瞒报而影响统计资料质量。

（二）专门调查

1. 普查

普查是指国家为详尽了解某项重要的国情国力而专门组织的一次性全面调查，主要用来调查属于一定时点上的现象总量。普查非常全面，可以收集统计报表所不能提供的反映重大国情国力的基本统计信息，但由于需要大量的人力、物力和财力，不宜经常进行，通常按一定周期进行。

小知识

我国主要的普查

1. 人口普查，每10年进行一次，末尾数字为“0”的年份进行。
2. 农业普查，每10年进行一次，每逢“6”的年份进行。
3. 经济普查，每5年进行一次，每逢“3”和“8”的年份进行。

2. 重点调查

重点调查是指为了解总体基本情况，在调查对象中只选择一部分重点单位进行调查的一种非全面调查组织方式。这里选取的重点单位通常数目不多，但其标志值在总体标志总量中占有较大比重，能反映总体的基本情况。通过对这部分重点单位的调查，可以从数量上说明总体在该标志总量方面的基本情况。当调查任务只要求掌握基本情况，而部分单位又能比较集中地反映所要研究的问题时，采用重点调查较为适宜。重点调查省时省力，能以较少的投入和较快的速度取得总体基本情况及变动趋势的资料，但不是任何时候都可以采用。重点调查通常只适用于客观存在着重点单位的情况，而且只能研究总体在某方面的基本情况，而不是全面情况。比如，对钢铁企业的调查，由于大型的钢铁企业数量不多，但产出量却很大，因此只需通过对少数重点企业，如鞍钢、宝钢、包钢等开展调查，就可以掌握全国钢铁企业生产的基本情况。

3. 典型调查

典型调查是在对调查对象有一定了解的基础上，有意识地选择少数典型单位进行深入调查的一种非全面调查组织方式。这里选取的典型单位是指在数量表现上具有普遍意义和代表性的总体单位，可以用来推断总体的数量。但是对典型单位进行调查，典型单位的选择并不一定依据规模原则。典型调查在一定条件下能够估计总体指标数值，可以补充全面调查的不足，可以用来研究新生事物，但不能确定推断的把握程度，无法计算和控制推断误差。

4. 抽样调查

抽样调查是指按照随机原则从调查对象中抽取一部分样本单位进行调查，再用样本资料推断总体的数量特征的一种非全面调查组织方式。其中，按照随机原则抽取主要是因为这种方式使得样本单位的抽取不受主观因素及其他系统性因素的影响，每个总体单位都有均等的被抽中机会。这样抽出来的样本就能在一定程度上代表总体。

综上，各种调查组织方式有其适用范围及优缺点，可以根据调查任务灵活选用。目前，我国采用的统计调查组织方式主要以普查为基础，以抽样调查为主体，辅之以其他调查组织方式。具体来看，一是建立周期性的普查制度，从而取得反映国情国力的主要指标数值；二是普及抽样调查方式，用部分单位的资料推断总体的指标数值；三是适当采用统计报表方式，取得全面资料，同时重视发挥重点调查和典型调查的作用。

二、统计调查方法

（一）访问调查

访问调查是指调查者与被调查者通过面对面的交谈而获得资料的调查方法，一般分为标准式访问和非标准式访问。标准式访问通常按事先设计好的问卷进行，非标准式访问一般不事先制作问卷，灵活安排调查。

（二）邮寄调查

邮寄调查也称为邮寄问卷调查，是一种标准化调查。调查者与被调查者没有直接的语言交流，信息的传递依赖于问卷。通常是通过某种方式将调查表或问卷送至某调查者手中，由被调查者填写，然后将问卷寄回指定收集点。问卷或调查表的发放方式有邮寄、宣传媒介传送、专门场所分发三种。这种方法因为双方既没有面对面交流，也没有语言的交流，因此对问卷设计要求比较严格，且问候语、填写说明等都非常关键。

（三）电话调查

电话调查是指调查者利用电话与被调查者进行语言交流以获得信息，具有时效快、成本低的特点，但问题的数量不宜过多，以免引起被调查者的烦躁而中断电话，导致无法取得完整的信息。这种方法对调查者的语言表达能力要求非常高，尤其是在被调查者拿起电话的那一刻。

（四）电脑辅助调查

电脑辅助调查又称为电脑辅助电话调查，需要通过电脑与电话相结合，借助专门的软件完成调查的全过程，对硬件设备要求较高。

（五）座谈会

座谈会也称为集体访谈，是指将一组被调查者集中在调查现场，让他们对调查的主题发表意见以获得资料。因为被调查者被集中在一起，有可能因为他人的作答而影响自己的想法，因此参加座谈会的人数不宜过多，一般为6～10人。座谈会侧重于定性研究。这种方法对调查者的组织能力要求比较高，尤其是发生意见不同或产生矛盾时。同时，该方法不宜涉及一些个人隐私或比较敏感的问题。

（六）个别深度访问

个别深度访问是指一次只有一名受访者参加、针对特殊问题的调查，一般适合于较隐秘的问题，如个人隐私问题；或较敏感的问题，如政治方面的问题，侧重于定性研究。但该方法耗费时间和人力，因此不适合常规的调查。

（七）直接观察法

直接观察法是指调查人员亲临现场，对调查单位的调查项目直接清点、测定、计量以取得资料的方法，如企业设备的使用情况、企业的现金库和实物库等。该种方法下，调查人员不是强行介入，能够在被调查者不察觉的情况下获得资料，取得的资料相对准确。但调查人员能观察到的只是表面的一些行为特征，对深层的一些规律、动机等都无法得到。因此，一些社会经济现象的调查资料不适宜通过直接观察法取得。

（八） 实验法

实验法是指在设定的特殊实验场所、特殊状态下，对调查对象进行实验以获得所需资料的调查方法，分为室内实验法和市场实验法。室内实验法通常适合自然科学的实验资料的获取，市场实验法通常适合社会科学的实验资料的获取。

三、数据类型

统计学依据数据的计量尺度将数据划分为四大类，即定类数据、定序数据、定距数据和定比数据，如图 2－3 所示。

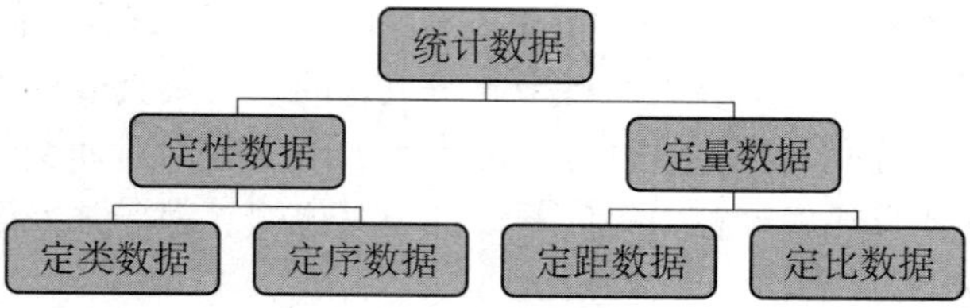

图 2－3 统计数据的分类

（一） 定类数据

定类数据，也称分类数据，是对事物进行分类的结果，数据的主要特征是采用文字、数字代码和其他符号对事物进行简单的分类和分组。定类数据的各类别间是平等的，没有高低、大小、优劣之分，比如，对人口按性别、民族、行政区划和婚姻状况等进行归类统计，对企业按照经济性质进行分类。使用分类数据时，各个类别的叫法只表明类别的名称，至于类别之间的关系，不作任何的假定。在实际中，为便于计算机识别和信息传输，对于分类性质的统计数据，人们往往给每一个类别赋予数字代码。例如，男性用 1 表示，女性用 0 表示，但这就好像给商品贴上标签一样，仅是示意性的，数字代码不可以直接进行数字的运算。

（二） 定序数据

定序数据，也称等级数据，也是对事物进行分类的结果，只是这些分类在语义上表现出明显的等级或顺序关系，有高低、优劣之分，不能随意排列，例如，学生的成绩可以分为优秀、良好、中等、及格和不及格；产品的质量可以分为优等品、合格品和不合格品；用户的满意程度可以分为非常满意、比较满意、一般满意、不太满意和不满意。定序数据和定类数据一样都属于定性数据，但定序数据比定类数据含有的信息量更多，能够进行差别和好坏的比较，但差别和好坏的程度，仍然无法给出一个具体的评价尺度。

在实际中，为便于计算机识别和信息传输，对于定序性质的统计数据，人们往往也给每一个类别赋予数字代码，如非常满意用 5 表示，比较满意用 4 表示，一般满意用 3 表示，不太满意用 2 表示，不满意用 1 表示，表述的数值也要呈高低大小之分。

由于定类数据和定序数据都说明的是事物的品质特征，通常用文字来表述，其结果均表现为类别，因此也把它们统称为定性数据。

（三）定距数据

定距数据是指按现象绝对数量差异进行的辨别与区分的结果。它对事物能进行准确测度，能比较各类事物的优劣，还能计算出事物之间差异的大小，所以其数据表现为“数值”。例如，每一度的温差都是相同的，为1℃；百分制考试成绩，分值之间的间隔一般为10分，即60～70分为一档，70～80分为一档，80～90分为一档；在进行收入调查时，也可以把调查者按一定收入差异分为不同的组，如1 000～2 000元为较低收入者，3 000～5 000元为中等收入者。这种尺度的每一间隔是相等的，只要给出一个度量单位，就可以准确地指出两个计数之间的差值，如南京的最高温度是40℃，溧阳天目湖的最高温度是33℃，二者相差7℃，这类数据可以进行有意义的加减运算，但不能进行乘除运算。因为定距数据没有绝对的零点，“0”表示的是一种水平，比如温度为“0℃”，不是说没有温度，而是温度在“0℃”这样的一个水平上。

（四）定比数据

定比数据是指对现象绝对差异与相对差异进行的辨别与区分的结果。它可以准确地计量两个数值之间的倍数，如旅客甲这次旅游花费了200元，旅客乙花费了100元，则旅客甲比旅客乙多花了一倍的钱，显然这类数据可以进行有意义的乘除运算。很多经济变量都属于这种类型，如产品产量、销售额、固定资产投资、居民收入、消费支出、银行贷款余额等。定比数据的值也以数字表述，有计量单位，亦可以进行加减运算。但定比数据中的零，作为一个数值，代表的就是一无所有，如零高度、零体积、零重量、零面积、零人口、零资产等。

由于定距数据与定比数据说明的是现象的数量特征，是使用自然或度量衡单位对事物进行测量的结果，其结果表现为具体数值，因此也把它们统称为定量数据。

任务四 认识统计调查误差

任务导入

美国多克斯牙膏公司做过一个用户调查，调查结果显示“用户反映使用多克斯（Doakes）牌牙膏使蛀牙减少23%”，大字标题历历在目。这些结论出自一家信誉良好的“独立”实验室，并且还经过了注册会计师的证实。

但只有当你读小字体的正文时才会发现：被测试的用户仅由12人组成。

思考：该公司所做的调查是否存在误差？属于什么误差？如何进行控制？

任务分析

统计调查误差基于产生的原因有两大类。不同的误差根据产生的原因有不同的预防和控制的措施。

相关知识与拓展

统计调查误差是指调查得到的统计数据与总体未知的真实数据之间的差异，可分为登记性误差和代表性误差两大类，如图 2-4 所示。

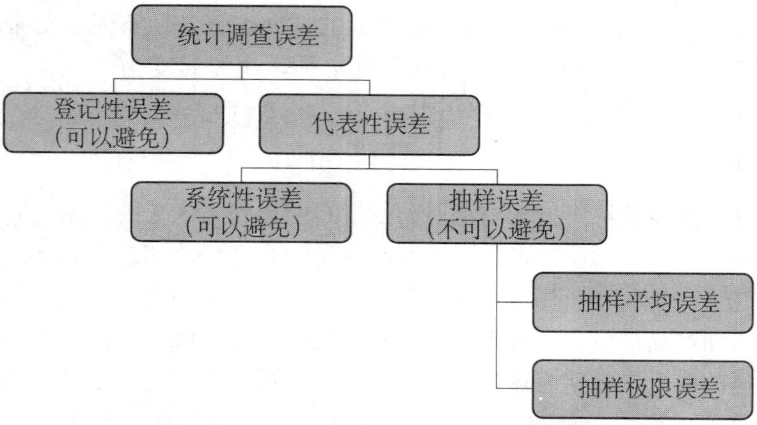

图 2-4　统计调查误差的种类

一、登记性误差

所谓登记性误差是指在调查过程中，由于计算、计量等主观原因所造成的误差，也叫做调查误差。登记性误差发生在任何调查过程之中，它是无法精确计算的，但可以尽量避免或控制。

（一）产生原因

登记性误差产生的原因通常包括计量、记录、计算、抄录、汇总等错误，被调查者故意虚报瞒报，调查方案规定得不明确造成的误解等。

（二）消除误差的措施

这类误差大都是人为造成的，因此可以通过采取措施加以解决，具体需要做好以下几点：

（1）合理制定统计调查方案，保证统计调查工作顺利开展；

（2）加强对调查人员的培训，避免调查人员自身原因引起的调查误差。

二、代表性误差

所谓代表性误差是指用样本指标数值去推断总体指标数值时，由于样本各单位的结构情况不足以代表总体特征所产生的误差。它可分为系统性误差和抽样误差两大类。

（一）产生原因

系统性误差的产生是由于调查者抽取样本时没有遵守随机原则而造成的。抽样误差是指在遵守随机原则的前提下，单纯由于被抽取的样本对总体的代表性不足而产生的误差，如样本平均数与总体平均数的离差，样本成数与总体成数的离差等。可见，抽样误差的产生是由于抽样本身造成的。即使调查的过程完全准确，但由于样本不能完全代表总体，二者之间往往存在差异，故抽样误差不可避免。

（二）控制误差的措施

具体可以从以下几个方面避免或控制代表性误差：

（1）系统性误差可以通过调查者遵守随机原则完全避免；

（2）抽样误差不可以避免，但可以控制。抽样误差在抽样调查中无法避免和消除，但可以进行计算，也可以通过合理的办法将误差控制在一定的范围之内。通常的做法是通过增加样本容量、选择合适的抽样组织方式等措施进行控制。

模块小结

统计调查
- 设计统计调查方案
- 设计调查问卷：开头部分、甄别部分、主体部分、背景部分
- 收集统计数据
- 认识统计调查误差

拓展阅读

消费者电脑需求情况调查问卷

尊敬的女士/先生：

您好！我是×××公司市场调查员，我们正在进行一项有关电脑需求方面的调查，目的是想了解您关注电脑的哪些方面，以便为电脑行业的发展提供意见和建议。您的回答只要真实地反映了您的情况和看法，就达到了本次调查的目的。我们对您的回答是完全保密的。希望您能积极参与，调查要耽搁您几分钟时间，请您谅解！谢谢您的支持与合作！

以下问题，请您在括号内标上你所选择答案的题号；对于需要在表格中选择答案的题目，在所选的表格内画“√”；对于需要将答案排序的题目，请直接将排好序的题目序号填入括号内；对于主观性题目，请在规定的地方上填写您的意见和建议。

1. 您的性别是(　　)。

A. 男　　B. 女

2. 您的年龄是(　　)。

A. 20 岁以下　　B. 21～30 岁　　C. 31～40 岁

D. 41～50 岁　　E. 51～60 岁　　F. 61 岁以上

3. 您的职业是(　　)。

A. 工人　　B. 机关公务员　　C. 公司职员　　D. 教师

E. 学生　　F. 军人　　G. 其他

4. 您的文化程度是(　　)。

A. 大学或以上　　B. 高中/中专　　C. 初中　　D. 初中以下

5. 您个人的平均月收入是(　　)。

A. 1 000 元以下　　B. 1 000～2 000 元

C. 2 000～3 000 元　　D. 3 000～4 000 元

E. 4 000 元以上

6. 您对计算机的需求程度如何？(　　)

A. 已购置　　B. 准备买　　C. 无所谓　　D. 不需要（终止访问）

7. 您最信任什么品牌的计算机？(　　)

A. 国产　　B. 进口　　C. 无所谓

8. 当您在选购电脑时，对于表 2－3 所示因素的重视程度分别为：

表 2－3　选购电脑时各因素的重视程度

	非常重视	比较重视	一般重视	不太重视	不重视
价格					
品牌					
外观					
服务					
质量					
经销商					

9. 您买计算机通常会选购(　　)。

A. 兼容机　　B. 品牌机

10. 您购买计算机的目的是(　　)。

A. 自己使用　　B. 孩子学习　　C. 送人　　D. 其他

11. 您购买计算机主要用于(　　)。

A. 办公　　B. 娱乐、游戏、上网

C. 学习　　D. 其他

12. 您购买计算机主要是通过(　　)。

A. 媒体宣传　　B. 朋友介绍　　C. 厂家促销　　D. 自己决定　　E. 其他

13. 购买计算机时您首先会选择(　　)。

A. 百货商场　　B. 专卖店　　C. 其他

14. 您选择该购物场所的原因是(　　)。(请排出顺序)

A. 种类多，可选择余地大　　B. 信誉有保障
C. 价格空间大　　D. 售后服务好

15. 您希望计算机的外形是(　　)。
A. 朴实大方　B. 彩色时尚　C. 无所谓

16. 您所能接受的计算机最高价位是(　　)。
A. 3 000元以下　　B. 3 000～4 000元
C. 4 000～5 000元　　D. 5 000～6 000元
E. 6 000～7 000元　　F. 7 000元以上

17. 您是否完全相信厂家的服务宣传?(　　)
A. 非常相信　B. 比较相信　C. 一般相信　D. 不太相信
E. 不相信

18. 您购买计算机最关注的售后服务是(　　)。
A. 硬件维修　B. 软件维修　C. 基础培训　D. 其他

19. 您对下列哪种售后服务的形式更感兴趣?(　　)
A. 热线技术咨询　B. 上门服务　C. 厂家本身多设维修网店

20. 如果您的计算机出现了无法自行解决的问题，您希望厂家完全解决问题的极限时间为(　　)。
A. 3天以下　B. 3～7天　C. 7～15天　D. 15～30天
E. 其他

21. 您认为家用计算机有装正版软件的必要吗?(　　)
A. 很有必要　B. 没有必要　C. 无所谓

22. 如果您单独购买软件，您希望得到商家怎样的支持?(　　)
A. 打折优惠　　B. 提供软件分类名册
C. 帮助推荐　　D. 其他服务

23. 您对现在计算机(硬件/软件/服务等)的意见和建议：

____

____

____

再次感谢您的大力支持!

调查人：

技能训练

一、简答题

1. 统计调查方案的内容包括哪些方面?
2. 调查问卷由哪几部分构成?
3. 调查组织方式的种类有哪些?指出各自的适用范围。
4. 统计调查方法有哪些?

5. 调查数据有哪几类？

6. 统计调查误差的种类有哪些？如何合理地控制或消除误差？

二、单项选择题

1. 统计调查的基本任务是（　　）。

A. 形成统计调查方案　　B. 收集统计资料
C. 制订调查计划　　D. 组织调查工作

2. 要对某工厂的生产设备状况进行调查，则某工厂的“全部生产设备”是（　　）。

A. 调查对象　　B. 调查单位　　C. 报告单位　　D. 调查项目

3. 在一项调查中，调查单位和填报单位（　　）。

A. 无区别，是一致的　　B. 有区别，是不一致的
C. 无区别，是人为确定的　　D. 有区别，但有时是一致的

4. 某市机械工业局欲进行工业生产设备状况普查，要在1月1日到20日将资料登记完毕，这一时间规定是（　　）。

A. 调查期限　　B. 资料代表时间　　C. 登记时间　　D. 标准时间

5. 重点调查中的“重点单位”是指（　　）。

A. 这些单位的数量占总体全部单位数的很大比重
B. 这些单位是工作重点
C. 这些单位具有举足轻重的作用
D. 这些单位的标志值在总体标志总量中占有绝大比重

6. 为掌握商品销售情况，对占该市商品销售额80%的五个大商场进行调查，这种调查方式属于（　　）。

A. 普查　　B. 重点调查　　C. 抽样调查　　D. 统计报表

7. 要了解某批灯泡的平均寿命，应该采用的调查组织方式是（　　）。

A. 普查　　B. 抽样调查　　C. 重点调查　　D. 典型调查

8. 下列属于全面调查的是（　　）。

A. 对全国钢铁行业中的大型钢铁企业进行调查
B. 对全国的人口进行普查
C. 从全校学生中抽取部分学生进行消费水平的调查
D. 对某市先进的单位进行调查，了解其先进的管理经验

9. 下列调查中，调查单位与填报单位一致的是（　　）。

A. 企业设备调查　　B. 人口普查
C. 农村饲养牲畜调查　　D. 企业效益调查

10. 下列属于全面调查的是（　　）。

A. 抽样调查　　B. 重点调查
C. 典型调查　　D. 普查

三、技能操作题

1.《第六次全国人口普查方案》包括哪些内容？

2. 为了促进大学生合理消费，某高校决定调查研究在校大学生的生活费支出情况。要求：

(1) 设计一份调查方案。

(2) 这项调查采用哪种调查方法比较合适?

(3) 设计一份调查问卷。

(4) 收集在校大学生生活费支出数据。

3. 某生产化妆品的企业欲对沈阳市居民使用化妆品的情况进行调查，试设计一个调查方案，并列出各种可能造成误差的因素，思考如何减少调查中的误差。

4. 某家用电器生产厂家想通过市场调查了解以下问题：企业产品的知名度、产品的市场占有率、用户对产品质量的评价及满意程度。要求：

(1) 设计一份调查方案。

(2) 这项调查采取哪种调查方法比较合适?

(3) 设计一份调查问卷。

5. 一天，爸爸叫儿子去买一盒火柴，临出门前，爸爸嘱咐儿子要买能划燃的火柴。儿子拿着钱出门了，过了好一会儿，儿子才回到家。“火柴能划燃吗?”爸爸问。“都能划燃。”儿子答。“你这么肯定?”爸爸问。儿子递过一盒划过的火柴，兴奋地说：“我每根都试过啦。”思考：

(1) 儿子采用了什么调查方式?

(2) 你认为儿子采用的方法合适吗? 为什么?

(3) 你准备用什么方式进行调查呢?

模块三　统计整理

学习目标

知识目标

◎ 了解统计整理方案的设计
◎ 掌握统计数据分组的方法
◎ 掌握次数分布表的编制
◎ 掌握统计图的绘制

技能目标

◎ 能够对收集到的原始数据进行合理分组
◎ 能够利用 Excel 编制出次数分布表
◎ 能够利用 Excel 绘制出统计图

模块考核

模块考核单

序号	考核内容	分值	总结与归纳	成绩
1	设计统计整理方案	10		
2	统计分组的方法	30		
3	编制次数分布表	20		
4	利用 Excel 进行统计分组	20		
5	利用 Excel 绘制统计图	20		
合计		100		

案例导入

某保险公司 140 名业务员的月销售额数据统计如下（单位：千元）：

8.40，21.64，17.96，17.25，15.76，14.92，25.40，19.55，14.52，24.26，8.81，

21.66，17.97，17.31，15.77，15.08，25.53，19.91，14.61，24.80，9.24，21.72，18.02，17.34，15.82，15.13，25.64，21.03，14.78，25.05，9.64，21.81，18.22，17.39，15.84，15.15，25.83，21.09，14.87，25.29，11.05，21.88，18.24，17.41，15.86，15.27，26.07，21.16，13.85，23.65，11.43，21.92，18.28，17.43，15.88，15.34，26.51，21.19，13.97，23.76，12.37，22.13，18.29，17.43，15.88，15.37，26.70，21.25，14.16，23.94，12.74，22.16，18.33，17.48，15.99，15.42，26.74，21.31，14.26，24.20，12.96，22.28，18.42，17.48，16.16，15.43，26.93，21.34，13.68，23.45，13.22，22.38，18.51，17.52，16.22，15.46，27.50，21.40，13.80，23.50，13.25，22.65，18.55，17.57，16.98，15.48，27.76，21.42，17.62，17.25，13.33，22.84，18.63，17.57，17.07，15.56，31.16，21.53，17.66，17.25，13.51，23.16，18.64，17.57，17.14，15.64，31.34，21.53，13.61，23.27，19.27，17.84，18.78，17.16，15.65，32.40，15.71，32.55，18.64，17.61。

思考：如何正确合理地整理这些数据，才能清晰地反映这些业务员的销售额情况？

任务一　认识统计整理的步骤

任务导入

2010年的第六次全国人口普查，对全国1 370 536 875人进行了调查，调查的内容非常全面，包括人口的性别、年龄、民族、受教育程度、行业、职业、迁移流动、社会保障、婚姻、生育、死亡、住房情况等。这些资料非常分散，不能集中反映出我国人口的分布情况。只有对这些大量的人口资料进行整理，才能得到反映我国人口分布情况的重要指标。

思考：如何完成这一整理工作？

任务分析

统计整理是一项细致的工作，应当有组织、有计划地进行。首先应该设计统计整理方案，然后根据方案的要求审核统计资料并对统计资料进行分组、汇总，最终形成统计图表。

相关知识与拓展

前面学习了统计调查，知道如何设计调查方案，选择何种调查方法去获得资料，但获得的原始资料仅仅能够说明各个总体单位的具体情况，是比较零碎的、分散的、不系统的，不能反映总体的综合数量特征和事物的规律性。要把统计调查阶段收集到的资料变成有效的信息，必须通过统计整理对其进行加工，去伪存真、去粗取精，将分散零碎的个体资料进行归纳和概括，才能得到系统的、反映总体数量特征和规律性的统计资料，从而达到认识总体的目的。

统计整理是根据统计研究的目的和要求，对统计调查所收集到的大量、零星分散的原始资料进行分组、汇总，使反映每一个总体单位特征的资料转化为反映总体特征的指标的工作过程。统计整理作为统计研究的中间环节，是统计调查的继续，是统计分析的基础，起着承前启后的作用。它的基本步骤是：设计统计整理方案、审核统计资料、对原始资料进行分组和汇总、形成统计图表。其中，统计图表是统计整理阶段的最终成果。

一、设计统计整理方案

一般的统计调查都是大规模的，因此取得的统计资料数量庞大，汇总整理需要众多的人员参与，为保证统计整理的质量，在进行整理之前，要设计统计整理方案。所谓统计整理方案就是对统计整理阶段各个方面工作所做的全面考虑和安排，通常以文件的形式出现。统计整理方案一般需要明确以下内容：对调查中所收集资料的哪些内容进行整理；确定如何进行统计分组；确定采用哪些汇总指标；统计整理结果如何表现等。整理方案是否科学，对于统计整理乃至统计分析的质量都是至关重要的。

二、审核统计资料

统计资料的审核主要包括资料的完整性、准确性和及时性审核。资料的完整性审核是指检查应该报送的单位有无不报、漏报现象，被调查的单位是否全部调查完毕。资料准确性审核包括两方面内容：一是逻辑检查，即检查资料的内容是否合理、有无相互矛盾或不符合实际的地方；二是计算检查，即检查调查表中的各项数字有无差错，各项指标的计算方法是否恰当，计量单位是否正确，有关指标间的平衡关系是否得到保持。资料及时性审核是指检查资料是否符合调查规定的时间，资料的报送是否及时，有无拖延。

三、对原始资料进行分组和汇总

经过审核没有问题的统计资料，要用一定的标志进行科学的分组，这是统计整理的前提和基础。对分组后的资料，通过计算机或手工汇总和必要的计算，就能使反映总体单位特征的资料转化为反映总体数量特征的综合指标，为下一步分析提供依据。

四、形成统计图表

统计整理最后的结果就是形成各种统计表和统计图。最终，根据研究目的和变量性质，借助计算机软件，编制出符合要求的统计图表，这样就可以直观地将整理的资料显示出来。

任务二 整理统计数据

任务导入

以下是收集到的某企业50名职工的工资数据（单位：元）：

2 580，2 750，2 510，2 600，2 770，2 650，2 780，3 040，2 975，2 860，
2 000，2 890，2 540，2 080，2 960，2 750，2 820，2 900，2 682，2 558，
2 730，2 910，3 090，2 650，2 700，2 900，2 680，2 785，3 100，3 260，
2 820，2 670，2 740，2 760，2 830，2 880，2 950，2 860，3 050，2 600，
2 720，3 060，2 970，2 720，2 960，2 770，3 140，3 068，3 120，2 854。

上述数据相对比较凌乱，如何进行分组？

任务分析

（1）形成统计整理方案，明确如何对该组数据进行整理，整理后的结果如何表现。

（2）开始进行分组时，需要考虑第一组该怎么分，第一组的起点值和终点值该如何决定？其他组如何参照第一组分下去？最后一组如何结束？

（3）分组后还要统计每组的频数。那么如何统计每组的频数？遇到上下组值重叠时该界定为哪一组？当数值很多时，采取人工计数的方式不仅麻烦还容易出错，该如何解决？

相关知识与拓展

一、统计分组

统计分组是根据统计研究的目的和任务将统计总体按照某种标志划分为若干组成部分的一种统计方法。统计分组的目的，在于把同一总体中的具有不同性质的单位分开，把性质相同的单位合并在一起，保持各组内统计资料的一致性和各组之间资料的差异性，以便进一步研究统计总体的数量表现与数量关系，进而正确认识总体的本质及其规律性。统计分组对于总体和总体单位有不同的意义，对总体而言，这是一个“分”的过程，一个大的总体分成不同的小总体；而对总体单位而言，这是一个“合”的过程，几个总体单位合成一个或多个总体，结果“组内性质更近，组间差异更大”。

统计分组的根本原则是“穷尽”和“互斥”。穷尽原则是指所有被观察的数据都可被归属到适当的类型中，没有一个数据无从归属，如销售者按收入水平进行分组，若只分为1 000～2 000元，2 000～3 000元，3 000～4 000元，4 000元以上四组，那么1 000元以下的消费者就无组可归。这样的分组就不符合“穷尽”原则。互斥原则是指在特定的分组

标志下，总体中的任何一个单位不能同时归属于几个组，而只能归属于某一组。如把鞋子分为男鞋、女鞋、童鞋，这样的分组就不符合互斥原则，因为童鞋也有男鞋与女鞋之分。

小知识

选择分组标志需遵循的三个原则

1. 根据统计研究的目的与任务选择分组标志。
2. 选用现象中最能反映事物本质或主要特征的标志作为分组标志。
3. 根据被研究对象所处的历史条件和经济状况选择分组标志。

统计分组的关键是选择分组标志，按照标志的不同，可以分为按品质标志分组和按数量标志分组。

（一）按品质标志分组

按品质标志分组是指用反映事物属性的标志作为分组标志，将总体单位划分为若干个性质不同的组成部分。这种分组方法通常比较简单，如人口按性别分为男性人口和女性人口，按民族分为汉族和少数民族等。

（二）按数量标志分组

按数量标志分组是指根据统计研究的目的，选择能够反映事物数量差异的数量标志作为分组标志，主要有单项式分组和组距式分组两大类，如图 3－1 所示。

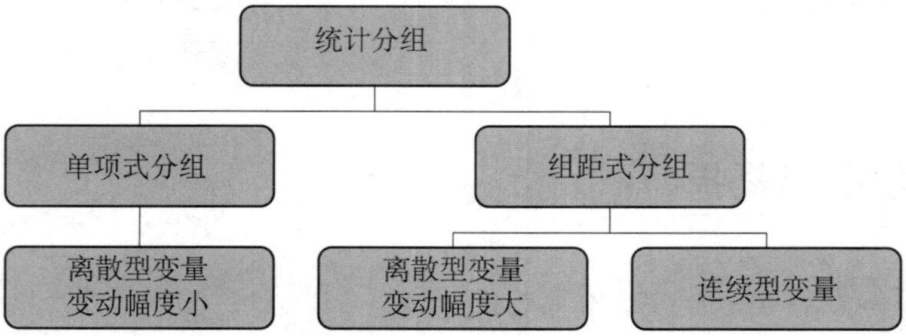

图 3－1　数量标志分组的种类

1. 单项式分组

单项式分组是指在分组时将每个变量值作为一组。离散型变量变动幅度小时适合单项式分组，如可以将“家庭人口数”分组为 1，2，3，4，5，6，7……，一般不会超过 10 组。这种分组方法比较简单。

2. 组距式分组

组距式分组是指把整个变量值依次划分为几个区间，各个变量值则按其大小确定所归并的区间。其中，区间的距离称为组距。每组两端的数值称为组限。每组的起点数值称为下限，每组的终点数值称为上限。上限和下限的中点数值也即上下限的算术平均数称为组中值。对于开放式组来说，通常必定有一组表示为“×××以下”或“×××以上”，一般只有下限或上限，组中值的确定要参照相邻组的组距。

离散型变量变动幅度大或为连续型变量时，适合组距式分组，如将职工按工资额分为2 000元以下，2 000～3 000元，3 000～4 000元，4 000～5 000元，5 000元以上。

如果是离散性变量，一切可能取值都以整数形式出现，则各组的上下限可以用确定的数值（整数）表示，如按人数可分为21～30，31～40，41～50，51～60；也可以采用重叠的写法，如可按人数分为20～30，30～40，40～50，50～60。

如果是连续性变量，因为在一个区间内可以连续不断地取值，所以在分组写法上，相邻的组限必须是重叠的，如按销售额（万元）可以分为：50～100，100～150，150～200。

按照组距是否相等，组距式分组又有等距分组和不等距分组之分。

等距分组是指所有组的组距都相等，一般标志值变动比较均匀时适宜等距分组，计算机处理时也比较方便，如按成绩可以分为50～60，60～70，70～80，80～90，90～100，每一组的组距为10，属于等距分组；不等距分组是指组距不全相等或全不相等的情况，一般标志值变动不均匀时适宜采用不等距分组，如按工资额可以分为500～1 500元，1 500～2 000元，2 000～3 000元，3 000～4 000元，则每一组的组距不全相等，属于不等距分组。但如果标志值是按一定比例发展变化的，则可以按等比的组距间隔分组，如可以对差别很大、数量很多的企业的营业额按等比的组距分为10～100万元，100～1 000万元，1 000～10 000万元。

二、次数分布

次数分布是指统计资料按一定的标志分组之后列出各组相对应的总体单位数所形成的数列，又称为分配数列。所以，要形成次数分布，必须具备两大要素：分组及各组对应的总体单位数（次数），二者缺一不可。因为统计分组分为按品质标志分组和按数量标志分组，所以次数分布也分为按品质标志分组下的次数分布，即品质分配数列（品质数列）和按数量标志分组下的次数分布，即变量分配数列（变量数列）。

（一）品质分配数列

品质分配数列是指按品质标志分组之后列出各组对应的单位数所形成的数列。因为分出的各组比较简单、明确，确定各组次数时直接采用计数方式，如表3－1所示。

表3－1 班级人数按性别分组

性别	人数（人）	比重（%）
男	15	25
女	45	75
合计	60	100

（二）变量分配数列

1. 单项式数列

单项式数列是指在单项式分组后列出各组对应的单位数所形成的数列。因此，编制单项式数列时，一般直接将每一变量值作为一组，汇总计算各组相应的单位数，然后利用表格形式列示。

例 3－1

纺织车间 20 名工人日生产机器台数分别为 3，4，3，4，5，6，4，5，5，5，6，3，4，7，6，5，6，5，7，7。

将以上数据形成单项式数列，如表 3－2 所示。

表 3－2 工人生产机器台数

机器数（台）	人数（人）	比重（%）
3	3	15
4	4	20
5	6	30
6	4	20
7	3	15
合计	20	100

2. 组距式数列

组距式数列是指在组距式分组后列出各组对应的单位数所形成的数列。因此，编制组距式数列时，首先需将整个变量值划分为几个区间，一个区间为一组，分别汇总计算各组对应的单位数，然后利用表格形式列示。编制组距式数列时，需要考虑整个变量值如何划分区间，分多少组，第一组的下限为多少，组距为多少，最末组的上限为多少等很多问题。

编制组距式数列的步骤如下：

（1）确定组限。

为了将所有数据资料包含在各组中，组限的确定须坚持以下原则：

①最小组的下限要小于或等于最小值。

如变量中最小值为 42，那么第一组的下限必须小于或等于 42，这样才能把所有数据包含在所分的各组中。

②最大组的上限要大于或等于最大值。

如变量中最大值为 99，那么最后一组的上限必须大于或等于 99，这样才能把所有数据包含在所分的各组中。

③组限宜取 5 或 10 的整数倍。

如当变量中最小值为 42 时，第一组的下限可以为 42 或以下的值，但以 40 为最优；如当变量中最大值为 99 时，最后一组的上限可以为 99 或以上的值，但以 100 为最优。

（2）确定组距。

组距是指各组内标志值的最大和最小数值的差距。因为组距＝全距/组数，而全距＝最大变量值－最小变量值，能明确地计算出来，所以组距的确定主要依赖于组数的多少。组数的确定应以能够显示数据的分布特征和规律为原则。在实际分组时，组数一般为 $5\leqslant K\leqslant 15$，可以按 Sturges 提出的经验公式确定组数 K。基本公式为：

$$K=1+3.322\lg n$$（其中，n 为总次数）

计算组数结果的取舍，不采用四舍五入法，而采用舍去进一法，即只要有小数，就把小数舍去，并在整数位上加 1。如计算出组数为 5.01 时，并不能按照四舍五入法确定为 5 组，而应估计为 6 组。

根据分组经验可以知道，组距也宜取 5 或 10 的整数倍，但根据以上公式计算出的组距通常是小数，所以组距要以得出的结果来判断，通常靠近 5 的倍数就取 5 的倍数，靠近 10 的倍数就取 10 的倍数。

因为全距＝组距×组数是确定的，所以随着组距调整为 5 或 10 的倍数，组数也会相应发生微小的变化。

如对某单位 100 名员工的月工资进行分组，其中工资最高值为 7 800 元，最低值为 1 080元。计算可知全距＝7 800－1 080＝6 720（元），组数 K＝1＋3.322lg100＝7.644，组距＝全距/组数＝6 720/7.644＝879.12，组距靠近 1 000，因此取组距为 1 000，这样组距就扩大了，全距不变的前提下，组数一定会小于原来计算的值，计算可知调整后的组数＝6 720/1 000＝6.720，也即分为 7 组。但需要注意的是，根据组数公式计算的组数虽然不是最终的分组，但计算组距时必须用最原始的组数代入。

（3）统计次数。

组距式分组情况下，统计次数时需考虑变量的性质是属于离散型变量还是连续型变量。

如果变量属于离散型变量，即指变量值都以整数形式出现，那么变量分组后，各组的上下限可以用确定的数值（整数）表示。如 21～30，31～40，41～50，51～60（人数）。这样统计次数时非常简单，直接统计归属于该组的变量值的次数即可。

如果变量属于连续型变量，即指变量值中包含小数，这时相邻的组限是重叠的。如 1 000～2 000，2 000～3 000，3 000～4 000，4 000～5 000（收入）。这样统计次数时就不能直接统计归属于该组的变量值的次数，因为无法确定重叠的 2 000，3 000，4 000 该归属于哪一组。基本的统计原则是“归下不归上”，即将重叠的变量值归属于所属下限的那一组，而不是上限的那一组，那么 2 000 就应该属于 2 000～3 000 组，3 000 就应该属于 3 000～4 000 组，4 000就应该属于 4 000～5 000 组。这一原则使得很多离散型变量分组时也经常采用相邻组限重叠的写法。如上例中人数的分组就可以为 20～30，30～40，40～50，50～60，但是此时，30 归属于 30～40 组，40 归属于 40～50 组，50 归属于 50～60 组。

3. 累计次数分布

次数分布表可以表明各组间的单位数在总体中所出现的次数或所占的比重，从而描述总体的内部结构，揭示总体中的关键因素与本质特征。而累计次数分布的编制则能够表明各标志值以上或以下所出现的次数或比重，包括以下累计和以上累计两种。

（1）以下累计。

以下累计是指从变量值低的组开始，将各组次数（频率）逐次向变量值高的组累计，说明某一组上限以下各组的累计次数（频率）。如表 3－3 中以下累计的 30 就代表销售额为 1 500 万元以下的商店数共有 30 家，占所有商店数的 60%。

表 3－3　某市 50 家商店的销售额

销售额（万元）	商店数（个）	频率（%）	累计次数（个）		累计频率（%）	
			以下累计	以上累计	以下累计	以上累计
500 以下	4	8	4	50	8	100
500～1 000	10	20	14	46	28	92

续前表

销售额（万元）	商店数（个）	频率（%）	累计次数（个）		累计频率（%）	
			以下累计	以上累计	以下累计	以上累计
1 000～1 500	16	32	30	36	60	72
1 500～2 000	13	26	43	20	86	40
2 000～2 500	4	8	47	7	94	14
2 500 以上	3	6	50	3	100	6
合计	50	100	—	—	—	—

（2）以上累计。

以上累计是指从变量值高的组开始，将各组次数（频率）逐次向变量值低的组累计，说明某一组下限以上各组的累计次数（频率）。如表 3－3 中以上累计的 20 就代表销售额为 1 500 万元以上的商店数共有 20 个，占所有商店数的 40%。

任务三　形成统计图表

任务导入

2018 年 6 月大学英语四级考试成绩下发，某大学外语教研室需要撰写一份关于该校参加考试的 4 000 名学生的英语成绩的报告。

思考：在报告中通过什么样的形式可以对上述零散的数据进行直观的描述？

任务分析

零散的数据整理后可以形成统计表和统计图。统计表可以将大量的数字系统化，统计图则更加直观醒目。但需要注意的是统计表的格式必须规范，统计图则必须根据变量的性质去选择。

相关知识与拓展

一、统计表

（一）统计表的含义及作用

数据经整理后使之进一步表格化，便形成统计表。统计表主要是指以纵横交叉的线条所形成的表格系统地表述数字资料，说明被研究现象的数量特征的基本形式。统计表可以直观地说明现象之间的相关关系及规律，也能显著地将现象之间的差别表示出来，可以使大量枯燥的数字系统化、条理化，是统计分析的重要工具。

(二) 统计表的结构

某单位职工工资分组表，如表 3-4 所示。

表 3-4 某单位职工工资分组表

工资额（元）	人数（人）	比重（%）
1 000～2 000	10	20
2 000～3 000	13	26
3 000～4 000	17	34
4 000～5 000	4	8
5 000 以上	6	12
合计	50	100

（1）总标题，主要是指表的名称，概括地说明统计表的内容，放在表的正上方。

（2）横行标题（行标题），主要是指横行的名称，反映每一横行内数据的意义，放在表的左方。

（3）纵栏标题（列标题），主要是指纵栏的名称，即指标名称，反映每一纵栏内数据的意义，放在总标题的下方，表体的上方。

（4）指标数值，主要是指各空格内按要求填写的数字，位于横行标题和纵栏标题的交叉点，是统计表的核心部分。

（5）附注，主要是指不便于在表内反映，专门列出的对某一指标值或其他特殊事项的说明，如资料来源，一般在表体的下方单独列示，但不是必要项目。

(三) 统计表的形式设计

统计表的设计应尽可能做到简洁、清晰、准确、醒目，便于使用者进行比较、分析以及阅读。设计时应遵循如下规则：

（1）内容要简明扼要，避免庞杂。

（2）统计表的表体形式为开口式表格。

统计表的两端不封口、不画线，上下两端画粗实线或双细线，表内栏目之间用细线隔开，行与行之间可以画线也可以不画线，形状多为长方形。

（3）各类标题应简明、确切。

总标题要有时间和空间的范畴。横行标题和纵栏标题的排序应当根据时间的先后、数量的大小、空间的位置等自然顺序编排，二者必须相互对应，以表明指标值所反映的社会经济现象的含义，所属的时间和空间。

（4）统计表的指标值必须有计量单位。

如果表内各项目计量单位相同，可在表的右上方注明；若有几个计量单位时，横行的计量单位可专设"计量单位"一栏，纵栏的计量单位可与纵栏标题写在一起，用小括号标明。

（5）文字书写要工整，数字填写要准确，同栏的有效位数要一致。

统计表的数字部分填写必须准确，不能有空白。当数字为 0 或小到可忽略不计时，要写上 0；不应有此项数据时，划"—"去掉；当缺乏资料时，要用"……"表示；遇到相同数字必须照填，不能出现"同上""同左""同右"等字样。

（6）其他。

统计表通常需要有合计数，当统计表各纵栏需加合计时，可在最后一行设置合计；各横行需加合计时，可在最后一列设置合计。

二、统计图

（一）统计图的含义及作用

对于统计分析而言，尤其是描述统计，一幅图真的相当于千言万语。作为统计资料的一种表达方式，统计图可以简洁直观地表示统计表中枯燥的数据，可以帮助我们从众多的数据中发现规律，也可以更迅速、更有效地传递信息，给人以明确而深刻的印象。统计图是指利用点、线条、面积等几何图形或事物的外部形象来表现研究对象数量特征的图形，具有直观、醒目、易于理解等特点。

（二）统计图的结构

各种各样的统计图可以形象、直观地表明数据的分布形态与发展变化的趋势。统计图的一般结构为：

（1）标题，包括图表标题、数值轴（X、Y）标题。

（2）坐标轴和网格线。

坐标轴和网格线构造了绘图区的骨架，借助坐标轴和网格线，我们可以更容易读懂统计图。

（3）图表区和绘图区。

统计数据的所有内容都在图表区内，包括绘图区。统计图绘制在绘图区内。

（4）图例。

图例用来标明图表中的数据系列。数据系列可能有多个，可以用不同颜色、形状的图例来区别不同的数据系列。当只有一个序列时，可以省略图例。

（三）常见的统计图

Excel 中提供了 14 种图表类型，包括柱形图、直方图、条形图、折线图、饼图、XY 散点图、面积图、圆环图、雷达图、曲面图等。本教材主要介绍统计整理和分析中经常用到的几类统计图。

（1）柱形图和直方图。

柱形图主要用来反映离散型变量的次数分布，既适用品质标志，也适用数量标志，是最常用的统计图。与之密切相关的是直方图，是用矩形的宽度和高度来表示频数分布的图形，中间无缝隙，用来反映连续型变量的次数分布，只适合数量标志。

但直方图不能直接通过 Excel 绘制而成，需要通过柱形图转化。为达到柱形图之间无缝的紧密排列，需要将“数据系列格式”中的“选项”中的“分类间距”调整为“0”。

（2）饼图。

饼图主要用来反映定类变量的次数分布，用于表示总体或样本各组成部分所占的比例。

（3）折线图。

折线图主要反映连续型变量的次数分布和现象的动态变化，适用于时间数列数据。

（4）XY 散点图。

XY 散点图主要用来观察两个变量间的相关关系，也可以显示某一指标随时间的变化情况，在后面的相关与回归分析中经常会用到。

任务四　运用 Excel 进行统计整理

任务导入

某超市前 6 个月的销售额数据如表 3－5 所示。

表 3－5　某超市 1—6 月销售额资料

单位：万元

一月			二月			三月		
1—10 日	11—20 日	21—31 日	1—10 日	11—20 日	21—28 日	1—10 日	11—20 日	21—31 日
234	156	164	141	210	196	176	172	186
143	203	226	214	172	174	183	181	186
187	159	165	149	168	165	225	182	178
161	198	165	178	211	175	178	237	187
150	160	179	223	155	233	234	187	205
228	152	215	170	167	175	153	188	173
153	161	180	180	168	190	179	182	194
166	162	175	171	172	207	144	177	189
154	163	196	233	194		179	184	195
174	196	218	172	173		188	185	195
		187						202

四月			五月			六月		
1—10 日	11—20 日	21—30 日	1—10 日	11—20 日	21—31 日	1—10 日	11—20 日	21—30 日
177	174	188	239	182	198	229	180	198
189	198	206	229	187	197	179	189	197
209	200	171	242	202	168	215	190	178
189	201	208	168	257	200	200	230	180
190	196	192	244	189	205	204	169	160
175	163	210	156	199	182	178	188	189
191	196	168	189	206	198	179	189	190
160	176	211	154	244	190	155	180	218
197	158	172	209	190	210	189	186	220
197	203	213	187	185	198	166	185	195
					202			

思考： 如何对这 6 个月的数据进行分组，并用统计图显示销售额的分布情况。

任务分析

该任务涉及181个数据，如果用手工分组，通过数数的方式统计次数，工作量大，且容易发生错误。因此，需运用Excel软件进行分组，并选择合适的图表类型生成统计图。

相关知识与拓展

一、运用Excel进行统计分组

运用Excel进行统计分组时，无论是采用函数功能还是数据分析功能，都必须按照编制组距式变量数列的思路，对变量进行分组。Excel分组的最大优点是方便统计各组的次数。

例3-2

运用Excel对某超市6个月的销售额（共181个数据）进行分组。

具体操作步骤如下：

第一步，计算181个变量的全距。

通过Excel计算全距时，一般有两种方法。一是对数据进行排序，可以直观地看到最大值和最小值，然后计算最大值－最小值＝257－141＝116。二是通过函数＝max（所有变量值）－min（所有变量值），可以直接计算出全距的值为116。

第二步，计算组数$K=1+3.322\lg n$，在Excel任一单元格中直接输入"＝1＋3.322＊lg181"，此时的lg181可以通过"插入函数"—"数学与三角函数"中的log或$\log_{10}$实现。当选择log时，在出现的对话框中，Number中输入181，Base中输入10，而如果选择$\log_{10}$，则在出现的对话框中，Number中输入181即可。计算结果为$K=8.50$。

计算组数主要是为了计算组距，利用公式全距＝组数×组距，计算出组距＝13.65，该数值靠近5的倍数15，因此组距确定为15。

第三步，该组数据中，最小值为141，最大值为257，通过组限确定的原则，选择第一组下限为140，因此第一组为140～155，最后一组为245～260。

第四步，将变量分组后显示在Excel中，计算每组实际的组上限。这是利用Excel函数或数据分析分组时必须进行的一步。如第一组140～155，组上限为154，而不能是155，因为155～170是第二组，按照"归下不归上"原则可知，155属于"155～170"组。其他组组上限确定时方法类似。但是最后一组245～260，组上限就是260。

小思考

当数据有一位或多位小数时，分组时组上限如何确定？

（一） Excel 的函数功能

(1) 在“公式”菜单中点选“插入函数”—“全部”（或“统计”）—“FREQUENCY”，出现“函数参数”对话框，如图 3-2 所示。

FREQUENCY 函数的格式为＝FREQUENCY（Data _ array，Bins _ array)，其中 Data _ array 是指原始资料的存放区域，Bins _ array 是指统计分组的组上限构成的数值序列。

注意：使用此函数时必须事先选好要放置次数的位置。

(2) 在“函数参数”对话框中，分别在 Data _ array 中输入原始数据，Bins _ array 中输入组上限，点击“确定”，如图 3-2 所示。

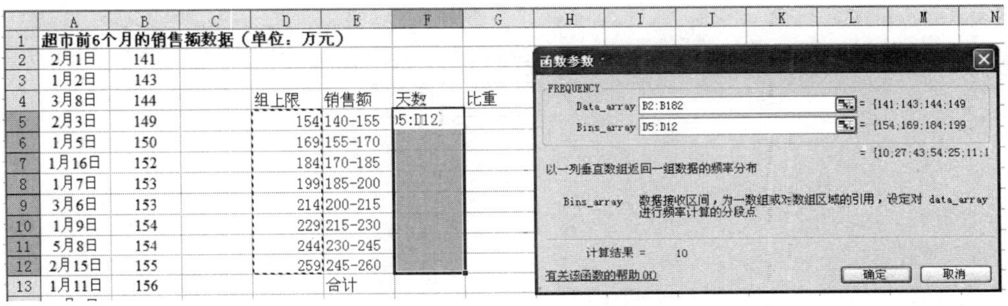

图 3-2 “函数参数”对话框

(3) 在对应单元格中出现一个数值 10，见图 3-3，此时把鼠标点到编辑栏，然后同时按下“Ctrl＋Shift＋Enter”组合键，所有的结果才会显示出来。然后利用 Excel 的填充柄功能计算出各组比重，再对表进行格式设计，即形成一个较为完整的次数分布表。

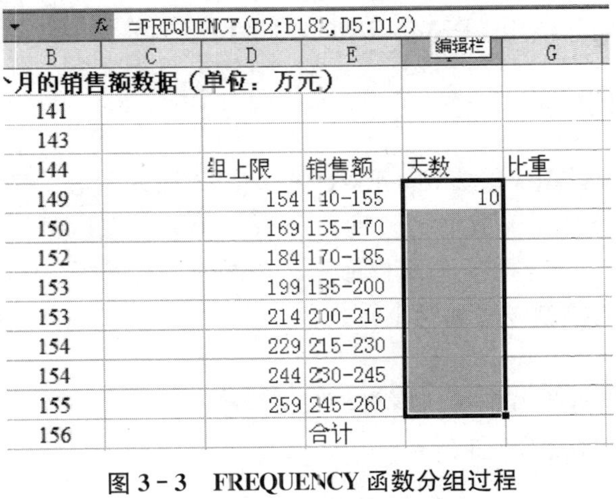

图 3-3 FREQUENCY 函数分组过程

（二） Excel 的数据分析功能

(1) 在菜单中点选“数据”—“数据分析”—“直方图”，出现“直方图”对话框，见图 3-4，输入区域中输入原始数据，接收区域中输入组上限，点击“确定”。

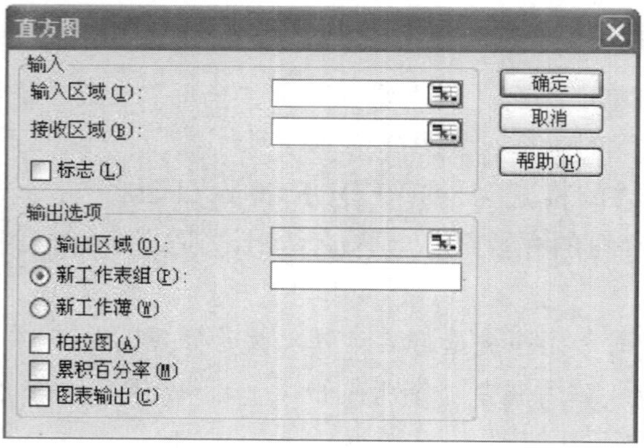

图 3-4 “直方图”对话框

（2）出现如图 3-5 所示结果，然后将统计出的次数粘贴到所分组后面。

接收	频率
154	10
169	27
184	43
199	54
214	25
229	11
244	10
259	1
其他	0

图 3-5 直方图分组结果

在 Excel 中使用直方图进行统计分组的缺陷是：频数分布及直方图没有与数据链接，当改变任何一个数据时，频数分布表和直方图不会跟着改变，且不能将所统计的次数放到自己想要放的地方。但是使用 FREQUENCY 函数可以弥补这一缺陷。

二、运用 Excel 绘制统计图

利用 Excel 绘制统计图比较方便，Excel 提供的“插入图表”工具，能帮助创建适合于数据分析的各种图表，用于数据的整理与分析，能够直观形象地描述现象的数量规律性。Excel 提供的统计图有多种，包括柱形图、条形图、折线图、饼图、散点图、面积图、环形图等，各种图形的绘制方法大同小异。

例 3-3

运用 Excel 为分组后的超市的销售额绘制统计图。

分组后的统计数据如表 3-6 所示。

表 3-6 超市 6 个月的销售额

销售额（万元）	天数（天）	比重（%）
140～155	10	5.52
155～170	27	14.92
170～185	43	23.76
185～200	54	29.83

续前表

销售额（万元）	天数（天）	比重（%）
200～215	25	13.81
215～230	11	6.08
230～245	10	5.52
245～260	1	0.56
合计	181	100.00

注：比重的小数尾差计到最后一组销售额中。

绘制统计图的具体步骤为：

（1）选定 Excel 中的数据，此时需要选定的是分组后的“销售额”和“天数”两列数据，包括文字，但不包括“合计”。

绘制统计图之前需要选定数据所在的单元格，如果希望系列自动生成，则选定区域还应包括含有标题的单元格，即分组标志。如果只是选择绘制统计图的两列数据，而不去选择对应的标志，那么系列就需要绘图者自己设置，如果无法理解系列的含义，容易发生错误。

（2）根据需要直接选择插入某一类图表或在菜单中点选“插入”—“图表”，见图 3－6，出现“插入图表”对话框，见图 3－7。

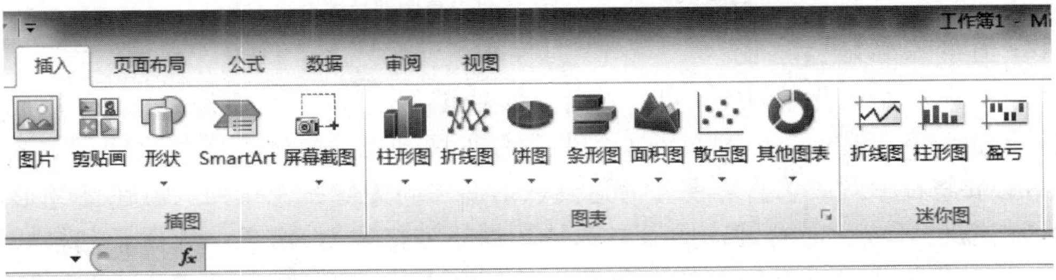

图 3－6　插入图表界面

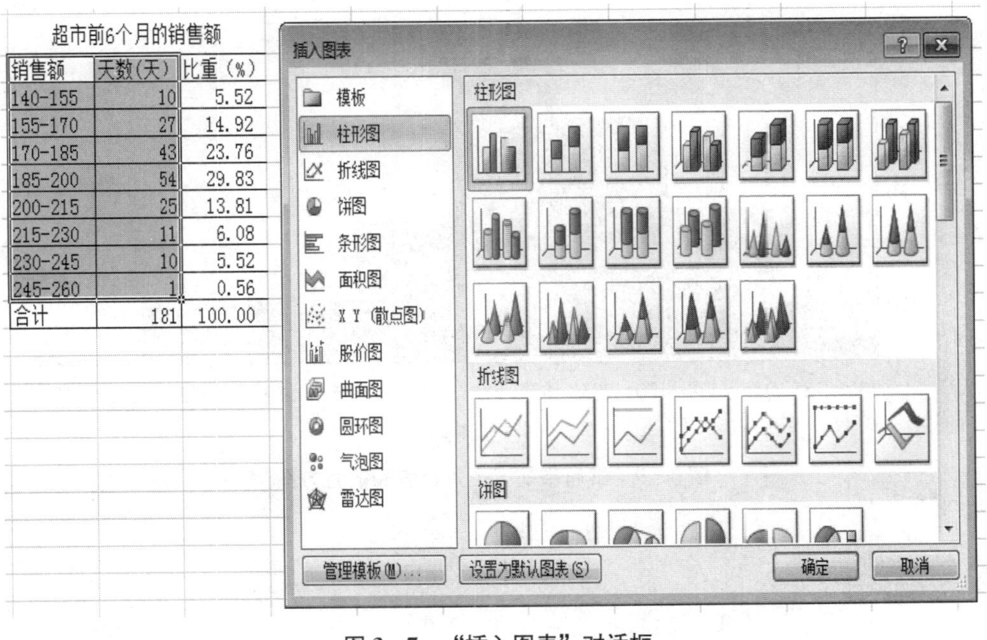

图 3－7　“插入图表”对话框

（3）选择插入柱形图。每种类型的图表都有两种以上的子类型，见图 3－7 右半部分，可以选中所需要的其他子图表类型，点击“确定”，一个基本的柱形图框架就形成了。

（4）根据需要左键双击或右键单击图表可对柱形图进行增加、修改或删减一些项目，最终形成的柱形图如图 3－8 所示。

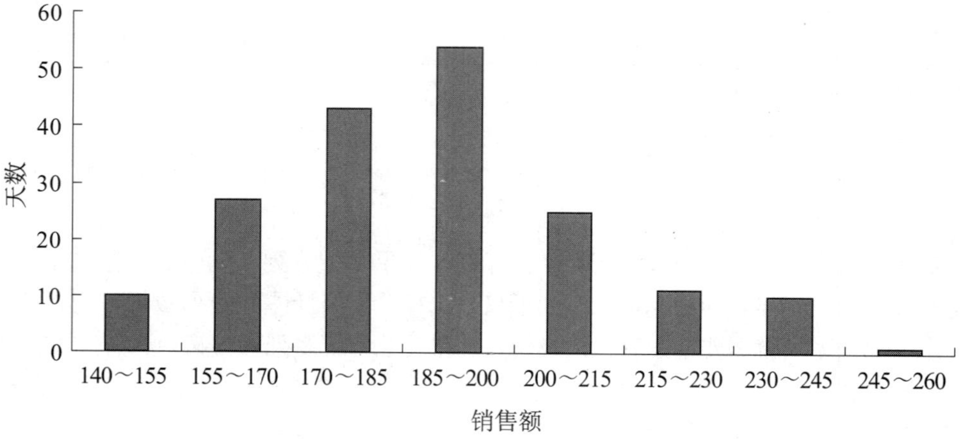

图 3－8　某超市前 6 个月销售额的柱形图

（5）柱形图修改成直方图。

但是，从分组及变量的性质可以看出，每两组数据就有一个值是重叠的，因此绘制的统计图也就不能有间隔。而目前所绘制的柱形图却无法反映变量值之间的关系。为此，有必要将柱形图改为直方图。为达到柱形图之间无缝紧密排列，需在已经形成的柱形图的蓝色区域点击右键，然后点选“数据系列格式”，出现“数据系列格式”对话框，将对话框中“选项”中的“分类间距”由“150”调整为“0”，结果如图 3－9 所示。

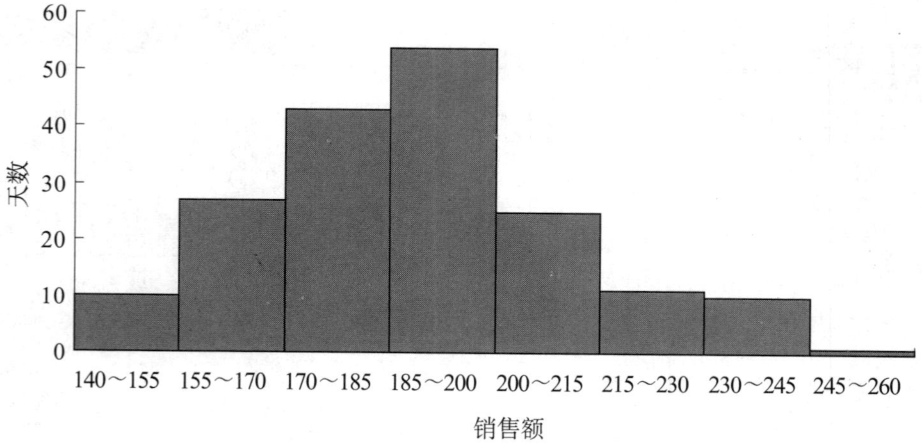

图 3－9　某超市前 6 个月销售额的直方图

小知识

使用 Excel 将不同类型的数据制作在同一张统计图上

（1）点击 Excel“文件”中的“选项”，打开“Excel 选项”对话框，选择“自定义功能区”类别，右侧“自定义功能区”的“主选项卡”中，有个“开发工具”复选框，勾选后点击“确定”。

（2）确定后就可以在 Excel 菜单栏看到“开发工具”选项卡了。

（3）点击“开发工具”下的“插入”按钮，从“表单控件”中选择第二项——“组合框（窗体控件）”。

（4）拖动鼠标，组合框绘制成功，点击右键根据需要设置控件格式。

（5）在某一单元格中插入函数 Index（列、单元格）。Index（）表示在给定的单元格区域中，返回特定行列交叉处单元格的值或引用。

（6）选定项目和数值，插入相应的统计图。

模块小结

统计整理
- 设计统计整理方案
- 整理统计数据
  - 录入数据
  - 统计分组
  - 次数分布
- 形成统计图表
  - 统计表
  - 统计图

拓展阅读

兴隆商场的统计分组

兴隆商场是一家大型综合连锁商店。为了对各分店实行目标管理、确定各分店及总店的销售目标，需要了解各分店的营业额及其在总营业额中的分布情况。现根据掌握的资料对 50 个分店进行分组，50 个分店每年的营业额（万元）如下：

2 300，2 600，2 000，1 700，1 400，1 900，2 100，1 400，900，1 600，1 700，1 300，2 200，2 700，1 200，2 100，1 100，1 200，1 700，2 200，1 500，2 400，2 300，1 600，1 800，2 500，1 900，1 600，2 000，1 400，800，2 600，1 900，1 000，600，1 100，1 200，1 600，1 000，1 900，1 300，1 600，800，1 600，700，1 900，1 400，2 900，1 800，2 800。

我们的目的是分析在总营业额中各分店的营业额的分布情况，为企业目标管理提供依据。其实质是对资料进行分组。

分组的步骤如下：

1. 按照营业额的大小对 50 个分店进行分组。本题以营业额作为分组标志。

2. 将营业额按照从小到大的顺序进行排序。在 50 个分店中，最大的营业额为 2 900 万元，最小的营业额为 600 万元，全距为 2 300 万元。提示：这里将 Word 中的数据粘贴到 Excel 的一列时，可以运用数据中的分列功能和选择性粘贴的转置功能。

3. 确定分组形式。总体看来，营业额变化幅度虽然较大，但各分店营业额的变动比较均匀，因此，可采用等距分组。

4. 确定组距和组数。计算组数 $K=1+3.322\ \lg 50=6.643\ 978$，组距＝全距/组数＝2 300/6.643 978＝346.18，于是组距取近似值 500。

5. 确定组限与组中值。为了使分组的结果把所有的变量值都包含进来，最小组的下限取 500（500<600），最大组的上限取 3 000（3 000>2 900）。由于销售额是连续变量，所以相邻组的组限必须重叠。

6. 为了进一步了解、分析在某一营业额以下或在某一营业额以上的商店数量，还要计算累计次数。

在总营业额中各分店营业额的分布情况，即次数分布如表 3－7 所示。

表 3－7　兴隆商场按营业额分组

按营业额分组（万元）	商店数（个）	频率（%）	以下累计		以上累计	
			商店数（个）	频率（%）	商店数（个）	频率（%）
500～1 000	5	10	5	10	50	100
1 000～1 500	13	26	18	36	45	90
1 500～2 000	17	34	35	70	32	64
2 000～2 500	9	18	44	88	15	30
2 500～3 000	6	12	50	100	6	12
合计	50	100	—	—	—	—

通过按营业额的大小对各分店进行分组，可以帮助兴隆商场了解总营业额中各分店营业额的分布情况，为数据分析和企业的目标管理提供重要数据资料。

技能训练

一、简答题

1. 什么是统计整理？具体步骤有哪些？
2. 统计分组的含义及作用有哪些？
3. 什么是次数分布？如何编制次数分布表？
4. 组距式分组中组限、组距、组中值的含义是什么？
5. 通常使用的统计图有哪些？如何选择使用？
6. 如何使用 Excel 绘制统计图？

二、单项选择题

1. 按某一标志分组的结果表现为(　　)。

A. 组内同质性、组间同质性　　B. 组内差异性、组间差异性

C. 组内同质性、组间差异性　　D. 组内差异性、组间同质性

2. 下列分组中属于按品质标志分组的是(　　)。

A. 人口按性别分组　　B. 职工按年龄分组

C. 企业按职工人数分组　　D. 家庭按人口数分组

3. 将全部变量值依次划分为若干区间，并将这一区间的变量值作为一组，这样的分组方法称为(　　)。

A. 单变量值分组　　B. 组距分组　　C. 等距分组　　D. 连续分组

4. 将某企业职工的月收入依次分为2 000元以下、2 000～3 000元、3 000～4 000元、4 000～5 000元、5 000元以上几个组。第一组的组中值近似为(　　)元。

A. 2 000　　B. 1 000　　C. 1 500　　D. 2 500

5. 某连续变量数列末位组为开口组，下限为200，相邻组组中值为170，则末位组中值为(　　)。

A. 230　　B. 200　　C. 210　　D. 180

6. 按连续变量分组，第一组55～65；第二组65～75；第三组75～85；第四组85以上。则数据(　　)。

A. 65在第一组　　B. 75在第二组

C. 75在第三组　　D. 85在第三组

7. 在全距一定的情况下，等距数列中的组距与组数的关系为(　　)。

A. 成正比　　B. 成反比　　C. 不成比例　　D. 无法判断

8. 将某市职工家庭收入资料编制成分配数列，一般应采用(　　)。

A. 单项式数列　　B. 品质数列　　C. 组距数列　　D. 以上均可

9. 用以下累计法累计到变量值为280分一组时，其累计数为250人，代表的含义为(　　)。

A. 有250人是280分以上

B. 有250人是280分以下

C. 有250人是280分

D. 有250人是280分以上，另有250人是280分以下

10. 统计表中，当表格内不应该有数值时，其填写方法是(　　)。

A. “0”　　B. “—”　　C. “……”　　D. 前面三种都可以

三、技能操作题

1. 某班级60名学生统计学成绩如下：

48，52，60，68，75，89，68，79，92，98，99，85，70，82，85，82，76，65，89，59，60，88，90，78，79，84，86，90，75，89，88，79，83，85，67，90，83，74，95，82，68，98，69，80，86，86，73，83，82，62，79，85，88，86，80，85，79，94，88，86。

要求：

(1) 将以上零散的数据进行分组，编制次数分布表；

(2) 根据编制的次数分布表绘制统计图。

2. 为了确定灯泡的使用寿命（小时），在一批灯泡中随机抽取 100 名进行测试，所得结果如下：

700，716，728，719，685，709，691，684，705，718，706，715，712，722，691，708，690，692，707，701，708，729，694，681，695，685，706，661，735，665，668，710，693，697，674，658，698，666，696，698，706，692，691，747，699，682，698，700，710，722，694，690，736，689，696，651，673，749，708，727，688，689，683，685，702，741，698，713，676，702，701，671，718，707，683，717，733，712，683，692，693，697，664，681，721，720，677，679，695，691，713，699，725，726，704，729，703，696，717，688。

要求：

(1) 将以上零散的数据进行分组，编制次数分布表；

(2) 根据编制的次数分布表绘制统计图。

3. 某商店连续 60 天的商品销售额如下（单位：万元）：

41，25，29，47，38，34，30，38，43，40，45，52，38，46，36，45，37，37，36，45，43，33，44，40，28，41，50，47，35，28，46，50，48，38，36，42，34，30，37，44，26，38，48，44，42，36，37，37，49，39，42，32，36，29，30，39，45，48，46，47。

要求：

(1) 将以上零散的数据进行分组，编制次数分布表；

(2) 根据编制的次数分布表绘制统计图。

4. 某地近七年地区生产总值资料统计如表 3-8 所示。

表 3-8 某地近七年地区生产总值资料

单位：亿元

年份	2012	2013	2014	2015	2016	2017	2018
第一产业	21.75	32.67	40.05	48.69	61.26	72.98	79.79
第二产业	47.48	100.32	189.68	261.35	289.69	359.78	419.87
第三产业	19.82	54.69	110.91	146.28	165.76	202.36	288.47
地区生产总值合计	89.05	187.68	340.64	456.32	516.71	635.12	788.13

要求：将该地 2012—2018 年的地区生产总值资料绘制在一张饼图上。

模块四　综合指标分析

学习目标

知识目标

◎ 了解总量指标的含义、种类、计算及分析
◎ 熟悉相对指标的含义、种类、计算及分析
◎ 掌握平均指标的含义、种类、计算及分析
◎ 掌握标志变异指标的含义、种类、计算及分析

技能目标

◎ 能够利用总量指标分析事物的绝对规模
◎ 能够利用相对指标分析事物之间的相对关系
◎ 能够利用平均指标分析事物的集中趋势
◎ 能够利用标志变异指标分析事物的离散趋势

模块考核

模块考核单

序号	考核内容	分值	总结与归纳	成绩
1	总量指标的含义及种类	10		
2	六种相对指标的计算及应用	20		
3	五种平均指标的计算及应用	20		
4	三种标志变异指标的应用	20		
5	Excel 对分组及未分组数据的指标分析	30		
合计		100		

案例导入

2017 年和 2018 年某单位员工数据资料如表 4-1 所示。

表 4-1 某单位员工结构表

专业类别	2017 年员工人数（人）	2018 年员工人数（人）	平均工资（元）
生产人员	5 241	5 812	1 500
技术人员	1 018	993	3 000
销售人员	5 108	4 880	2 600
财务人员	467	559	2 000
管理人员	930	1 260	2 400
其他人员	2 454	2 980	1 800
合计	15 218	16 484	—

思考：(1) 如何反映该单位 2018 年的员工规模？

(2) 如何反映 2018 年该单位各类员工的构成比重？

(3) 如何反映 2018 年该单位职工工资的平均水平？

(4) 如何比较该单位 2017 年和 2018 年职工工资的代表性？

统计整理阶段将统计调查阶段收集到的数据进行汇总整理后，形成统计图表，可以直观地描述现象的特征。但是仅仅以统计图表形式描述的数据，不能深刻地反映现象的内涵。综合指标分析法是一种利用统计指标准确地描述现象数量特征的方法，这些指标主要包括反映绝对规模的总量指标、反映相对关系的相对指标、反映集中趋势的平均指标及反映离散趋势的标志变异指标。

任务一 运用总量指标反映事物的绝对规模

任务导入

对某地区 5 个工业企业进行调查，取得的资料如表 4-2 所示。

表 4-2 某地区工业企业情况调查表

企业	工人数（人）	年产值（万元）
A	1 200	500
B	1 600	1 000
C	1 000	400
D	1 100	500
E	1 100	600
合计	6 000	3 000

思考：(1) 如何反映工业企业数、企业的工人总数和企业的总产值？

(2) 根据现有资料，如何反映企业的平均规模和工人的劳动生产率？

(3) 如何取得企业的工人数、年产值资料？

任务分析

(1) 根据表中资料可以知道工业企业数=5(个),工人总数=6 000(人),企业总产值=3 000(万元),这些都属于总量指标,可以反映一定条件下该地区工业企业的绝对数量,工人的总数量和企业的总产值。

(2) 反映企业平均规模和工人劳动生产率时都利用到了两个总量指标之比,即总体标志总量和总体单位总量之比。

$$企业平均规模=\frac{工人总数}{企业总数}=\frac{6\ 000}{5}=1\ 200(人)$$

$$工人劳动生产率=\frac{总产值}{工人总数}=\frac{3\ 000}{6\ 000}=0.5(万元/人)$$

(3) 每个企业的工人数属于时点指标,只需通过一次性调查即可取得。每个企业的年产值属于时期指标,需要通过经常性调查登记取得。

相关知识与拓展

一、总量指标的含义及作用

总量指标是反映社会经济现象在具体时间、空间条件下的规模或水平的绝对数量。它的主要表现形式为有计量单位的绝对数,也称绝对指标。例如,2018 年某校招生人数 6 000人;2018 年某地粮食总产量 5 150 万吨;2018 年我国国内生产总值为 900 309 亿元等都是总量指标。这些指标通常是由总体各单位数值汇总得到的,能够展现现象的总规模和总水平,但不能反映事物的内在联系和现象之间的对比关系。

作为反映绝对规模的总量指标的作用主要体现在以下几点。

(一) 总量指标是认识社会的起点

总量指标是反映社会现象规模或水平的绝对数量,所以要反映一个国家、地区、单位等的基本状况必须使用总量指标。如我国的国土面积 960 万平方公里、人口 13.95 亿就可以反映我国幅员辽阔、人口众多的特点。再如通过国民生产总值、经济增加值、社会商品零售总额、国家外汇储备等都可以反映出我国国民经济发展的情况,通过占地面积、职工人数、设备台数、资产总额等可以反映企业的规模等。

(二) 总量指标是编制计划、制定政策的依据

编制计划、制定政策是建立在对客观事物了解的基础上,通过对数据的分析作出的。而总量指标能让人们准确地了解到客观事物的水平。因此,总量指标是编制计划、制定政策的主要依据。

(三) 总量指标是计算其他形式指标的基础

很多其他指标的计算需要通过两个或多个总量指标。例如,要反映一个班级男女性别比就必须用男生人数除以女生人数,此时男生人数和女生人数都属于总量指标,男女性别

比则属于比例相对指标，再如要反映班级学生的平均年龄，必须用班级学生年龄总和除以班级学生总人数，此时学生年龄总和与学生总人数都属于总量指标，平均年龄则属于平均指标。所以，总量指标是计算其他形式指标如相对指标和平均指标的基础。

二、总量指标的种类

（一）按反映社会经济现象的内容不同，总量指标可以分为总体单位总量和总体标志总量

总体单位总量是指构成总体的总体单位个数，也叫做总体总量，直接反映总体规模大小；总体标志总量是指总体各单位某一标志值之和，也叫做标志总量。例如，要研究某班级学生学习情况，班级的所有学生作为一个总体，每个学生是总体单位，那么，构成总体的班级学生总人数就是总体单位总量，反映这个班级的人数规模，而班级每个学生的某一标志值之和，如总成绩就属于总体标志总量。

随研究目的不同，总体和总体单位可能发生相互转化，总体标志总量和总体单位总量也对应地发生变化。如表 4－2 中，当研究企业平均规模时，企业平均规模$=\frac{\text{工人总数}}{\text{企业总数}}$，那么该地区所有企业为总体，每个企业就为总体单位，企业总数 5 为总体单位总量，各企业工人总数 6 000 为总体标志总量。当研究企业工人的劳动生产率时，工人劳动生产率$=\frac{\text{总产值}}{\text{工人总数}}$，那么 5 个企业中的所有工人构成总体，每个工人就为总体单位，各企业工人总数 6 000 为总体单位总量，各企业的总产值 3 000 为总体标志总量。工人总数这个指标随着研究目的的不同，地位发生了改变，由总体标志总量变为了总体单位总量。

（二）按反映的时间状态不同，总量指标可以分为时期指标和时点指标

1. 时期指标

时期指标是反映社会经济现象在一定时期内发展过程中的总量指标，如一段时期的产品产量、产品销售量、工资总额、粮食产量、人口出生数等。

时期指标具有以下基本特点：

第一，不同时期的指标数值可以累计相加。若干时期指标相加，就得到一个更长时期的累计总量，这些结果仍然是时期指标。例如，一年的产量，是一年中每天产量的累计。

第二，时期指标的大小与现象活动时期的长短有直接关系。二者一般成正比例关系，也即现象活动时期越长、指标数值就越大，反之则越小。

第三，时期指标数值是连续登记、累计的结果，需要经常性调查才能取得指标数值。

2. 时点指标

时点指标是反映社会经济现象在某一时点或某一瞬间上所处状况的总量指标，如某一时点上的人口数、商品库存数、牲畜存栏数、土地面积数等。

时点指标具有以下基本特点：

第一，不同时点的指标数值不能累计相加。时点指标表明现象在某一时点上的状况，只能按时点所表示的瞬间计数，若累计相加，所得到的结果将包含着大量重复计算，不仅

脱离实际而且也没有任何意义。如人口普查、班级点名。

第二，时点指标的大小与时点的间隔长短无直接关系。如资产负债表中年末资产总额并不一定大于月末资产总额。

第三，时点指标数值是间断计数的，通常是一次性调查取得的。

（三）按计量单位不同，总量指标可以分为实物量指标、价值量指标和劳动量指标

实物量指标是指以实物单位表现的总量指标。常见的实物单位有自然单位、度量衡单位、复合单位和标准实物单位，如牲畜头数、土地面积等。自然单位是根据现象的自然状态表示的单位，如“人”“头”等；度量衡单位是根据统一的度量衡规定计量事物的单位，如“米”“千克”等；复合单位是指将两个或两个以上单位结合起来使用的单位，如“吨公里”“千瓦时”等；标准实物单位是指按照统一的折算标准度量事物的单位，主要用于计量存在差异的工农产品，如把含氮量不同的化肥都折合成含氮100%的标准化肥；把各种能源都折合成热量值为6 500千卡/千克的标准煤等。

价值量指标是指以货币单位计量的总量指标，如商品销售额、产品产值、工资总额、国民生产总值等。基于价值量指标可以通过统一的货币计量单位使不能直接加总的实物量过渡到能够相加的货币量，因此具有十分广泛的应用能力，在国民经济管理中起着重要的作用。

劳动量指标是指以生产产品所消耗的劳动时间计量的总量指标，如工时、工日等。

三、常见的国民经济总量指标

（一）国民收入（NI）

国民收入是指一个国家在一定时期（通常为一年）内物质资料生产部门的劳动者新创造的价值的总和，即社会总产品的价值扣除用于补偿消耗掉的生产资料价值的余额。创造国民收入的物质资料生产部门主要有：工业、农业、建筑业和为生产服务的运输业、邮电业等。商业部门中的分类、包装、保管等劳动，作为生产过程在流通领域的继续，也创造了一部分国民收入。

（二）国民生产总值（GNP）

国民生产总值是一国所拥有的生产要素所生产的最终产品价值，是一个国民概念。具体来讲，国民生产总值中有一部分是本国拥有的生产要素在国外生产的最终产品价值。GNP是与所谓的国民原则联系在一起的。

按照这一原则，凡是本国国民（包括本国公民以及常驻外国但未加入外国国籍的居民）所创造的收入，不管生产要素是否在国内，都被计入本国的GNP，而外国公司在该国子公司的利润收入则不应被计入该国的GNP。

（三）国内生产总值（GDP）

国内生产总值是在一国范围内生产的最终产品的价值，是一个地域概念。按照这一原则，凡是在本国领土上创造的收入，不管是不是本国国民所创造的，都被计入本国的GDP。特别是，外国公司在某一国投资公司的利润都应计入该国的GDP，而该国企业在外国子公司的利润则不应被计入该国的GDP。

任务二　运用相对指标反映事物的相对关系

任务导入

某高校计划三年内投资 350 万元改善学生的住宿条件，实际执行情况如表 4－3 所示。

表 4－3　某高校投资计划执行情况　　单位：万元

时间	2016 年				2017 年				2018 年			
	第一季度	第二季度	第三季度	第四季度	第一季度	第二季度	第三季度	第四季度	第一季度	第二季度	第三季度	第四季度
投资额	50	30	35	36	40	28	32	36	46	44	35	30

思考：（1）如何计算该高校三年投资计划的完成情况？

（2）计算提前完成计划的时间。

任务分析

要完成本任务，必须知道如何计算投资计划完成程度相对指标以及提前完成计划的时间。

相关知识与拓展

相对指标是指两个相互联系的统计指标相对比计算的比值，相对数为其基本的表现形式，所以相对指标有时也叫作相对数。它的基本公式为 $\frac{\text{数值}A}{\text{数值}B}$，主要反映现象之间的结构、比例、速度等对比关系。总量指标主要综合反映现象的规模和水平，但不能反映事物的内在联系及对比关系，而运用相对指标则便于进行比较分析，同时也可使一些不能直接对比的现象找到共同对比的基础。

相对指标主要有计划完成程度相对指标、结构相对指标、比例相对指标、比较相对指标、强度相对指标和动态相对指标六大类。其中前五类研究的是同一时间状态下事物的对比关系，属于静态相对指标，第六类研究的是不同时间状态下事物的对比关系，属于动态相对指标。

一、计划完成程度相对指标

（一）认识计划完成程度相对指标

计划完成程度相对指标主要是指现象一段时期内的实际完成数与计划数的比值，用以反映计划的完成程度，主要用百分数表示。基本的计算公式为：

$$计划完成程度相对指标=\frac{实际完成数}{计划数}\times 100\%$$

在该指标的计算中，分子和分母不能互换，互换后没有任何意义。计算出的结果可能大于100%，也可能小于100%。但是，不能认为大于100%就一定是完成了计划。要检查一项计划是否完成不能只看结果，而要视指标性质确立。

例4-1

某企业计划今年生产产品100万件，实际生产110万件。则：

$$计划完成程度相对指标=\frac{实际完成数110万件}{计划数100万件}\times 100\%=110\%$$

计算结果表明，该企业实际生产产品产量超过计划数，所以该企业超额完成计划10%。

例4-2

某企业计划生产的产品单位成本为100元，实际成本为110元。则：

$$计划完成程度相对指标=\frac{实际成本数110元}{计划数100元}\times 100\%=110\%$$

计算结果表明，该企业实际耗费的成本高于计划规定的成本，所以该企业并未完成计划。

综上，产出性指标的计划完成程度≥100%时，表示完成或超额完成计划，如产品产量、销售收入、产值、利润、商品销售额计划等；投入性指标的计划完成程度≤100%时，表示完成或超额完成计划，如单位成本、费用、材料消耗计划等。

（二）计算计划完成程度相对指标

计划指标不仅可以是总量指标，而且可以是相对指标或平均指标，在具体计算时稍有不同。

1. 计划数为总量指标

$$计划完成程度相对指标=\frac{实际完成总量}{计划总量}\times 100\%$$

该指标适用于考核社会经济现象的规模或水平的计划完成程度。

例4-3

某超市某年商品销售额计划为1 000万元，实际完成1 200万元。则：

$$计划完成程度相对指标=\frac{1\ 200}{1\ 000}\times 100\%=120\%$$

计算结果表明，该超市超额20%完成了商品销售额计划。

2. 计划数为相对指标

$$计划完成程度相对指标=\frac{实际完成数\%}{计划数\%}\times 100\%$$

$$=\frac{1\pm 实际提高（降低）百分数}{1\pm 计划提高（降低）百分数}\times 100\%$$

该指标适用于考核社会经济现象的降低率、增长率的计划完成程度。

例 4-4

某公司劳动生产率计划规定 2018 年比 2017 年提高 8%，实际提高 10%。则：

$$计划完成程度相对指标=\frac{1+10\%}{1+8\%}\times100\%=101.85\%$$

计算结果表明，该公司超额 1.85%完成了劳动生产率计划。

例 4-5

某产品上年度实际成本为 400 元，本年度计划降低 5%，实际降低 6%。则：

$$计划完成程度相对指标=\frac{1-6\%}{1-5\%}\times100\%=98.95\%$$

计算结果表明，该产品实际耗费的成本低于计划规定的成本，所以该产品超额 1.05%完成了单位成本计划。

3. 计划数为平均指标

$$计划完成程度相对指标=\frac{实际平均水平}{计划平均水平}\times100\%$$

该指标适用于考核以平均水平表示的技术经济指标的计划完成程度。

例 4-6

2018 年某厂某种产品计划单位成本为 10 元，实际单位成本为 11 元。则：

$$计划完成程度相对指标=\frac{11}{10}\times100\%=110\%$$

计算结果表明，该产品实际耗费的成本高于计划规定的成本，所以该厂该种产品单位成本计划未完成。

由计划完成程度的计算结果可以了解到某项计划结束后的完成情况，即计划是完成还是未完成。但有时为了保证计划能按期或提前实现，还需在计划执行过程中，了解计划的执行情况。通过计划执行情况的检查，可以了解到当期计划的完成比例，可以估计到计划结束期能否实现计划。具体的计算公式为：

$$计划执行进度=\frac{计划日到当期累计完成数}{计划数}\times100\%$$

一般来说，如果计划是均衡的，计划执行进度应与实行的时间保持一致，即历经多长时间，计划就应相应地执行多少。如，时间过 1/3，计划执行进度也应达到 1/3。

例 4-7

某企业计划 2019 年年末实现商品销售收入 1 260 000 元，2019 年 6 月初资料显示，过去的 1—5 月商品销售收入为 600 000 元，试分析该企业能否预期实现计划。

$$时间进度=\frac{5}{12}\times100\%=41.67\%$$

$$计划执行进度=\frac{600\ 000}{1\ 260\ 000}\times100\%=47.62\%$$

计算结果表明，计划执行进度（47.62%）超过时间进度（41.67%）。因此可以预计在正常的比较均衡的条件下，该企业 2019 年商品销售收入的计划可以实现。

（三）检查长期计划的执行情况

在分析国民经济发展的长期计划时（通常为 5 年或 10 年），由于规定的计划水平不同，通常有两种方法可以检查长期计划的执行情况，即水平法和累计法。

1. 水平法

当规定的计划水平侧重于计划期末年达到某种水平时，一般采用水平法。如商品的销售额计划、产品的产量计划、产品的产值计划等。基本公式为：

$$长期计划完成程度相对指标=\frac{计划期末年实际达到的水平}{计划期规定的末年水平}\times 100\%$$

计算提前完成计划时间的方法是：在计划期内只要有连续 12 个月的实际完成数（可以跨年度）达到计划规定的末年水平，即一年时间达到计划末年水平，就算完成了计划，剩余的时间就是提前完成计划的时间。

例 4-8

某企业某种产品计划“十二五”期间最后一年产量应达到 50 万吨，计划执行情况如表 4-4 所示。

表 4-4 某企业产品计划执行情况 单位：万吨

时间	2011 年	2012 年	2013 年		2014 年				2015 年			
			上半年	下半年	第一季度	第二季度	第三季度	第四季度	第一季度	第二季度	第三季度	第四季度
产量	30	34	18	19	10	10	12	13	13	14	13	15

要求根据表中资料计算：(1) 该产品五年计划完成程度；(2) 该产品提前完成计划的时间。

(1) 该产品五年计划完成程度：

$$\begin{aligned}长期计划完成程度相对指标&=\frac{计划期末年实际达到的水平}{计划期规定的末年水平}\times 100\%\\&=\frac{13+14+13+15}{50}\times 100\%\\&=110\%\end{aligned}$$

计算结果表明，该企业完成了产品产量计划，超额完成 10%。

(2) 采用水平法计算提前完成计划的时间。

2011 年实际产量为 30 万吨；

2012 年实际产量为 34 万吨；

2013 年实际产量为 37 万吨；

2013 年下半年和 2014 年第一、二季度实际产量=19+10+10=39（万吨）；

2014 年实际产量=10+10+12+13=45（万吨）；

2014 年第二、三、四季度和 2015 年第一季度实际产量=10+12+13+13=48（万吨）；

2014 年第三、四季度和 2015 年第一、二季度实际产量=12+13+13+14=52（万吨）；

所以，剩余的 2015 年第三、四季度就是提前完成计划的时间，为 6 个月。

2. 累计法

当规定的计划水平为计划期内累计总和应达到的某种水平时，一般采用累计法。如造林计划、投资计划等。基本公式为：

$$长期计划完成程度相对指标=\frac{计划期实际累计完成数}{计划期规定的累计计划数}\times 100\%$$

计算提前完成计划时间的方法是：从计划期开始至某一时间，累计的实际完成数达到计划数，就算完成了计划。将计划全部时间减去完成计划所需时间，就为提前完成计划的时间。

例 4-9

某高校计划五年内（2014—2018 年）投资 700 万元改善学生住宿条件，实际执行情况如表 4-5 所示。

表 4-5　某高校投资计划执行情况　　单位：万元

时间	2014 年	2015 年	2016 年		2017 年				2018 年			
			上半年	下半年	第一季度	第二季度	第三季度	第四季度	第一季度	第二季度	第三季度	第四季度
投资额	138	140	80	71	40	44	38	36	46	44	35	30

要求根据表中资料计算：(1) 该高校五年计划完成程度；(2) 提前完成计划的时间。

(1) 该高校五年计划完成程度：

$$\text{长期计划完成程度相对指标}=\frac{\text{计划期实际累计完成数}}{\text{计划期规定的累计计划数}}\times 100\%$$

$$=\frac{138+140+80+71+40+44+38+36+46+44+35+30}{700}\times 100\%$$

$$=\frac{742}{700}\times 100\%$$

$$=106\%$$

计算结果表明，该高校完成了投资计划，超额完成 6%。

(2) 采用累计法计算提前完成计划的时间：

2014 年实际投资额为 138（万元）；

2014 年和 2015 年实际投资额=138+140=278（万元）；

2014 年、2015 年和 2016 年实际投资额=138+140+80+71=429（万元）；

2014 年、2015 年、2016 年、2017 年实际投资额=138+140+80+71+40+44+38+36=587（万元）；

2014 年、2015 年、2016 年、2017 年和 2018 年第一、二、三季度投资额=712（万元）；

所以，剩余的 2018 年第四季度就是提前完成计划的时间，为 3 个月。

二、结构相对指标

结构相对指标是指在统计分组的基础上，总体内某一部分数值与总体全部数值的比值，也称为结构相对数，如男生人数/全班人数，女生人数/全班人数等。它可以说明一定的时间、空间条件下总体构成的特征，把不同时间上的结构相对指标加以比较可以反映现象的发展变化过程及发展趋势。基本的计算公式为：

$$\text{结构相对指标}=\frac{\text{总体中某一部分数值}}{\text{总体全部数值}}\times 100\%$$

可以看出，结构相对指标是在统计分组的基础上形成的，反映的是部分与总体的关系，分子、分母不能互换。分组后，计算出的每个指标结果一定小于100%，但各个结构相对指标之和一定等于100%或1。例如，恩格尔系数就是结构相对指标。

小思考

什么是恩格尔系数？为什么说恩格尔系数是结构相对指标？

例4-10

某企业2018年统计有各类职工16 484人，具体构成如表4-6所示。

表4-6　某企业2018年职工数资料　　单位：人

职工类别	生产人员	技术人员	销售人员	财务人员	管理人员	其他人员	合计
职工数	5 812	993	4 880	559	1 260	2 980	16 484

要想知道各类职工占全部职工的比重，可以计算出6个相对指标，分别为：

$$\frac{生产人员}{职工总数}\times 100\%=\frac{5\ 812}{16\ 484}\times 100\%=35.26\%$$

$$\frac{技术人员}{职工总数}\times 100\%=\frac{993}{16\ 484}\times 100\%=6.02\%$$

$$\frac{销售人员}{职工总数}\times 100\%=\frac{4\ 880}{16\ 484}\times 100\%=29.60\%$$

$$\frac{财务人员}{职工总数}\times 100\%=\frac{559}{16\ 484}\times 100\%=3.39\%$$

$$\frac{管理人员}{职工总数}\times 100\%=\frac{1\ 260}{16\ 484}\times 100\%=7.64\%$$

$$\frac{其他人员}{职工总数}\times 100\%=\frac{2\ 980}{16\ 484}\times 100\%=18.08\%$$

从以上结构相对指标可以看出，该企业2018年职工比重最大的是生产人员，职工比重最小的是财务人员。

三、比例相对指标

比例相对指标是指同一总体中各组成部分之间的数量对比，用来表明各组成部分之间的比例关系，有助于我们判断比例关系是否合理。如：男生人数/女生人数，女生人数/男生人数。基本的计算公式为：

$$比例相对指标=\frac{总体中某一部分数值}{总体中另一部分数值}$$

可以看出，比例相对指标反映的是部分与部分的关系，也必须在统计分组的基础上进行，但分子、分母可以互换。计算出的结果可能大于100%，也可能小于100%。

例4-11

某企业2018年各类职工数资料如表4-7所示。

表 4-7 某企业 2018 年职工数资料 单位：人

职工类别	生产人员	技术人员	销售人员	财务人员	管理人员	其他人员	合计
职工数	5 812	993	4 880	559	1 260	2 980	16 484

要想反映该企业各类职工人数的比例，需要计算相对指标，如：

$$\frac{生产人员}{销售人员}=\frac{5\ 812}{4\ 880}=119.10\%$$

$$\frac{财务人员}{管理人员}=\frac{559}{1\ 260}=44.37\%$$

四、比较相对指标

比较相对指标是指同一时期同类现象在不同地区（单位）之间的数量对比，用来反映不同地区（单位）之间的差异程度。基本的计算公式为：

$$比较相对指标=\frac{甲地区（单位）某一指标值}{乙地区（单位）同类指标值}$$

可以看出，比较相对指标反映的是不同地区相同指标值的对比，分子与分母可以互换。计算出的结果可能大于 100%，也可能小于 100%。通过对比可以找出两地区在该指标值方面的差距，有利于单位挖掘生产潜力，提高管理水平。其中用来对比的两个指标，可以是总量指标，也可以是相对指标或平均指标。但总量指标易受具体条件的影响，缺乏直接的可比性，因此，计算比较相对指标时，用来对比的两个指标多采用相对指标或平均指标。

例 4-12

A 属于小型企业，B 属于大型企业，A、B 两企业 2018 年的资料如表 4-8 所示。

表 4-8 两企业的资金及利润资料

企业	利润总额（万元）	耗费资金（万元）	资金利润率（%）
A	500	3 000	16.7
B	5 000	40 000	12.5

要反映 A、B 两企业的差距，可以计算出以下比较相对指标：

$$\frac{A 企业利润总额}{B 企业利润总额}=\frac{500}{5\ 000}=1:10$$

$$\frac{A 企业耗费资金}{B 企业耗费资金}=\frac{3\ 000}{40\ 000}=1:13$$

从以上两个比较相对指标可以看出，A、B 两个企业在利润总额和耗费资金方面都有很大的差异，但因为 A、B 企业性质不同，这两个指标对比并不能说明哪个企业的经济效益更好。如果要反映两个企业的经济效益，就必须用资金利润率相比较。

$$\frac{A 企业资金利润率}{B 企业资金利润率}=\frac{16.7\%}{12.5\%}=1.336:1$$

所以，A 企业尽管规模小、利润少，但资金耗费少，经济效益要好于 B 企业。

五、强度相对指标

强度相对指标是指两个性质不同但又相互联系，分属不同总体的总量指标的比值。基本的计算公式为：

$$强度相对指标=\frac{某一现象的指标数值}{另一与之相联系的指标数值}$$

强度相对指标的特点主要体现在：

（1）强度相对指标的分子、分母可以互换，互换后有正指标与逆指标之分。

正指标是指指标数值大小与现象发展程度成正向变化的强度相对指标，即指标数值越大，现象发展程度越高，反之则越低；逆指标是指指标数值大小与现象发展程度成反向变化的强度相对指标，即指标数值越大，现象发展程度越低，反之则越高。

例 4-13

辽宁辽阳人口总数为 30 万人，医院病床为 1 万张，要想反映辽阳的医疗条件，可以计算医院病床密度。

$$医院病床密度=\frac{床位数}{人口数}=\frac{1\ 万张}{30\ 万人}=3.3（张/百人）（正指标，指标值越大越好）$$

$$医院病床密度=\frac{人口数}{床位数}=\frac{30\ 万人}{1\ 万张}=30（人/张）（逆指标，指标值越小越好）$$

（2）强度相对指标可以用有名数或无名数表示。

有名数的强度相对指标为用双重计量单位表示的复名数，反映的是一种依存性的比例关系或协调关系，可用来反映经济效益、经济实力、现象的密集程度等。通常因为分子和分母的计量单位不同，相对比后也仍然保留各自的计量单位，如劳动生产率、人口密度等。

$$某地人口密度=\frac{人口数}{土地面积}=\frac{××人}{××平方千米}=××（人/平方千米）$$

无名数的强度相对指标一般用%、‰表示。其特点是分子来源于分母，但分母并不是分子的总体，二者所反映现象数量的时间状况不同。如人口死亡率、人口出生率、人口增长率等都属于无名数的强度相对指标。

$$人口出生率=\frac{出生人口数}{平均人口数}\times 100\%$$

（3）许多强度相对指标有平均的含义，但不是平均指标。

如在计算人均粮食产量时，其中分子粮食总产量隶属总体为所有的农业企业，分母人口总数隶属总体为所有的人，二者性质不同但又相互联系，分子、分母分属不同总体，就属于强度相对指标。计算人均粮食消费量时，其中分子、分母隶属总体都为所有的人，就不属于强度相对指标，属于平均指标。

$$人均粮食产量=\frac{粮食总产量}{人口总数}$$

$$人均粮食消费量=\frac{粮食总消费量}{人口总数}\times 100\%$$

（4）强度相对指标在综合指标分析中广泛应用。

强度相对指标的作用主要表现为：第一，可以反映一个国家、地区或部门的经济实力并便于对比分析，如人均国民收入、人均粮食产量、人均钢产量等；第二，可以说明为社会服务的能力，如按人口均摊的医生数或病床数、商业网点密度等；第三，可以反映企业或社会的经济效益。许多重要的经济效益指标，都是强度相对指标，如利润率、商品流通费用率、资金占用率等。

六、动态相对指标（发展速度）

动态相对指标是指同类现象在不同时间的两个数值的对比，用来说明现象在不同时间的发展变化方向和程度。基本的计算公式为：

$$\text{动态相对指标}=\frac{\text{报告期水平}}{\text{基期水平}}\times 100\%$$

可以看出，动态相对指标反映的是不同时间的对比，分子、分母一般不互换。其中，报告期指的是统计研究的时期，基期是指作为对比的时期。用来对比的基期主要根据统计研究的目的和任务确定，通常可以是上一期、固定时期或者是某个重要的时期。

例 4-14

某高校近 5 年招生人数如表 4-9 所示。

表 4-9　某高校近 5 年招生人数资料

单位：人

年份	2014 年	2015 年	2016 年	2017 年	2018 年
人数	3 800	4 100	5 000	6 000	6 200

如果把 2014 年作为基期，2018 年作为报告期，则可以得出：

$$\text{动态相对指标}=\frac{2018\text{ 年招生人数}}{2014\text{ 年招生人数}}\times 100\%=\frac{6\ 200}{3\ 800}\times 100\%=163.16\%$$

计算结果表明，该高校 2018 年的招生人数发展到了 2014 年招生人数的 163.16%，增长了 63.16%。

综上，各类相对指标的作用不同，从不同方面反映了所研究的问题。为了更加全面而深入地说明现象及其发展过程的规律性，应将各类相对指标综合运用。各类相对指标的不同如表 4-10 所示。

表 4-10　各类相对指标比较

相对指标名称	计算公式	特征	举例
计划完成程度相对指标	$\frac{\text{实际完成数}}{\text{计划数}}\times 100\%$	实际与计划的关系	招生计划的完成情况
结构相对指标	$\frac{\text{总体中某一部分数值}}{\text{总体全部数值}}\times 100\%$	部分与总体的关系	男性人口比重
比例相对指标	$\frac{\text{总体中某一部分数值}}{\text{总体中另一部分数值}}$	部分与部分的关系	人口性别比
比较相对指标	$\frac{\text{甲地区（单位）某一指标值}}{\text{乙地区（单位）同类指标值}}$	横向对比关系	中美人口密度对比

续前表

相对指标名称	计算公式	特征	举例
强度相对指标	$\frac{\text{某一现象的指标数值}}{\text{另一与之相联系的指标数值}}$	关联指标间的关系	人口出生率
动态相对指标	$\frac{\text{报告期水平}}{\text{基期水平}}\times100\%$	纵向对比关系	报告期与基期人口相对比

任务三　运用平均指标反映事物的集中趋势

任务导入

某地区共有零售商店 100 个，商店的月销售额资料如表 4－11 所示。

表 4－11　某地 100 个商店的销售额情况

销售额（万元）	商店数（个）	比重（%）
50 以下	6	6
50～100	26	26
100～150	38	38
150～200	20	20
200 以上	10	10
合计	100	100

思考：如何反映该地区 100 个商店销售额的平均水平？

任务分析

要反映平均水平，需计算 100 个商店的平均销售额。

$$\text{平均销售额}=\frac{\text{销售额总和}}{\text{商店数}}$$

（1）商店数＝100，能够确定。

（2）组距分组情况下，销售额是一个区间，因此需要用组中值来代表该组销售额的值。但是开放式组的组中值要参照相邻组的组距确定。因此，可以确定有 6 个商店销售额的组中值为 25 万元，26 个商店销售额的组中值为 75 万元，38 个商店销售额的组中值为 125 万元，20 个商店销售额的组中值为 175 万元，10 个商店销售额的组中值为 225 万元。

因此，销售额总和＝6×25＋26×75＋38×125＋20×175＋10×225＝12 600（万元）。

（3）计算得出：平均销售额$=\frac{12\ 600}{100}$＝126（万元）。

相关知识与拓展

平均指标又称平均数，是总体各单位某一数量标志在一定时间、地点条件下所达到的一般水平，如平均收入、平均成本、平均成绩、平均年龄等都是平均指标。一般来说，平均指标具有两个特点：(1) 代表性。尽管各总体单位的标志值大小不一，但平均指标能够代表总体各单位某一标志值的一般水平，是一个代表值。(2) 抽象性。一组标志值只能计算出一个平均指标。但是这些标志值都是有差异的，而平均指标计算出的结果将各标志值的差异抽象掉了。

由于计算时依据的资料不同，平均指标可分为数值平均数与位置平均数。数值平均数是指指标值的计算与总体所有标志值相关，主要包括算术平均数、调和平均数与几何平均数。位置平均数是指指标值的计算不是与总体所有标志值相关，而是根据总体标志值的位置来判断确定的，主要包括中位数与众数。这些平均数都有各自的适用范围，实践中必须正确选择。

一、算术平均数

算术平均数是最基本、最常用的一种平均指标。如，平均工资$=\frac{\text{工资总额}}{\text{职工人数}}$，平均成本$=\frac{\text{总成本}}{\text{总产量}}$，计算这些平均数时，分母都是总体单位总量，分子都是总体标志总量。所以，算术平均数主要指的是总体标志总量与总体单位总量之比，通常用 $\bar{x}$ 表示。基本公式为：

$$\text{算术平均数}=\frac{\text{总体标志总量}}{\text{总体单位总量}}$$

研究平均工资时，分子、分母隶属的总体都是单位的所有职工，研究平均成本时，分子、分母隶属的总体都是所有的产品，所以，计算算术平均数时，分子、分母中的总体标志总量和总体单位总量必须隶属于同一总体，这和前面提到的强度相对指标是截然不同的。前述，强度相对指标虽然具有平均的含义，但还有许多与平均指标的不同，具体如表 4-12 所示。

表 4-12　强度相对指标与平均指标的区别

指标名称	概念	计算公式	分子和分母的依存关系	分子和分母能否倒置	典型指标
平均指标	总体各单位某一数量标志在一定时间、地点条件下所达到的一般水平	平均指标＝总体标志总量/总体单位总量	分子和分母同方向变化	不能倒置	粮食平均亩产、人均粮食消费量、平均工资
强度相对指标	两个性质不同但又相互联系，分属不同总体的总量指标相对比	强度相对指标＝某一现象的指标值/另一与之相联系的指标值	分子和分母没有关系	分子和分母倒置组成全新的指标	人均粮食产量、人均国民生产总值、人均钢产量

根据掌握的资料不同，算术平均数的计算一般有简单算术平均数和加权算术平均数两种。

(一) 简单算术平均数

例4-15

某班级某小组六名学生的统计学考试分数分别为80，70，75，82，88，65，求该组学生的平均分数。

$$平均分数=\frac{总分数}{总人数}=\frac{80+70+75+82+88+65}{6}=\frac{460}{6}=76.7（分）$$

以上这种计算平均数的方法就是简单算术平均法。一般来说，如果所掌握的资料是未经分组整理的总体各单位的标志值，则先行相加得出总体标志总量，然后除以总体单位数，即得出简单算术平均数。

$$简单算术平均数=\frac{总体标志总量}{总体单位总量}$$

设总体各单位标志值分别为 $x_1, x_2, \cdots, x_n$，则：

$$\bar{x}=\frac{x_1+x_2+\cdots+x_n}{n}=\frac{\sum x}{n}$$

式中，$\bar{x}$ 代表算术平均数；$\sum$ 代表求和符号；x_n 代表总体各单位标志值；n 代表总体单位数。

(二) 加权算术平均数

例4-16

某企业60名职工工资分为几个档次，具体如表4-13所示。

表4-13 某企业职工工资

工资（元）	人数（人）	比重（%）
1 500	5	8.3
2 000	12	20.0
2 600	25	41.7
3 000	10	16.7
3 500	8	13.3
合计	60	100

计算该企业职工的平均工资。

$$平均工资=\frac{工资总额}{总人数}=\frac{1\ 500\times5+2\ 000\times12+2\ 600\times25+3\ 000\times10+3\ 500\times8}{5+12+25+10+8}$$

$$=\frac{7\ 500+24\ 000+65\ 000+30\ 000+28\ 000}{60}$$

$$=\frac{154\ 500}{60}$$

$$=2\ 575（元）$$

以上这种计算平均数的方法就是加权算术平均法。一般来说，如果所掌握的资料已经分组编制成了单项数列或组距数列，且各个标志值出现的次数不相同时，就可以采用加权算术平均数的形式计算平均指标。

$$加权算术平均数=\frac{各组标志值与各该组单位数乘积之和}{各组单位数的总和}$$

设原始数据被分成 n 组，各组的标志值分别为 $x_1,x_2,\cdots,x_n$，各组标志值出现的次数分别为 $f_1,f_2,\cdots,f_n$，则：

$$\bar{x}=\frac{x_1f_1+x_2f_2+\cdots+x_nf_n}{f_1+f_2+\cdots+f_n}=\frac{\sum xf}{\sum f}\text{（绝对数权数公式）}$$

资料分组情况下，计算加权算术平均数运用的变量数列资料通常有单项变量数列和组距变量数列两种。如果数据资料是单项数列，计算加权算术平均数时直接对每组变量值进行加权平均计算；如果数据资料是组距数列，计算加权算术平均数时，首先需要计算出每组变量值的组中值作为该组的代表值，然后以每组的组中值进行加权平均计算。

例 4-17

某班级 50 名学生统计学考试成绩如表 4-14 所示。

表 4-14　某班级学生统计学考试成绩

成绩（分）	组中值 x（分）	人数 f（人）
60 以下	55	3
60～70	65	10
70～80	75	15
80～90	85	18
90 以上	95	4
合计	—	50

计算该班学生的平均成绩。

$$\bar{x}=\frac{\sum xf}{\sum f}=\frac{55\times3+65\times10+75\times15+85\times18+95\times4}{3+10+15+18+4}$$

$$=\frac{165+650+1\ 125+1\ 530+380}{50}$$

$$=\frac{3\ 850}{50}$$

$$=77\text{（分）}$$

通过以上计算可以看出，加权算术平均数的大小不仅受变量值的影响，还受各组次数值的影响。次数值也即权数，在加权算术平均数的计算中起着权衡轻重的作用，所以以次数为权数的加权算术平均数有时也称绝对数权数公式。但是，有的时候资料不全，各组标志值次数不确定，而直接掌握的是各组的标志值和各组次数的比重时，那么可以将上述加权算术平均数的公式进行转化。公式如下：

$$\bar{x}=\frac{\sum xf}{\sum f}=x_1\cdot\frac{f_1}{\sum f}+x_2\cdot\frac{f_2}{\sum f}+\cdots+x_n\cdot\frac{f_n}{\sum f}$$

$$= \sum x \cdot \frac{f}{\sum f}（相对数权数公式）$$

此时，加权算术平均数的权数不再是次数，而是各组次数在总次数中所占的比重 $\frac{f}{\sum f}$，这种根据比重计算的加权算术平均数也叫相对数权数公式。

例 4-18

某班级学生统计学考试成绩如表 4-15 所示。

表 4-15　某班级学生统计学考试成绩

成绩（分）	组中值 x（分）	人数比重 $\frac{f}{\sum f}$（%）
60 以下	55	6
60～70	65	20
70～80	75	30
80～90	85	36
90 以上	95	8
合计	—	100

计算该班学生的平均成绩。

$$\bar{x} = \sum x \cdot \frac{f}{\sum f} = 55\times6\%+65\times20\%+75\times30\%+85\times36\%+95\times8\%$$

$$=3.3+13+22.5+30.6+7.6$$

$$=77（分）$$

可见，绝对数权数公式和相对数权数公式的计算结果完全相同。区别在于，绝对数权数公式主要取决于标志值及其对应的次数，而相对数权数公式主要取决于标志值及每组次数占总次数的比重。因此，可以根据原始资料的不同形式选择合适的计算加权算术平均数的方法。

二、调和平均数

例 4-19

某市场上有四种规格的苹果，每千克价格分别为 2 元、4 元、6 元、8 元。那么各买 1 元，平均每千克多少元？

（1）各买 1 元，总计花 4 元；

（2）每千克价格分别为 2 元、4 元、6 元、8 元，那么各买 1 元，四种苹果分别可以买 $\frac{1}{2}$千克、$\frac{1}{4}$千克、$\frac{1}{6}$千克、$\frac{1}{8}$千克；

（3）平均价格$=\frac{总价格}{总重量}=\frac{1+1-1+1}{\frac{1}{2}+\frac{1}{4}+\frac{1}{6}+\frac{1}{8}}=\frac{4}{1.04}=3.85$（元/千克）。

以上这种计算平均数的方法称为调和平均法。调和平均数是各标志值倒数的算术平均数的倒数，通常用 $\bar{x}_H$ 表示。之所以采用这种方法计算平均数，主要是因为在统计分析中资料不全面，只有每组的标志值和相应的标志总量，却没有频数，也就不能直接运用算术平均法去计算平均水平。为此，需要先用每组的标志总量除以该组的标志值推算出各组的单位数，然后用标志总量除以推算出的单位数据以计算出平均数，也就是调和平均数。根据掌握的资料不同，调和平均数又可分为简单调和平均数、加权调和平均数两种。

（一）简单调和平均数

如果所掌握的资料是未经分组整理的总体各单位的标志值，适宜采用简单调和平均数计算平均指标，用公式表达为：

$$\bar{x}_H=\frac{n}{\frac{1}{x_1}+\frac{1}{x_2}-\cdots+\frac{1}{x_n}}=\frac{n}{\sum\frac{1}{x}}$$

式中，$\bar{x}_H$ 代表调和平均数；$\sum$ 代表求和符号；x_n 代表总体各单位标志值；n 代表总体单位数。

例 4－19 计算平均价格的方法利用了简单调和平均数，如下所示：

$$平均价格=\frac{n}{\sum\frac{1}{x}}=\frac{1+1+1+1}{\frac{1}{2}+\frac{1}{4}+\frac{1}{6}+\frac{1}{8}}=\frac{4}{1.04}=3.85\text{（元/千克）}$$

（二）加权调和平均数

如果所掌握的资料已经分组，适宜采用加权调和平均数计算平均指标，用公式表达为：

$$\bar{x}_H=\frac{m_1+m_2+\cdots+m_n}{\frac{m_1}{x_1}+\frac{m_2}{x_2}+\cdots+\frac{m_n}{x_n}}=\frac{\sum m}{\sum\frac{m}{x}}$$

式中，$\bar{x}_H$ 代表调和平均数；$\sum$ 代表求和符号；x_n 代表总体各单位标志值；m_n 代表权数，通常为计算平均数的分子，即总体标志总量。

例 4－20

某集贸市场西红柿的价格如表 4－16 所示，某消费者共花费 6 元，早、中、晚各买了一些西红柿。求一天里西红柿的平均价格。

表 4－16　某集贸市场西红柿价格资料

时间	平均价格（元/千克）	总花销（元）
早上	1.00	3
中午	0.50	2
晚上	0.25	1

$$\bar{x}_H=\frac{\sum m}{\sum\frac{m}{x}}=\frac{3+2+1}{\frac{3}{1}+\frac{2}{0.50}+\frac{1}{0.25}}=\frac{6}{11}=0.55\text{（元/千克）}$$

对于同一问题的研究，算术平均数和调和平均数的实际意义是相同的，计算公式也可以相互推算，采用哪一种方法完全取决于所掌握的实际资料。一般的做法是，如果掌握的是基本公式中的分母资料，则采用算术平均数，如果掌握的是基本公式中的分子资料，则采用调和平均数的计算公式。

三、几何平均数

例 4－21

某产品生产需经过五道工序。某日各工序产品的合格率分别为 91%、94%、89%、92%、86%，计算该产品的平均合格率。

$$平均合格率\ \bar{x}_G=\sqrt[5]{0.91\times0.94\times0.89\times0.92\times0.86}=\sqrt[5]{0.6023}=90.36\%$$

以上这种计算平均数的方法就是几何平均法。几何平均数是指 n 个单位标志值连乘积的 n 次方根，通常用 $\bar{x}_G$ 表示。几何平均数适用面窄，但具有特殊的用途，主要在计算标志值的连乘积等于总比率或总速度的现象的平均比率或平均速度时使用。

根据掌握的资料不同，几何平均数的计算一般有简单几何平均数和加权几何平均数两种。

（一）简单几何平均数

如果所掌握的是未经分组整理的资料，适宜采用简单几何平均数计算平均指标，用公式表达为：

$$\bar{x}_G=\sqrt[n]{x_1\cdot x_2\cdot\cdots\cdot x_n}=\sqrt[n]{\prod x}$$

式中，$\bar{x}_G$ 代表几何平均数；$\prod$ 代表乘积符号；x_n 代表总体各单位标志值；n 代表总体单位数。

例 4－22

某地区 2014—2018 年的国内生产总值的发展速度分别为 108%、110%、112%、115%、116%。计算该地区 2014—2018 年的国内生产总值的平均发展速度。

$$平均发展速度\ \bar{x}_G=\sqrt[5]{1.08\times1.10\times1.12\times1.15\times1.16}=\sqrt[5]{1.775}=112.16\%$$

（二）加权几何平均数

如果所掌握的资料已经分组，且各个变量值出现的次数不相同时，适宜采用加权几何平均数计算平均指标，用公式表达为：

$$\bar{x}_G=\sqrt[f_1+f_2+\cdots+f_n]{x_1^{f_1}\cdot x_2^{f_2}\cdot\cdots\cdot x_n^{f_n}}=\sqrt[\sum f]{\prod x^f}$$

式中，$\bar{x}_G$ 代表几何平均数；$\prod$ 代表乘积符号；x_n 代表总体各单位标志值；f_n 代表各标志值出现的次数。

例 4－23

某银行在 10 年内几次调整贷款利率（按复利计息），各年利率为：第 1 年 8%，第 2 年至第 5 年 6.5%，第 6 年至第 8 年 5%，第 9 年至第 10 年 4%。求这 10 年中银行贷款的平均年利率。

计算平均年利率，首先将年利率加上 100%，换算为各年的本利率，然后计算出平均本利率，再减去 100%，得到平均年利率。其计算过程如下：

$$\bar{x}_G = \sqrt[1+4+3+2]{1.08^1 \times 1.065^4 \times 1.05^3 \times 1.04^2} = \sqrt[10]{1.7396} = 105.69\%$$

平均年利率＝105.69%－100%＝5.69%

四、众数

例 4－24

某专卖店想要从厂家购进一批年轻女性羽绒服，于是随机调查了 1 000 名年轻女性对羽绒服尺码的需求情况，想要了解消费者最需要多大尺码的羽绒服，具体数据见表 4－17。

表 4－17 年轻女性对羽绒服尺码需求表

尺码（cm）	人数（人）
155	40
160	450
165	330
170	110
175	59
180	8
185	3
合计	1 000

从表 4－17 可以看到，尺码为 160cm 的羽绒服需求量最大，如果我们计算算术平均数，则消费者需求的平均尺码为 163.67cm，而这个号码显然是没有实际意义的，直接用 160cm 作为顾客对女性羽绒服所需尺寸的集中趋势既便捷又符合实际。

这种计算一般水平的指标就是众数。众数主要是指现象总体中出现次数最多的标志值，即该总体各单位中最普通、最常出现的标志值，通常用 M_o 表示。例 4－24 中，羽绒服尺码 160cm 就是众数。

有时众数是一个合适的代表值，在统计实践中，经常会利用众数来近似反映社会经济现象的一般水平。如反映某次考试学生成绩最集中的水平、城镇居民最普遍的生活水平等。在一些重要的决策中，众数也是非常有用的。比如在服装行业中，生产商、批发商和零售商在做有关生产或存货的决策时，更感兴趣的是最普遍的尺寸而不是平均尺寸，这时用众数就能很好地代表一般水平。

具体来说，众数主要有以下特点及作用：

（1）利用众数能够直观地说明总体各单位标志值的集中趋势，从而反映现象的一般水平。

（2）只有当总体单位数比较多，且标志值的分布具有明显的集中趋势时，众数的确定才有意义。如果标志值的分布呈均匀分布，则该数列无众数。

（3）当某种社会经济现象不可能或无必要全面登记出各单位标志值及各标志值出现的次数来计算算术平均数时，可用最普遍出现的标志值，即众数来代替其一般水平。

（一）由未分组数据确定众数

例 4－25

某校大一某班级 30 名学生的年龄（单位：岁）分别为 18、19、19、20、19、19、20、

18、19、19、20、19、19、19、21、19、19、18、20、19、19、19、20、18、20、19、19、20、19、20。

可以看出，19 岁在这个班级年龄中出现 17 次，出现次数最多，因此 19 岁就是众数，代表这个班级学生年龄的一般水平。

因此，由未分组数据确定众数比较容易，不需要计算，只需通过观察，即可确定出现次数最多的那个标志值，就是众数。

（二）由分组数据确定众数

1. 单项数列确定众数

例 4-26

将例 4-25 中某校大一某班级 30 名学生的年龄进行分组形成统计表，如表 4-18 所示。

表 4-18 班级学生年龄分布

年龄（岁）	人数（人）	比重（%）
18	4	13.3
19	17	56.7
20	8	26.7
21	1	3.3
合计	30	100.0

可以看出，次数最多的是 17 人，17 人对应的标志值为 19 岁，因此 19 岁就是众数。

由单项数列确定众数也比较容易，同样可直接观察确定。即在单项数列中，次数出现最多对应的那个标志值就是众数。

2. 组距数列确定众数

例 4-27

某单位 100 名职工工资如表 4-19 所示，计算众数。

表 4-19 某单位职工工资表

工资（元）	人数（人）	比重（%）
1 000 以下	5	5
1 000～2 000	10	10
2 000～3 000	45	45
3 000～4 000	25	25
4 000 以上	15	15
合计	100	100

从该组数据中，能够看出出现的次数最多的是 45，45 对应的是 2 000～3 000 组。因此众数应该为 2 000～3 000 的一个数值。众数到底是多少，需要通过公式计算得知。

可见，根据组距数列确定众数比较复杂。首先要确定众数所在的组，即出现次数最多的那个组，然后由公式计算众数值，通常为一个近似的值。一般地，计算众数时有两种方法，即下限公式和上限公式，二者的计算结果完全一致。

计算公式如下：

下限公式：$M_o = L + \frac{\Delta_1}{\Delta_1 + \Delta_2} \times d$

上限公式：$M_o = U - \frac{\Delta_2}{\Delta_1 + \Delta_2} \times d$

式中，M_o 代表众数；L 代表众数所在组的下限；U 代表众数所在组的上限；Δ_1 代表众数所在组次数与前一组次数之差；Δ_2 代表众数所在组次数与后一组次数之差；d 代表众数所在组的组距。

例 4－27 中，通过观察得知众数组是 2 000～3 000 元组，根据公式求该例中的众数。

下限公式：$M_o = 2\,000 + \frac{45-10}{45-10+45-25} \times 1\,000 = 2\,636$（元）

上限公式：$M_o = 3\,000 - \frac{45-25}{45-10+45-25} \times 1\,000 = 2\,636$（元）

以上两个公式的计算都可将次数用次数所占的比重代替求得，结果一样。

五、中位数

例 4－28

某志愿活动中 10 名志愿者的年龄分别为 18 岁、19 岁、19 岁、20 岁、21 岁、21 岁、22 岁、23 岁、24 岁、78 岁。如何反映 10 名志愿者的年龄的一般水平？

（1）算术平均数＝26.5，但这明显不是一个很好的代表值。

（2）中位数＝21，显然要比算术平均数更加合理。

将总体中各个单位标志值按大小顺序排列，居于中间位置上的标志值就是中位数，通常用 M_e 表示。它的大小取决于数列中间位置的那个标志值，不受其他标志值的影响。当标志值比较极端时，利用算术平均数就有可能得到非典型的甚至可能产生误导的平均数，这时使用中位数来度量集中趋势比较合适。所以，中位数一般适用于统计资料中含有异常或极端数据的情况。

（一）由未分组数据确定中位数

资料未分组情况下，确定中位数的方法主要是找中间位置，即先将各标志值按大小顺序排列后，按公式 $\frac{n+1}{2}$ 确定中位数的位置。一般当总体单位数是奇数时，中位数就是处于中间位置的标志值；当总体单位数是偶数时，中位数就是处于中间位置的两个标志值的算术平均数。

例 4－29

某企业 9 名职工的月工资分别为：1 700 元、2 300 元、2 400 元、2 600 元、2 650 元、2 700 元、2 800元、3 000 元、3 100 元。则中位数为第 $\frac{9+1}{2}=5$ 个标志值，为 2 650 元。

例 4－30

某企业 10 名工人日生产某种产品的数量分别为 18 件、20 件、20 件、21 件、22 件、24 件、25 件、26 件、27 件、29 件。则中位数的位置为 $\frac{10+1}{2}=5.5$，即第 5 和第 6 个数值的算术平均数，为 $\frac{22+24}{2}=23$（件）。

（二）由分组数据确定中位数

1. 由单项数列确定中位数

根据单项数列资料确定中位数与根据未分组资料确定中位数的方法基本一致，主要是找居于中间位置的标志值。一般先计算各组的累计次数，再按公式 $\frac{\sum f}{2}$ 确定中位数的位置，并对照累计次数确定中位数。

例 4－31

某城镇按家庭人口数分组，如表 4－20 所示。

表 4－20　某城镇按家庭人口分组资料

家庭人口数（人）	家庭数（户）	以下累计（户）	以上累计（户）
1	100	100	19 000
2	3 650	3 750	18 900
3	9 000	12 750	15 250
4	4 000	16 750	6 250
5	2 000	18 750	2 250
6	150	18 900	250
7	100	19 000	100
合计	19 000	—	—

可以计算出，中位数的位置 $=\frac{\sum f}{2}=\frac{19\ 000}{2}=9\ 500$（户），即 9 500 户对应的标志值就是中位数，利用以下或以上累计都可以观察到，第 9 500 户对应的标志值是 3。

2. 由组距数列确定中位数

例 4－32

某班学生的统计学考试成绩如表 4－21 所示。

表 4－21　某班级学生的统计学考试成绩

成绩（分）	人数（人）	以下累计（人）	以上累计（人）
50～60	3	3	60
60～70	8	11	57
70～80	26	37	49
80～90	13	50	23
90～100	10	60	10
合计	60	—	—

从该组数据中，首先可以看到中位数的位置为第 $\frac{\sum f}{2}=\frac{60}{2}=30$（人），按照以下累计或以上累计都可以观察到，第 30 个学生对应的标志值为 70～80 组。因此，中位数应该为70～80的一个数值。中位数到底是多少，需要通过公式确定。

一般地，根据组距数列资料确定中位数比较复杂，应先按 $\frac{\sum f}{2}$ 的公式求出中位数所在组的位置，然后运用下限或上限公式推算出中位数的近似值。公式如下：

下限公式：$M_e=L+\frac{(\sum f/2)-S_{m-1}}{f_m}\times d$

上限公式：$M_e=U-\frac{(\sum f/2)-S_{m+1}}{f_m}\times d$

式中，M_e 代表中位数；L 代表中位数所在组的下限；U 代表中位数所在组的上限；$\sum f$ 代表总次数；S_{m-1}代表中位数所在组以下组的累计次数；S_{m+1}代表中位数所在组以上组的累计次数；f_m代表中位数所在组的次数；d 代表中位数所在组的组距。

根据公式求例 4－32 中的中位数：

下限公式：$M_e=L+\frac{(\sum f/2)-S_{m-1}}{f_m}\times d=70+\frac{30-11}{26}\times 10=77.3$（分）

上限公式：$M_e=U-\frac{(\sum f/2)-S_{m+1}}{f_m}\times d=80-\frac{30-23}{26}\times 10=77.3$（分）

以上两个公式的计算都可将次数用次数所占的比重代替求得，结果一样。

综上，各类平均指标都是用来反映总体各单位标志值一般水平的代表值，但在计算过程和适用范围方面各有不同。各类平均指标的不同如表 4－22 所示。

表 4－22 各类平均指标的比较

平均指标名称	未分组数据	分组数据	适用范围
算术平均数	$\bar{x}=\frac{\sum x}{n}$	$\bar{x}=\frac{\sum xf}{\sum f}$	应用最广泛的平均数
调和平均数	$\bar{x}_H=\frac{n}{\sum\frac{1}{x}}$	$\bar{x}_H=\frac{\sum m}{\sum\frac{m}{x}}$	算术平均数的转化形式，使用较少，要求各个标志值不能为零
几何平均数	$\bar{x}_G=\sqrt[n]{\prod x}$	$\bar{x}_G=\sqrt[\sum f]{\prod x^f}$	计算相对数的平均数
众数	直接观察次数最多的标志值	下限：$M_o=L+\frac{\Delta_1}{\Delta_1+\Delta_2}\times d$ 上限：$M_o=U-\frac{\Delta_2}{\Delta_1+\Delta_2}\times d$	适用于统计资料中含有异常或极端数据的情况
中位数	按 $\frac{n+1}{2}$ 确定中位数的位置	下限：$M_e=L+\frac{(\sum f/2)-S_{m-1}}{f_m}\times d$ 上限：$M_e=U-\frac{(\sum f/2)-S_{m+1}}{f_m}\times d$	适用于统计资料中含有异常或极端数据的情况

任务四 运用标志变异指标反映事物的离散趋势

任务导入

某生态农业股份有限公司是一家集科研、生产、经营为一体的大型农业企业。公司于 2018 年培育出甲、乙两种稻种，同时对两种稻种进行实验，实验结果如表 4－23 所示。

表 4－23　两种稻种的实验资料

甲稻种		乙稻种	
亩产量（千克）	播种面积（亩）	亩产量（千克）	播种面积（亩）
780	20	760	18
850	25	860	22
920	36	930	26
940	34	950	27

思考：哪种稻种更加值得推广？

任务分析

（1）计算算术平均数。

$\bar{X}_{甲}=886.34, \bar{X}_{乙}=886.34$，平均产量都为 886.34 千克/亩，甲、乙两稻种在平均水平上无差异。

（2）计算标志变异指标。

以上计算的平均水平相同，无法反映总体内部各单位标志值的差异程度。所以，除了要反映总体的一般水平外，还需要把总体内各单位标志值之间的差异程度反映出来，即需要用标志变异指标来反映这些问题。

相关知识与拓展

平均指标是反映现象一般水平的指标，将总体各单位标志值的差异抽象掉了，但是总体中各单位标志值的差异是实实在在存在的。要将总体中各单位标志值的差异体现出来，就必须采用标志变异指标。标志变异指标是指总体中各单位标志值背离分布中心的规模或程度的指标，反映现象之间的离散趋势。标志变异指标数值越大，说明总体中各单位标志值背离分布中心越远，平均指标的代表性越小；标志变异指标数值越小，说明总体中各单位标志值背离分布中心越近，平均指标的代表性越大。

所以，标志变异指标可以衡量平均指标的代表性，可以用来研究现象的稳定性和均衡性，可以揭示总体分布的离中趋势。

根据计算方法不同，测定现象离散趋势的标志变异指标一般有两大类：一类是反映现象总体各单位标志值变动范围的指标，如全距；另一类是反映现象总体各单位标志值与平均数离差程度的指标，如标准差及标准差系数。

一、全距

全距是指总体各单位标志值的最大值和最小值之差，一般用 R 表示，说明标志值的变动范围和幅度。一般来说，全距越小，最大、最小值差异越小，说明标志值越集中，标志值之间差异程度越小，平均数代表性越大；全距越大，最大、最小值差异越大，说明标志值越分散，标志值之间差异程度越大，平均数代表性越小。基本公式如下：

R＝最大值－最小值

例 4－33

某单位两个生产车间各有10名工人，日生产产品数量（单位：件）如下：

一车间：30，40，50，60，70，80，90，100，110，120；

二车间：71，72，73，74，75，75，76，77，78，79。

通过计算可以得知，一、二车间职工生产产品平均数量都是75件，平均指标无差异。但是通过观察数据发现一车间产品数量变动比二车间大。那么，通过计算一、二车间的全距来分析。

$R_{一车间}=120-30=90$（件）

$R_{二车间}=79-71=8$（件）

说明：一车间工人生产产品的数量变动比较大，二车间变动较小。

可以看出，全距是一个计算比较简单的标志变异指标，易于理解，但因为是最大、最小值之差，易受极端值的影响。但有时在企业产品质量控制中，全距是一个很好的控制值。

对于已经分组的资料计算全距时，有时最大值和最小值不是确定的，因此，全距的公式可以近似地表示为：

分组情况下的全距＝最大组的上限－最小组的下限

对于开放式组，组限则要参照相邻组的组距来确定。

例 4－34

某企业50名销售人员月销售额资料如表4－24所示。

表 4－24　50名销售人员销售额资料

销售额（万元）	人数（人）	比重（%）
10以下	2	4
10～20	7	14
20～30	6	12
30～40	15	30
40～50	12	24
50以上	8	16
合计	50	100

全距＝最大组的上限－最小组的下限＝60－0＝60（万元）

说明该企业50名销售人员销售额变动范围为60万元。但因为最大组的上限和最小组的下限是根据相邻组估计的，而且它们本身也不一定是标志值中的最大和最小值，因此组距下计算全距来说明标志值变动的效果不理想。

二、标准差

标准差是反映标志值与平均数离差程度的标志变异指标，是最重要、最常用的指标，是指总体中各单位标志值与平均数离差平方和的算术平均数的平方根。一般地，标准差越大，说明总体中各单位标志值与平均数的离差越大，标志值背离平均中心越远，平均指标的代表性越小；标准差越小，说明总体中各单位标志值与平均数的离差越小，标志值背离平均中心越近，平均指标的代表性越大。

（一）标准差的计算

根据掌握的资料不同，标准差的计算一般有简单标准差和加权标准差。

1. 简单标准差

对未经分组的数据资料，采用简单标准差，基本公式如下：

$$\sigma=\sqrt{\frac{\sum(x-\bar{x})^2}{n}}$$

式中，σ 代表标准差；x 代表总体各单位标志值；$\bar{x}$ 代表算术平均数；$\sum$ 代表求和符号；n 代表总体单位数。

例 4-35

某车间小组 5 个人，某月生产 A 产品的件数分别为 160 件、170 件、240 件、300 件、320 件，求该车间小组生产产品件数的标准差。

$$\bar{x}=\frac{160+170+240+300+320}{5}=\frac{1\,190}{5}=238\text{（件）}$$

$$\sigma=\sqrt{\frac{\sum(x-\bar{x})^2}{n}}$$

$$=\sqrt{\frac{(160-238)^2+(170-238)^2+(240-238)^2+(300-238)^2+(320-238)^2}{5}}$$

$$=\sqrt{\frac{21\,280}{5}}$$

$$=65.24\text{（件）}$$

所以，该车间小组生产产品件数的标准差为 65.24 件。

小知识

用计算器计算简单标准差

1. 启动计算器：按“ON”键。
2. 启动计算器统计功能：
（1）按换挡键：2ndF。
（2）按“STAT”键，启动统计功能，在屏幕中间上方出现“STAT”字样。
3. 输入数据：
（1）输入“x_1”→按“M+”键→屏幕显示“1”。
（2）输入“x_2”→按“M+”键→屏幕显示“2”。
……
（n）输入“x_n”→按“M+”键→屏幕显示“n”。
4. 输出结果：
（1）按“X-M”键，屏幕显示：算术平均数。
（2）按“2ndF”键→“RM”键，屏幕显示标准差。

2. 加权标准差

对于经过分组整理的数据，应采用加权标准差，基本公式如下：

$$\sigma=\sqrt{\frac{\sum(x-\bar{x})^2 f}{\sum f}}$$

式中，σ 代表标准差；x 代表总体各单位标志值；$\bar{x}$ 代表算术平均数；f 代表各组次数；$\sum$ 代表求和符号；$\sum f$ 代表总体单位数。

如果资料是单项式分组，直接用加权标准差公式计算；如果资料是组距式分组，计算标准差时，需用组中值代表每组的标志值，然后再利用加权标准差公式计算。

例 4-36

计算某商场售货员日销售额的标准差，资料如表 4-25 所示。

表 4-25　某商场销售额资料

销售额（元）	组中值（元）	人数（人）
200 以下	100	5
200～400	300	10
400～600	500	17
600～800	700	35
800～1 000	900	15
1 000 以上	1 100	18
合计	—	100

$$\bar{x}=\frac{100\times5+300\times10+500\times17+700\times35+900\times15+1\,100\times18}{100}=\frac{69\,800}{100}$$

$$=698\text{（元）}$$

$$\sigma=\sqrt{\frac{(100-698)^2\times5+(300-698)^2\times10+\cdots+(1\,100-698)^2\times18}{100}}$$

$$=\sqrt{\frac{7\,559\,600}{100}}$$

$$=274.95\text{（元）}$$

所以，该商场售货员日销售额的标准差为 274.95 元。

从上面的分析可以看到，单独的一个标准差只能说明一组标志值与其平均数之间的离差水平，但因为缺乏对比的数据组，无法很好地体现出标准差反映的平均指标的代表性、现象的均衡性及稳定性等。因此，只有当两个或多个现象对比时，才能凸显出标准差的现实意义。但是，只有在反映同类现象且计量单位相同、平均水平相同时才适合运用标准差这一标志变异指标。如两个班级学生平均成绩相同时，比较平均成绩的代表性；两个车间工人生产产品的日平均产量相同时，比较平均产量的代表性、均衡性时都可以采用标准差。

小知识

用计算器计算加权标准差

1. 开启计算器统计功能。

2. 输入数据：

(1) 输入 x_1 → 按"x"键 → 输入 f_1 → 按"M＋"键 → 屏幕显示 f_1 。

(2) 输入 x_2 → 按"x"键 → 输入 f_2 → 按"M＋"键 → 屏幕显示 f_1+f_2 。

(3) 输入 x_3 → 按"x"键 → 输入 f_3 → 按"M＋"键 → 屏幕显示 $f_1+f_2+f_3$ 。

……

(n) 输入 x_n →按 "x" 键→输入 f_n →按 "M＋" 键→屏幕显示 $f_1+f_2+\cdots+f_n(\sum f)$，输入结束。

3. 按 "2ndF" 键→按 "RM" 键，屏幕显示标准差。

与标准差有密切联系的另一个指标是方差，在今后的统计分析中将会涉及，这里仅简单提及。方差是各标志值与其平均数离差平方和的算术平均数，即是标准差的平方，通常用 σ^2 表示总体的方差；用 s^2 表示样本的方差。

（二） 是非标志标准差的计算

前面提到过，标志分为品质标志和数量标志两大类。品质标志是指总体单位的标志值主要用文字表述，因此前述分析方法大多是针对数量标志的。但有时我们会按照某一个品质标志，将总体划分为具有某一特征的个体的集合和不具有某一特征的个体的集合两类。如全部产品，分为合格品与不合格品；全部人口，分为男性和女性。这种可用"是""否"或"有""无"来表示的标志，叫作是非标志。

由于是非标志只有两个标志值，故可用 1 表示具有某一特征的标志，用 0 表示不具有某一特征的标志。用 N 表示全部总体单位数，N_1 表示具有某种性质标志表现的单位数，N_0 表示不具有某种性质标志表现的单位数，则：$N=N_1+N_0$。这两部分单位数分别占全部总体单位数的比重叫作成数，分别用 p、q 来表示。那么，p 指标志值为 1 的单位数占全部单位数的比重，即 $\frac{N_1}{N}$；q 指标志值为 0 的单位数占全部单位数的比重，即 $\frac{N_0}{N}$。具体如表 4－26 所示。

表 4－26　是非标志的分布排列

是非品质标志	标志值（x）	频率（$f/\sum f$）
是	1	p
非	0	q
合计	—	100%

运用相对权数公式计算是非标志的平均数，即成数：

$$\bar{x}=\sum x\cdot\frac{f}{\sum f}=1\times p+0\times q=p$$

计算是非标志标准差：

$$\sigma=\sqrt{\frac{\sum(x-\bar{x})^2 f}{\sum f}}=\sqrt{\frac{(1-p)^2\times N_1+(0-p)^2\times N_0}{N_1+N_0}}$$

$$=\sqrt{(1-p)^2\times\frac{N_1}{N}+(0-p)^2\times\frac{N_0}{N}}$$

$$=\sqrt{(1-p)^2\times p+(0-p)^2\times q}$$

$$=\sqrt{(1-p)^2\times p+p^2\times(1-p)}$$

$$=\sqrt{p(1-p)(1-p+p)}$$

$$=\sqrt{p(1-p)}$$

从上述计算可以得知，是非标志的标准差就是具有某一特征标志的单位数在总体中的比重和不具有某一特征标志的单位数在总体中的比重二者的乘积的平方根。这一重要结论将在后面的抽样推断分析中经常用到。

例 4-37

对一批产品按随机重复抽样方法抽取 200 个进行检验，结果 10 件不合格，计算合格产品的成数和标准差。如表 4-27 所示。

表 4-27 某批产品抽样情况

是非品质标志	标志值（x）	频率（$f/\sum f$）
合格	1	$p=190/200=95\%$
不合格	0	$q=10/200=5\%$
合计	—	100%

成数 $p=\frac{190}{200}=95\%$

标准差 $\sigma=\sqrt{p(1-p)}=\sqrt{95\%\times(1-95\%)}=\sqrt{0.0475}=0.2179$

三、标准差系数

标准差是一个很好、很实用的标志变异指标，但现实中很多时候需要比较的现象是不同类的，计量单位不相同，平均数也不可能完全相同。这个时候标准差就有一定的局限性。为了消除现象平均数不同和计量单位不同对离散程度值的影响，需要用到标准差系数这一标志变异系数指标。

标准差系数是指标准差与算术平均数相对比的百分数，通常用 V_σ 表示，主要用来对比不同类现象或不同水平的同类现象平均数代表性的大小，一般在对平均水平不同或计量单位不同的两个变量数列进行对比时采用这一指标。作为标志变异指标的一种，标准差系数越小，平均数的代表性越大；标准差系数越大，平均数的代表性越小。标准差系数的基本公式为：

$$V_\sigma=\frac{\sigma}{\bar{x}}\times100\%$$

■ **例 4-38**

某年级一、二两班某门课的平均成绩分别为 82 分和 76 分，其成绩的标准差分别为 15.6 分和 14.8 分，比较两班平均成绩代表性的大小。

一班成绩的标准差系数为：

$$V_{\sigma 1}=\frac{\sigma_1}{\bar{x}_1}\times 100\%=\frac{15.6}{82}\times 100\%=19.02\%$$

二班成绩的标准差系数为：

$$V_{\sigma 2}=\frac{\sigma_2}{\bar{x}_2}\times 100\%=\frac{14.8}{76}\times 100\%=19.47\%$$

因为 $V_{\sigma 1}\leqslant V_{\sigma 2}$，所以一班平均成绩的代表性比二班大。

任务五　运用 Excel 进行综合指标分析

任务导入

某企业五个销售部的销售情况如表 4-28 所示。

表 4-28　某企业五个销售部的销售额资料　　单位：元

月份	A	B	C	D	E
1 月	1 245 560	1 102 300	781 102	934 510	826 734
2 月	1 141 578	1 098 760	688 252	734 544	890 765
3 月	934 587	872 340	617 145	554 548	1 209 872
4 月	1 445 541	983 440	791 482	688 745	1 156 788
5 月	1 124 567	678 924	592 872	772 754	987 602
6 月	1 045 784	889 035	923 102	590 021	888 234
7 月	1 104 241	789 024	567 542	645 647	789 856
8 月	1 045 752	1 226 550	654 784	478 967	1 247 595
9 月	968 751	783 000	574 786	697 445	678 952
10 月	1 102 457	980 455	762 424	565 542	532 955
11 月	1 398 778	1 413 553	857 812	802 445	879 094
12 月	1 545 242	532 555	965 544	882 457	980 345

思考： 对该企业的销售额进行综合指标分析，分析哪个部门的销售情况比较稳定。

任务分析

分析现象均衡稳定性时，主要使用标准差这一标志变异指标。但当研究不同现象或平均水平不同的同一现象时，需要用到标准差系数。因此，分析该企业销售稳定性时，需要计算各个销售额的平均指标和标志变异指标。该任务中，五组数值都比较大且数据较多，因此适合采用计算机分析。

相关知识与拓展

一、未分组数据的综合指标分析

（一） Excel 的函数功能

Excel 中提供了求平均指标和标志变异指标的各类函数，需要通过点选“公式”—“插入函数”—“全部（或统计）”调用。

计算平均指标的函数主要有：算术平均数 AVERAGE、几何平均数 GEOMEAN、调和平均数 HARMEAN、众数 MODE、中位数 MEDIAN。

计算标志变异指标的函数主要有：样本标准差 STDEV（分母为 $n-1$）、总体标准差 STDEVP（分母为 n）。这里需要注意，标准差有总体标准差与样本标准差之分，前面我们涉及的都是总体标准差，如果要计算样本标准差，只需要在分母上减 1。一般我们把样本标准差记为 s，基本公式为：

$$\text{简单标准差 } s=\sqrt{\frac{\sum(x-\bar{x})^2}{n-1}}$$

$$\text{加权标准差 } s=\sqrt{\frac{\sum(x-\bar{x})^2 f}{\sum f-1}}$$

以表 4-28 中的资料为例说明如何分析销售情况的稳定性。具体步骤为：

（1）利用 AVERAGE 函数分别计算各个销售部的算术平均数。

计算结果显示，五个销售部的平均水平不同。

（2）利用函数 STDEVP 或 STDEV 分别计算各个销售部的标准差。

二者差异不大，不会影响结论。

（3）分别计算各个销售部的标准差系数。

计算标准差系数时，没有具体的函数可选，需要结合公式计算。

（4）通过结果对比，得出结论。

可以看出，利用 Excel 的函数功能求统计指标的方法比较简单，但最大的缺陷是一次只能求一个指标值，涉及多个指标分析时，比较麻烦。描述统计功能则可以解决这一问题。

（二） Excel 的数据分析功能

Excel 的“数据分析”中提供了“描述统计”功能，用以分析一类变量的各类指标。最大的优点是简单实用，一次即可求得变量中主要的平均指标和标志变异指标。分析出的指标主要包括：平均数、标准误差、中位数、众数、标准差、方差、峰度、偏度、最大值、最小值、求和、置信区间等。

以表 4-28 中的资料为例说明如何分析销售情况的稳定性。具体步骤为：

（1）在菜单中点选“数据”—“数据分析”—“描述统计”。

（2）出现“描述统计”对话框，如图 4－1 所示，输入区域中输入所有要分析的数据（包括标志），勾选“标志位于第一行”，其他内容，如输出选项等则根据需要选择，之后点击“确定”。

如果输入区域没有标志项，则取消勾选“标志位于第一行”复选框。

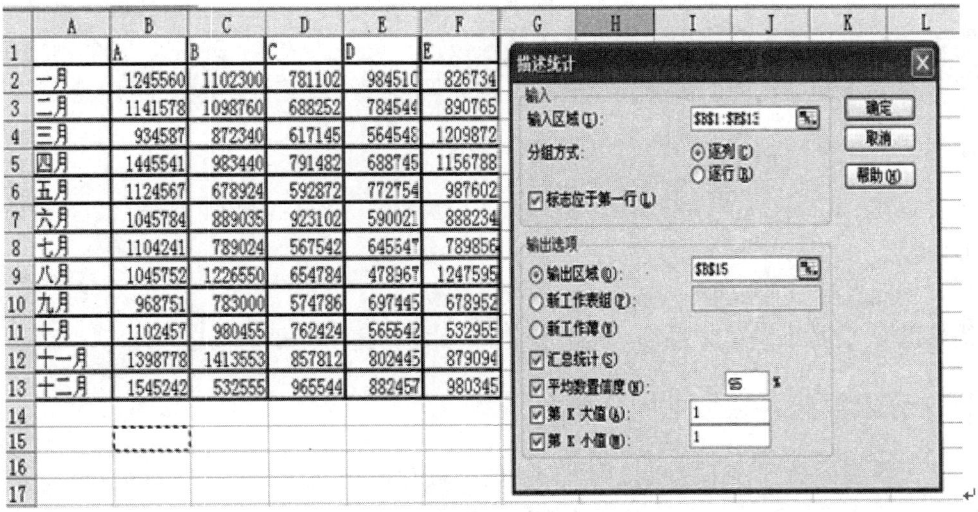

	A	B	C	D	E	F
1		A	B	C	D	E
2	一月	1245560	1102300	781102	984510	826734
3	二月	1141578	1098760	688252	784544	890765
4	三月	934587	872340	617145	564548	1209872
5	四月	1445541	983440	791482	688745	1156788
6	五月	1124567	678924	592872	772754	987602
7	六月	1045784	889035	923102	590021	888234
8	七月	1104241	789024	567542	645547	789856
9	八月	1045752	1226550	654784	478967	1247595
10	九月	968751	783000	574786	697445	678952
11	十月	1102457	980455	762424	565542	532955
12	十一月	1398778	1413553	857812	802445	879094
13	十二月	1545242	532555	965544	882457	980345

图 4－1　“描述统计”对话框

（3）分析描述统计结果。

描述统计结果如表 4－29 所示。

表 4－29　五个销售部的描述统计结果

项目	A	B	C	D	E
平均	1 175 237	945 828	731 403.9	704 802.1	922 399.3
标准误差	55 935.23	70 162.99	39 499.62	42 404.99	61 090.86
中位数	1 114 404	934 745	725 338	693 095	889 499.5
众数	#N/A	#N/A	#N/A	#N/A	#N/A
标准差	193 765.3	243 051.7	136 830.7	146 895.2	211 625
方差	3.75E+10	5.91E+10	1.87E+10	2.16E+10	4.48E+10
峰度	−0.411 75	0.067 158	−1.097 69	−0.371 67	−0.264 31
偏度	0.808 722	0.255 262	0.398 062	0.362 776	−0.061 64
区域	610 655	880 998	398 002	505 543	714 640
最小值	934 587	532 555	567 542	478 967	532 955
最大值	1 545 242	1 413 553	965 544	984 510	1 247 595
求和	14 102 838	11 349 936	8 776 847	8 457 625	11 068 792
观测数	12	12	12	12	12
最大（1）	1 545 242	1 413 553	965 544	984 510	1 247 595
最小（1）	934 587	532 555	567 542	478 967	532 955
置信度（95.0%）	123 112.6	154 427.7	86 938.08	93 332.76	134 460.1

表 4－29 中，“平均”代表算术平均数；“标准误差”指的是抽样平均误差，在抽样推断分析模块中会详细讲到；“标准差”指的是样本标准差 s，计算时需要用到函数 STDEV，即计算标准差时分母要除以 $n-1$；“方差”为样本标准差 s 的平方；“峰度”为反映钟形分布峰高的一个指标；“偏度”为反映偏斜程度的一个指标；“区域”为全距，等于最大值减最小值；“观测数”为样本数目；置信度（95.0%）＝TINV（0.05，样本数－1）$\times\mu$。

得出计算结果后，首先观察各组数据平均数是否相同，平均数相同时只需要借助标准差进行对比，平均数不同时需要借助标准差系数进行反映。表 4－29 中，五个销售部销售额的平均数互不相同，因此需用到标准差系数。但是标准差系数不能通过 Excel 分析直接显示结果，需要利用公式 $V_\sigma=\frac{\sigma}{\bar{x}}\times 100\%$计算。

计算得出，$V_{6A}=0.154\,873$，$V_{6B}=0.256\,972$，$V_{6C}=0.187\,08$，$V_{6D}=0.208\,42$，$V_{6E}=0.229\,429$。

（4）得出结论。

销售部 A 的标准差系数最小，因此销售部 A 的销售情况最为稳定。

二、分组数据的综合指标分析

对于分组后的数据，不能直接用 Excel 的函数和描述统计功能计算有关指标，应综合应用 Excel 的公式、函数结合填充柄功能进行操作来实现某些指标的计算。

例 4－39

某企业 150 名职工月奖金的分组如表 4－30 所示，计算标准差。

表 4－30　某企业职工月奖金资料

奖金（元）	人数（人）	比重（%）
300～500	15	10.0
500～700	40	26.7
700～900	50	33.3
900～1 100	10	6.7
1 100～1 300	20	13.3
1 300～1 500	15	10.0
合计	150	100.0

（1）将数据粘贴到 Excel 中，逐步按照公式计算。

（2）组距式分组下，需要用组中值代替奖金的标志值。单独插入一列用于放置组中值，然后计算第一组的奖金和，其他组的奖金和直接利用 Excel 的填充柄功能完成，然后利用求和功能求出总奖金＝125 000（元），在任一单元格求出平均数。

$$平均奖金=\frac{125\,000}{150}=833.33（元）$$

计算总奖金时，也可以点选“公式”—“插入函数”—“全部”—“SUMPRODUCT”实现。SUMPRODUCT 函数返回相应数组或区域的乘积和。插入函数时，出现函数对话框，在 Array1 中输入组中值列中的数值，在 Array2 中输入人数一列中的数值，求得结果为 125 000。

（3）通过公式计算标准差。计算第一组的 $(x-\bar{x})^2 \times f$，其中 x 用第一组的组中值所在的单元格代替，$\bar{x}$ 用平均数所在的单元格代替，但是为了防止向下拖曳时，平均数会发生变动，因此，$\bar{x}$ 单元格前必须采用绝对引用。f 用第一组的人数所在的单元格代替。其他几组利用填充柄功能完成。求和即得 $\sum (x-\bar{x})^2 \times f = 12\ 833\ 333.33$。

（4）在某一单元格内求得 $\dfrac{\sum (x-\bar{x})^2 f}{\sum f} = \dfrac{12\ 833\ 333.33}{150} = 85\ 555.56$，然后再利用公式求得 $\sigma = \sqrt{\dfrac{\sum (x-\bar{x})^2 f}{\sum f}} = \sqrt{85\ 555.56} = 292.50$（元）。

小知识

关于计算工具的小结

1. 数据较少，且未分组，计算简单标准差，用具有统计功能的计算器较方便；
2. 数据较多，且未分组，计算简单标准差，用 Excel 比较方便；
3. 数据已经进行分组，计算加权标准差，用具有统计功能的计算器较方便。

模块小结

- 综合指标分析
  - 总量指标
    - 总体单位总量、总体标志总量
    - 时期指标、时点指标
  - 相对指标
    - 计划完成程度相对指标
    - 结构相对指标
    - 比例相对指标
    - 比较相对指标
    - 强度相对指标
    - 动态相对指标
  - 平均指标
    - 数值平均数
      - 算术平均数
      - 调和平均数
      - 几何平均数
    - 位置平均数
      - 众数
      - 中位数
  - 标志变异指标
    - 全距
    - 标准差
    - 标准差系数

拓展阅读

大学毕业生的表现

一、问题的提出

××大学是一所综合性大学，有三个附属学院，分别是商贸学院、生物学院和医学院。近期高校管理层为了了解社会对本校学生的满意程度，以促进本校教学改革，进行了一项对本校的毕业生的调查，随机抽取了48名毕业生组成样本，要求他们所在的工作单位对其工作表现、专业水平和外语水平三个方面的表现进行评分，评分由0～10，分值越大表明满意程度越高。收集有关样本数据如表4-31和表4-32所示。

表4-31　48名毕业生的工作表现、专业水平和外语水平评分资料表

学生编号	工作表现	专业水平	外语水平	学生编号	工作表现	专业水平	外语水平
1	7	8	3	25	6	6	6
2	8	9	4	26	7	8	7
3	8	7	4	27	7	7	7
4	9	8	5	28	7	5	2
5	7	6	3	29	9	6	2
6	7	4	6	30	8	7	6
7	7	6	4	31	9	8	4
8	6	5	8	32	7	4	5
9	8	6	3	33	9	7	9
10	9	6	7	34	9	6	5
11	7	6	6	35	8	9	5
12	9	6	2	36	7	6	6
13	8	7	7	37	8	8	2
14	9	6	6	38	7	6	3
15	9	5	6	39	8	8	5
16	7	7	3	40	10	7	5
17	7	5	2	41	10	7	6
18	9	5	4	42	9	6	7
19	9	7	7	43	7	4	7
20	9	9	5	44	8	4	5
21	8	6	4	45	8	6	6
22	7	6	5	46	10	8	6
23	9	4	5	47	9	8	7
24	8	6	8	48	8	5	7

表 4-32 三个学院的 48 名毕业生的工作表现、专业水平和外语水平评分汇总表

商贸学院			生物学院			医学院		
工作表现	专业水平	外语水平	工作表现	专业水平	外语水平	工作表现	专业水平	外语水平
7	6	4	7	8	3	8	9	4
9	6	2	8	7	4	9	8	5
8	7	3	7	4	6	7	6	3
9	6	6	6	8	5	9	6	2
7	5	2	8	6	3	7	7	3
9	5	4	7	6	6	9	9	5
7	6	5	9	6	5	8	6	4
9	4	5	9	7	4	7	5	2
8	6	4	7	8	4	9	6	2
6	6	6	9	8	4	8	9	5
7	7	7	9	7	9	7	6	6
8	7	6	10	7	5	8	8	2
7	4	5	7	4	7	8	8	5
9	5	6	8	4	5	10	8	6
7	6	3	8	6	6			
10	7	6	9	8	7			
9	6	7	8	5	7			

校管理层希望在调查分析报告中阐述以下几个问题：

(1) 用人单位对该校毕业生哪个方面最为满意？哪个方面最不满意？应在哪些方面做出教学改革？

(2) 用人单位对该校毕业生哪个方面的满意程度差别最大？是什么原因造成的？

(3) 社会对三个学院的毕业生的满意程度是否一致？能否提出提高社会对该校毕业生的满意程度的建议？

二、数据的描述

将数据输入计算机，我们用 Excel 中的数据分析功能实现对数据的描述。输出结果见表 4-33、表 4-34。

表 4-33 48 名毕业生的评分统计汇总表

	工作表现	专业水平	外语水平
平均	8.042	6.375	5.083
中位数	8	6	5
众数	7	6	5
标准差	1.031	1.362	1.773
样本方差	1.062	1.856	3.142
峰值	−0.861	−0.532	−0.628
偏斜度	0.036	0.064	−0.107
极差	4	5	7
最小值	6	4	2
最大值	10	9	9
求和	386	306	244
计数	48	48	48

表 4－34　48 名毕业生分学院评分统计汇总表

	商贸学院			生物学院			医学院		
	工作表现	专业水平	外语水平	工作表现	专业水平	外语水平	工作表现	专业水平	外语水平
平均值	8	5.824	4.765	8	6.412	5.294	8.143	7.214	3.857
中位数	8	6	5	8	7	5	8	7.5	4
众数	7	6	6	7	8	4	8	6	5
标准差	1.118	0.951	1.602	1.061	1.460	1.611	0.949	1.369	1.512
样本方差	1.25	0.904	2.566	1.125	2.132	2.596	0.901	1.874	2.286
峰值	−1.093	−0.187	−0.907	−0.635	−0.896	0.147	−0.694	−1.507	−1.553
偏斜度	0	−0.597	−0.393	0.000	−0.554	0.575	0.308	−0.028	−0.032
极值	4	3	5	4	4	6	3	4	4
最小值	6	4	2	6	4	3	7	5	2
最大值	10	7	7	10	8	9	10	9	6
求和	136	99	81	136	109	90	114	101	54
计数	17	17	17	17	17	17	14	14	14

三、结果的分析

从资料中可以看出，随机抽取的 48 名毕业生是由商贸学院、生物学院和医学院的毕业生组成的，各学院毕业生人数分别是 17 人、17 人和 14 人，分别占样本的 35.4%、35.4%和 29.2%，可见各学院抽取毕业生人数大致相同，样本具有一定代表性。

从表 4－33 可看出：

（1）用人单位对××大学毕业生的工作表现评分最高，而外语水平评分最低。工作表现平均评分为 8.04 分，外语水平平均评分为 5.08 分，两者平均评分相差 2.96 分，由此可见用人单位最满意该校毕业生的工作表现，最不满意毕业生的外语水平，这反映出××大学注意培养学生的社会实践能力，也反映出毕业生的适应能力较强。从用人单位对毕业生外语水平评分普遍偏低看，反映出该校的外语教学方面存在严重问题，今后需要在外语教学方面加大改革力度。

（2）用人单位对××大学毕业生的外语水平评分差异最大，样本评分的标准差为 1.77 分，有的毕业生的外语水平评分高达 9 分，有的才 2 分，相差 7 分，这说明××大学毕业生外语程度相差悬殊，参差不齐，这可能是该校在招生中忽视学生的外语成绩所致。

从表 4－34 可以看出，用人单位对三个学院的毕业生评价是不一致的。

（1）工作表现方面：评分最高的是医学院的毕业生，平均分为 8.14 分，高出样本平均分 0.10 分，该学院毕业生中评分最高为 10 分，最低为 7 分，其标准差为 0.95 分，是三个学院中离散程度最小的，可见该学院毕业生工作表现普遍好；商贸学院毕业生平均评分与生物学院相同，都是 8 分，但商贸学院毕业生的评分的标准差最大（1.12 分）。

（2）专业水平方面：评分最高的也是医学院的毕业生，平均分为 7.21 分，高出样本平均分 0.83 分，该学院毕业生中评分最高的是 9 分，最低的是 5 分，相差 4 分；商贸学院毕业生的评分最低，平均分为 5.82 分，低于样本平均分 0.56 分，该学院毕业生中评分最高的是 7 分，最低的是 4 分，相差 3 分，评分标准差为 0.95 分，其评分离差程度在三个学院中最低。

（3）外语水平方面：评分最高的是生物学院的毕业生，平均分为 5.29 分，高出样本平均分 0.21 分，该学院毕业生中评分最高的是 9 分，最低的是 3 分，相差 6 分；而医学院毕业生的评分最低，平均分为 3.86 分，低于样本平均分 1.22 分，该学院毕业生中评分最高的是 6 分，最低的是 2 分，相差 4 分。

综上所述，在工作表现及专业水平两个方面，社会对××大学医学院的毕业生评分最高，这说明该学院的工作实践能力及专业基础知识较强，但专业水平上的评分差异较大，说明该学院的学生在专业知识水平及掌握程度上相差较大，外语水平严重低下，反映出该学院的外语教学工作或招生工作存在着很大的问题，因此，作为校管理层应深入调查，查明原因，尽快对该学院外语教学工作进行改革，或在招生中把好关，择优录取新生，以便提高该学院学生综合素质。此外，商贸学院毕业生的专业水平评分最低，说明该学院专业知识的教学工作存在严重问题，需要尽快更新教材，加强对教师的培训，注重学生经济理论知识的学习和扩大学生的知识面。同时值得注意的是，三个学院的外语水平普遍偏低，这一点应当引起校方的足够重视，采取有效措施，改变现状。

技能训练

一、简答题

1. 综合指标有哪些种类？
2. 时期指标和时点指标如何区分？
3. 相对指标有哪几种？各类指标如何计算？
4. 什么是平均指标？各类指标如何计算？
5. 什么是标志变异指标？各类指标如何计算？
6. 标准差系数的适用范围是什么？

二、单项选择题

1. 下列指标中既是总量指标又是时期指标的是(　　)。

A. 职工平均工资　　B. 人均国民收入

C. 全国社会商品零售额　　D. 2019 年年底我国的人口数

2. 某机械局所属三个企业 2019 年计划产值分别为 400 万元、600 万元和 500 万元。执行结果，计划完成程度分别为 108%、106%、108%，则该局三个企业平均计划完成程度为(　　)。

A. 107.33%　　B. 107.20%　　C. 7.33%　　D. 7.20%

3. 某商场计划 4 月份销售利润比 3 月份提高 2%，实际却下降了 3%，则销售利润计划完成程度为(　　)。

A. 66.7%　　B. 95.1%　　C. 105.1%　　D. 99.0%

4. 用水平法检查长期计划完成程度，应规定(　　)。

A. 计划期初应达到的水平　　B. 计划期末应达到的水平

C. 计划期中应达到的水平　　D. 整个计划期应达到的水平

5. 下面属于结构相对数的有(　　)。

A. 人口出生率　　B. 产值利润率

C. 恩格尔系数　　D. 工农业产值比

6. 标志变异指标越大，则(　　)。

A. 平均数的代表性越大　　B. 平均数的代表性越小

C. 平均数的代表性不受影响　　D. 无法判断

7. 两个标志值相差比较大的变量数列，标准差数值大的，其平均数的代表性(　　)。

A. 大　　B. 小　　C. 差不多　　D. 无法判断

8. 平均指标的分子和分母必须属于(　　)。

A. 同一总体　　B. 不同总体

C. 同总体或没总体　　D. 无法判断

9. 已知5个超市苹果的单价和销售额，要求计算5个超市苹果的平均单价，应该采用(　　)。

A. 简单算术平均法　　B. 加权算术平均法

C. 加权调和平均法　　D. 几何平均法

10. 甲数列的算术平均数为100，标准差为12.8；乙数列的算术平均数为14.5，标准差为3.7，故(　　)。

A. 两数列算术平均数的代表性相同

B. 乙数列算术平均数的代表性好于甲数列

C. 甲数列算术平均数的代表性好于乙数列

D. 两数列算术平均数的代表性无法比较

三、技能操作题

1. 某公司下属三个企业产值资料如表4-35所示。

表4-35　某公司下属三个企业产值资料

企业名称	一月实际产值（万元）	二月				二月实际产值为一月的（%）
		计划产值（万元）	计划产值比重（%）	实际产值（万元）	计划完成程度（%）	
甲	125					
乙	200	250			100	
丙	100	100			60	
合计		500			95	

要求：根据指标之间的关系计算并填写表中所缺数值。

2. 某商场销售的三种商品的相关数据见表4-36。

表4-36　某商场销售产品的数据表

商场	2018年					2017年实际销售额（万元）	2018年比2017年增长（%）
	计划		实际		完成计划（%）		
	销售额（万元）	比重（%）	销售额（万元）	比重（%）			
甲		30	1 224			1 100	
乙	1 000				102.6		14.0

续前表

商场	2018年					2017年实际销售额（万元）	2018年比2017年增长（%）
	计划		实际		完成计划（%）		
	销售额（万元）	比重（%）	销售额（万元）	比重（%）			
丙		45			95.0		4.3
合计						3 540	

要求：根据指标之间的关系计算并填写表中所缺数值。

3. 某企业五年计划固定资产投资410万元，实际投资完成资料如表4－37所示。

表4－37　某地固定资产投资完成情况资料

年份	2014	2015	2016	2017		2018			
				上半年	下半年	第一季度	第二季度	第三季度	第四季度
固定资产投资额（万元）	68	83	95	55	50	29	30	28	30

要求：(1) 计算该地区固定资产投资的计划完成程度；

(2) 计算该五年计划提前完成的时间。

4. 某产品按照五年计划规定，最后一年产量应达到54万吨，计划实际完成情况如表4－38所示。

表4－38　某产品计划完成情况

年份	第一年	第二年	第三年				第四年				第五年			
			第一季度	第二季度	第三季度	第四季度	第一季度	第二季度	第三季度	第四季度	第一季度	第二季度	第三季度	第四季度
产量（万吨）	40	43	10	10	12	12	11	11	12	13	13	14	14	15

要求：(1) 计算该产品产量的计划完成程度；

(2) 计算该产品五年计划提前完成的时间。

5. 根据表4－39中的数据，计算强度相对数的正指标和逆指标。

表4－39　某地医院数量与地区人口资料

指标	2014年	2019年
医院数量（个）	40	56
地区人口总数（万人）	84.4	126.5

6. 某车间50名工人对某种零件的生产情况如表4－40所示。

表4－40　工人生产零件资料

日产零件数（件）	工人人数（人）	比重（%）
20	1	2
21	4	8

续前表

日产零件数（件）	工人人数（人）	比重（%）
22	6	12
23	8	16
24	12	24
25	10	20
26	7	14
27	2	4
合计	50	100

要求：分别用相对数权数公式和绝对数权数公式计算人均日产量。

7. 某市 3 150 户居民家庭收入资料如表 4-41 所示。

表 4-41　某市居民家庭收入

每户平均月收入（元）	户数（户）	比重（%）
3 000～4 000	200	6.35
4 000～5 000	300	9.52
5 000～6 000	1 200	38.10
6 000～7 000	800	25.40
7 000～8 000	500	15.87
8 000～10 000	150	4.76
合计	3 150	100.00

要求：根据上述资料计算居民家庭每户收入的众数和中位数。

8. 现有甲、乙两个单位职工人数及工资资料如表 4-42 所示。

表 4-42　两个单位职工人数资料

甲企业		乙企业	
工资（元）	人数（人）	工资（元）	人数比重（%）
1 000 以下	4	500～1 500	5
1 000～2 000	8	1 500～2 500	15
2 000～3 000	15	2 500～3 500	35
3 000～4 000	20	3 500～4 500	25
4 000 以上	7	4 500～5 500	20
合计	54	合计	100

思考：（1）哪个单位职工的工资水平高？

（2）哪个单位职工的工资更具有代表性？

9. 两种不同的水稻品种，分别在 5 块田中试种，其产量如表 4-43 所示。

表 4-43　两种水稻试种情况

甲		乙	
面积（亩）	产量（千克）	面积（亩）	产量（千克）
1.2	600	1.5	840
1.1	495	1.4	770

续前表

甲		乙	
面积（亩）	产量（千克）	面积（亩）	产量（千克）
1.0	445	1.2	540
0.9	540	1.0	520
0.8	420	0.9	450

要求：(1) 分别计算两品种的单位面积产量；

(2) 计算两品种亩产量的标准差和标准差系数；

(3) 假定生产条件相同，确定哪个品种具有较大稳定性，更宜于推广。

10. 下面是甲地区空气质量指数（0～50 表示良好，50～100 表示适中）的一组数据：28，42，58，48，45，55，60，49，50。

要求：(1) 计算全距、方差和标准差；

(2) 已知同期观察到的乙地区空气质量指数的平均数为 48.5，标准差为 11.66，试对两地区的空气质量作出比较。

模块五　时间数列分析

学习目标

知识目标

◎ 了解时间数列的含义及种类

◎ 掌握时间数列水平指标的计算及分析

◎ 掌握时间数列速度指标的计算及分析

◎ 掌握时间数列长期趋势及季节变动的测定方法

技能目标

◎ 会计算时间数列的平均发展水平、平均发展速度等指标并进行分析

◎ 能够运用 Excel 进行时间数列的趋势分析

模块考核

模块考核单

序号	考核内容	分值	总结与归纳	成绩
1	时间数列的含义及种类	10		
2	四种时间数列水平指标的计算及应用	20		
3	四种时间数列速度指标的计算及应用	20		
4	增长 1%绝对值的计算及应用	10		
5	时间数列的长期趋势和季节变动分析	20		
6	用 Excel 进行时间数列分析	20		
合计		100		

案例导入

美国内华达职业健康诊所是一家私人医疗诊所，它位于内华达州的 Sparks 市。这个诊所专攻工业医疗，并且在该地区经营已经超过 15 年。1991 年初，该诊所进入了增长的阶段。在其后的 26 个月里，该诊所每个月的账单收入从 57 000 美元增长到超过 300 000

美元。但在1993年4月6日，诊所的主建筑物被大火烧毁了。

该诊所的保险单主要包括实物财产和设备，也包括出于正常商业经营的中断而引起的收入损失。确定实物财产和设备在火灾中的损失额，受理财产的保险索赔要求是一个相对简单的事情。但是确定在重建诊所的7个月中的收入的损失额是很复杂的，它涉及业主和保险公司之间的讨价还价。诊所对如果没有发生火灾账单收入“将会有什么变化”的计算，没有预先制定的规则。为了估计失去的收入，诊所采用一种预测方法来测算在7个月的停业期间将要实现的营业增长。火灾发生前的实际账单收入资料，为拥有线性趋势和季节趋势的预测模型提供了基础资料。这个预测模型使诊所得到一个准确的收入损失的估计值，这个估计值最终被保险公司所接受。

思考： 该诊所在预测重建诊所的7个月中收入的损失额时采用了什么样的统计方法?

任务一 认识时间数列

任务导入

(1) 某企业某车间有5个工人，其月工资水平分别是1 000元、1 260元、1 300元、1 500元、1 700元，试计算该车间工人的月平均工资。

(2) 某企业某年第一季度各月初职工人数分别是200人、210人、220人，试计算该年第一季度各月平均职工人数。

任务分析

以上两组数据都要求计算平均数，但两组数据的性质不同。前者是根据变量数列简单地求平均指标。可以列公式为：

$$平均工资=\frac{工资总额}{工人总数}=\frac{1\ 000+1\ 260+1\ 300+1\ 500+1\ 700}{5}$$

后者反映的是不同时间上的数据，属于时间数列，不能简单地通过平均人数$=\frac{200+210+220}{3}$来计算。要想正确地计算时间数列中的指标，必须了解时间数列的相关知识。

相关知识与拓展

一、认识时间数列

时间数列，又称为动态数列、时间序列，是指将反映某一社会经济现象的某一指标的一系列数值按照时间先后顺序排列而形成的数列。如表5-1中将某企业2011—2018年的销售额资料按时间顺序排列就是一个典型的时间数列。

表 5-1 某企业 2011—2018 年销售额资料 单位：万元

时间	2011 年	2012 年	2013 年	2014 年	2015 年	2016 年	2017 年	2018 年
销售额	300	318	370	420	400	450	470	478

可见，构成时间数列必须具备两个基本要素，一是资料所属的时间，二是各时间上的统计指标数值。

研究时间数列具有重要的作用，具体表现在：

（1）可以描述社会经济现象在不同时期上的发展状况和结果；

（2）可以研究社会经济现象的发展速度、发展趋势，探索现象发展变化的规律，并据以进行统计预测；

（3）利用不同国家或地区之间同一类指标的时间数列对比，可以分析现象在不同空间条件下的发展水平及速度的差异情况；

（4）利用时间数列可以积累长时期的数据资料，为各级部门制定政策等提供依据。

二、时间数列的种类

统计指标按照表现形式可以分为总量指标、相对指标和平均指标，那么根据构成时间数列的指标不同，也可将时间数列分为三种：绝对数时间数列、相对数时间数列和平均数时间数列。

（一）绝对数时间数列

绝对数时间数列是指由一系列同类的总量指标数值按时间顺序排列形成的时间数列，又称总量指标数列，是时间数列中最基本的形式，反映某种社会经济现象在各个时期达到的绝对水平及其发展变化情况。

根据时间状态不同，绝对数时间数列又可分为时期数列和时点数列。

1. 时期数列

时期数列指的是数列中每个指标数值都反映某种社会经济现象在一定时期内发展过程的总量，主要有以下特点：

（1）数列中各个指标的数值可以累计相加。

（2）数列中每个指标数值的大小与所属的时期长短有直接的联系。

（3）数列中每个指标的数值，是通过连续不断的登记取得的。

2. 时点数列

时点数列指的是数列中每个指标数值都反映某种社会经济现象在一定时点上的状态及其水平，主要有以下特点：

（1）数列中各个指标的数值是不能累计相加的。

（2）数列中每个指标数值的大小与其时间间隔长短没有直接联系。

（3）数列中每个指标数值，通常是通过一定时期登记一次取得的。

（二）相对数时间数列

相对数时间数列是指由一系列同类相对指标数值按时间顺序排列的时间数列，又称为相对指标数列，用来说明现象之间的数量对比关系或相互联系的发展变化过程。由于相对指标的基本形式是C＝A/B，那么由两个有联系的总量指标A和B派生形成的相对指标中，A和B可能同时是时期指标或时点指标，也可能一个是时期指标、一个是时点指标。

（三）平均数时间数列

平均数时间数列是指把一系列同类的平均指标按时间先后顺序排列起来而形成的时间数列，又称为平均指标数列，反映社会现象一般水平的发展趋势。

三、动态分析指标

为了研究事物的规模和速度，时间数列分析中主要用到两种分析指标：一是水平指标，主要分析现象在不同时期发展变化和增减变化的规模及水平，包括发展水平及平均发展水平、增长量及平均增长量；二是速度指标，主要分析现象在不同时期发展变化和增减变化的速度，包括发展速度及平均发展速度、增长速度及平均增长速度。现实中，还经常运用增长1%的绝对值这一指标，把水平分析指标和速度分析指标结合起来分析问题。

任务二　运用时间数列的水平指标分析

任务导入

某公司某年6月末有职工240人，7月份职工变动情况是：7月4日新招聘12名大学生上岗，8日有4名老职工退休离岗，14日有3名青年工人应征入伍，同日又有3名职工辞职离岗，19日招聘7名营销人员上岗，23日2名新员工因无法适应环境辞职，28日因扩展业务需要，招聘10名车间工人上岗。试计算该公司7月份的平均在岗人数。

任务分析

$$平均在岗人数=\frac{总人数}{总天数}$$

计算时，总天数为31，总人数应该为7月1日—7月31日每天在岗人数之和。但该公司并没有按天统计资料，只是在人数变动时统计一次。因此，必须清楚如何计算总人数，但不能简单地罗列资料。

相关知识与拓展

一、发展水平

发展水平是指时间数列中每一项指标数值反映的现象在不同时间上所达到的具体规模

或水平。其中时间数列中的第一个指标数值称为最初水平，最后一个指标数值称为最末水平，其余的指标数值称为中间水平。如果时间为 N 期，发展水平一般用 $a_1, a_2, \cdots, a_{N-1}$，$a_N$ 表示，那么 a_1 为最初水平，a_N 为最末水平，$a_2, \cdots, a_{N-1}$ 为中间水平；如果时间为 $n+1$ 期，发展水平一般用 $a_0, a_1, \cdots, a_{n-1}, a_n$ 表示，那么 a_0 为最初水平，a_n 为最末水平，$a_1, \cdots$，a_{n-1} 为中间水平。

在对比不同时期的发展水平时，也经常以所研究时期的发展水平作为报告期水平，把用来作为对比的时期的发展水平作为基期水平。

因为时间数列可以分为绝对数时间数列、相对数时间数列和平均数时间数列，所以发展水平可以表现为总量指标、相对指标与平均指标的指标数值。

二、平均发展水平

平均发展水平是指时间数列中不同时期的发展水平的平均数，反映现象在某一段时期内发展变化的一般水平，也叫作序时平均数或动态平均数。序时平均数与前面所讲的一般平均数（平均指标）存在不同：一般平均数是对现象的各总体单位在同一时间上表现出的数量差异进行抽象化的平均数，又称为静态平均数，而序时平均数是从动态上说明现象不同时间上发展的一般水平，故又称为动态平均数。

时间数列分为绝对数时间数列、相对数时间数列和平均数时间数列，相应的也需分别去求平均发展水平。

（一）绝对数时间数列平均发展水平

由于绝对数时间数列有时期数列和时点数列之分，故计算平均发展水平时必须严格区分时期和时点现象。设 N 期时间数列用 $a_1, a_2, \cdots, a_{N-1}, a_N$ 表示。

1. 时期数列平均发展水平

例 5-1

某服装厂 2018 年上半年生产服装资料如表 5-2 所示。

表 5-2　某服装厂 2018 年上半年生产服装资料

月份	1	2	3	4	5	6
产量（件）	950	1 052	1 246	1 020	980	1 148

求该服装厂 2018 年上半年平均每月服装的产量。

$$平均产量=\frac{总产量}{月份数}=\frac{950+1\ 052+1\ 246+1\ 020+980+1\ 148}{6}=1\ 066\ （件/月）$$

以上这种计算方法就是时期数列求平均发展水平的计算方法，采用的是简单算术平均法。主要是基于时期数列中的各指标数值可以累计相加，相加后可以表示更长时期的指标值，因此，计算其平均发展水平时可以直接将时期数列中的指标数值相加除以时期数。基本公式为：

$$\bar{a}=\frac{a_1+a_2+\cdots+a_N}{N}=\frac{\sum a}{N}$$

2. 时点数列平均发展水平

根据取得资料的连贯性的不同，时点数列有连续时点数列和间断时点数列之分，它们的平均发展水平的计算不同。

（1）连续时点数列。

连续时点数列是指逐日记录的时点数列，即资料天天有，通常时间单位以“天”表示。按逐日记录的时间间隔，连续时点数列又可分为间隔相等的连续时点数列和间隔不相等的连续时点数列。

①间隔相等的连续时点数列。

这种时点数列通常每日都有记录，即一日一记。

例 5-2

某教师统计了某班 50 名学生周一至周五上课出勤情况，如表 5-3 所示。

表 5-3　某班学生上课出勤资料

星期	一	二	三	四	五
出勤人数（人）	49	48	46	47	45

求平均每日出勤人数。

$$平均人数=\frac{总人数}{天数}=\frac{49+48+46+47+45}{5}=47（人/天）$$

以上这种计算方法就是间隔相等的连续时点数列求平均发展水平的计算方法，采用的是简单算术平均法，与时期数列求平均发展水平的方法相同。基本的计算公式为：

$$\bar{a}=\frac{a_1+a_2+\cdots+a_N}{N}=\frac{\sum a}{N}$$

②间隔不相等的连续时点数列。

这种时点数列资料登记的时间单位仍然是 1 天，但实际上只在指标值发生变动时才记录一次。

例 5-3

某企业 7 月 1 日有职工 129 人，7 月 10 日新招聘 9 名大学生上岗，7 月 21 日 5 名老职工退休离岗，7 月 26 日又有 2 名大学生上岗。求该企业 7 月份平均职工人数。

表 5-4 就是统计出来的某企业 7 月份职工资料表。

表 5-4　某企业 7 月份职工资料表

日期	1—9 日	10—20 日	21—25 日	26—31 日
人数（人）	129	138	133	135
间隔（天）	9	11	5	6

$$平均人数=\frac{总人数}{总天数}=\frac{129\times9+138\times11+133\times5+135\times6}{9+11+5+6}=\frac{4\ 154}{31}=134（人）$$

以上这种计算方法就是间隔不相等的连续时点数列求平均发展水平的计算方法，采用的是加权算术平均法。基本的计算公式为：

$$\bar{a}=\frac{a_1f_1+a_2f_2+\cdots+a_Nf_N}{f_1+f_2+\cdots+f_N}=\frac{\sum af}{\sum f}$$

式中，f 代表间隔的天数。

（2）间断时点数列。

间断时点数列是指不是逐日记录，而是每隔一段时间登记一次的时点数列，即资料并非天天有，通常时间单位表现为“期初”或“期末”。按期初（或期末）的时间间隔不同，间断时点数列又可分为间隔相等的间断时点数列和间隔不相等的间断时点数列。

①间隔相等的间断时点数列。

例 5-4

某企业第一季度银行存款账户资料如表 5-5 所示。

表 5-5　某企业第一季度银行存款账户资料

时间	上年末	1 月末	2 月末	3 月末
存款额（万元）	50	40	38	45

求该企业第一季度平均存款额。

$$平均存款额=\frac{总存款额}{时期数}=\frac{1\text{ 月存款额}+2\text{ 月存款额}+3\text{ 月存款额}}{3}$$

存款额属于时点数列，上年末、1 月末、2 月末、3 月末的存款额分别只代表某一特定时点下的存款额。要反映月存款额，不能由一个特定的月初或月末时点单独确定，只能通过两个相邻时点的平均数近似表示，如表 5-6 所示。假设现象在相邻两个时点之间的发展变动是均匀的，那么可以近似表示为：

$$平均存款额=\frac{\frac{50+40}{2}+\frac{40+38}{2}+\frac{38+45}{2}}{3}=\frac{45+39+41.5}{3}=41.8\text{（万元）}$$

表 5-6　某企业银行存款资料计算平均发展水平表

代表月份	时间	存款额（万元）	月存款额
1 月	1 月 1 日—1 月 31 日	50～40	$\frac{(50+40)}{2}$
2 月	2 月 1 日—2 月 28 日	40～38	$\frac{(40+38)}{2}$
3 月	3 月 1 日—3 月 31 日	38～45	$\frac{(38+45)}{2}$

以上这种计算方法就是间隔相等的间断时点数列求平均发展水平的计算方法，采用的是简单序时平均法。这种方法假设两个相邻时点之间的发展变动是均匀的，然后计算出两个相邻时点的平均数代表每一时期的平均指标值，再去计算上述平均指标的平均数。基本的计算公式为：

$$\bar{a}=\frac{\frac{a_1+a_2}{2}+\frac{a_2+a_3}{2}+\cdots+\frac{a_{N-1}+a_N}{2}}{N-1}$$

也可表示为：

$$\bar{a}=\frac{\frac{a_1}{2}+a_2+\cdots+a_{N-1}+\frac{a_N}{2}}{N-1}\text{（首末折半法）}$$

该公式形式上表现为首末两项观察值折半，故称为“首末折半法”。

②间隔不相等的间断时点数列。

例 5－5

某企业职工资料如表 5－7 所示。

表 5－7　某企业职工人数资料

时间	1 月初	5 月初	7 月初	11 月初	12 月底
人数（人）	300	320	298	340	330

求该企业职工平均人数。

$$平均人数=\frac{总人数}{时期}=\frac{12\text{ 月总人数}}{12}$$

职工人数属于时点数列，1 月初、5 月初、7 月初、11 月初、12 月底的人数分别只代表某一特定时点下的人数。要反映月职工人数，不能由一个特定的月初或月末时点单独确定，只能通过两个相邻时点的平均数近似表示，如表 5－8 所示。假设现象在相邻两个时点之间的发展变动是均匀的，那么可以近似表示为：

$$平均人数=\frac{\frac{300+320}{2}\times4+\frac{320+298}{2}\times2+\frac{298+340}{2}\times4+\frac{340+330}{2}\times2}{4+2+4+2}$$

$$=\frac{1\ 240+618+1\ 276+670}{12}=317\text{（人）}$$

表 5－8　计算某企业职工人数平均发展水平表

时间	代表月份	间隔	人数	月平均人数
1 月 1 日—4 月 30 日	1—4 月	4	300～320	$\frac{300+320}{2}$
5 月 1 日—6 月 30 日	5—6 月	2	320～298	$\frac{320+298}{2}$
7 月 1 日—10 月 31 日	7—10 月	4	298～340	$\frac{298+340}{2}$
11 月 1 日—12 月 31 日	11—12 月	2	340～330	$\frac{340+330}{2}$

以上这种计算方法就是间隔不相等的间断时点数列求平均发展水平的计算方法，采用的是加权序时平均法。这种方法假设两个间断时点之间的发展变动是均匀的，然后计算出两个间断时点的平均数代表每一段时期的平均指标值，再去计算上述平均指标的加权平均数。基本的计算公式为：

$$\bar{a}=\frac{\frac{a_1+a_2}{2}\times f_1+\frac{a_2+a_3}{2}\times f_2+\cdots+\frac{a_{N-1}+a_N}{2}\times f_{N-1}}{f_1+f_2+\cdots+f_{N-1}}$$

式中，f 为权数，代表时间间隔。

（二）相对数时间数列平均发展水平

相对指标基本都是由两个总量指标相对比而求得的，因此，相对数时间数列是绝对数时间数列的派生序列。在计算相对数时间数列平均发展水平时不能直接进行平均求解，而应该先分别计算分子、分母两个总量指标的平均发展水平，然后再将两个序时平均数进行对比求得。即若时间数列 $c=\frac{a}{b}$，则 $\bar{c}=\frac{\bar{a}}{\bar{b}}$。但由于分子 a 和分母 b 反映的时间状态不同，可能有时期和时点之分。因此，计算相对数时间数列平均发展水平时要视分子、分母的不同情况而计算。

1. 分子、分母均为时期指标

■ **例 5－6**

某企业 2018 年各季度实际产值和产值计划完成程度资料如表 5－9 所示。

表 5－9　某企业 2018 年各季度计划完成资料

季度	1	2	3	4
实际产值（万元）	1 118	1 198	1 210	1 125
计划完成（%）	130	135	138	125
计划产值（万元）	860	887	864	900

试计算该企业 2018 年平均各季产值计划完成程度。

$\bar{c}=\dfrac{\overline{\text{实际产值}}}{\overline{\text{计划产值}}}$，其中，分子、分母均为时期指标。

基本公式为：

$$\bar{c}=\frac{\bar{a}}{\bar{b}}=\frac{\sum a/N}{\sum b/N}=\frac{\sum a}{\sum b}=\frac{\sum cb}{\sum b}=\frac{\sum a}{\sum \frac{1}{c}a}$$

$$\bar{c}=\frac{\bar{a}}{\bar{b}}=\frac{1\ 118+1\ 198+1\ 210+1\ 125}{\frac{1\ 118}{1.3}+\frac{1\ 198}{1.35}+\frac{1\ 210}{1.4}+\frac{1\ 125}{1.25}}=\frac{1\ 118+1\ 198+1\ 210+1\ 125}{860+887+864+900}$$

$$=\frac{4\ 651}{3\ 511}=132.47\%$$

2. 分子、分母均为时点指标

■ **例 5－7**

某企业 2018 年职工人数资料如表 5－10 所示。

表 5－10　某企业 2018 年职工人数资料　　单位：人

时间	第 1 季度初	第 2 季度初	第 3 季度初	第 4 季度初	年末
全部职工人数	200	240	220	260	270
女职工人数	100	80	90	70	120

试计算该企业 2018 年女职工人数占全部职工人数的比重。

$\bar{c}=\dfrac{\text{女职工人数}}{\text{全部职工人数}}$，其中，分子、分母均为时点指标。

基本公式为：

$$\bar{c}=\frac{\bar{a}}{\bar{b}}=\frac{\left(\frac{a_1}{2}+a_2+\cdots+a_{N-1}+\frac{a_N}{2}\right)/\ (N-1)}{\left(\frac{b_1}{2}+b_2+\cdots+b_{N-1}+\frac{b_N}{2}\right)/\ (N-1)}$$

$$\bar{c}=\frac{\bar{a}}{\bar{b}}=\frac{\left(\frac{100}{2}+80+90+70+\frac{120}{2}\right)/4}{\left(\frac{200}{2}+240+220+260+\frac{270}{2}\right)/4}=\frac{350}{955}=36.65\%$$

3. 分子、分母由一个时期数列与一个时点数列组成

例 5－8

某企业 2018 年资产及利润资料如表 5－11 所示。

表 5－11　企业资产及利润资料

时间	第 1 季度	第 2 季度	第 3 季度	第 4 季度	年末
利润总额（万元）	200	240	220	260	—
季度初总资产额（亿元）	1.14	1.15	1.16	1.17	1.18

试计算该企业 2018 年平均每季度的资产利润率。

资产利润率$=\frac{\text{利润}}{\text{平均资产总额}}$，其中，分子为时期指标，分母为时点指标。

基本公式为：

$$\bar{c}=\frac{\bar{a}}{\bar{b}}=\frac{(a_1+a_2+\cdots+a_{N-1}+a_N)/N}{\left(\frac{b_1}{2}+b_2+\cdots+b_N+\frac{b_{N+1}}{2}\right)/N}$$

$$\bar{c}=\frac{\bar{a}}{\bar{b}}=\frac{(200+240+220+260)/4}{\left(\frac{1.14}{2}+1.15+1.16+1.17+\frac{1.18}{2}\right)/4}=\frac{920\text{（万元）}}{4.64\text{（亿元）}}=1.98\%$$

（三）平均数时间数列平均发展水平

1. 一般平均数时间数列的平均发展水平

一般平均数时间数列指的是构成平均数的分子是总体标志总量，分母是总体单位总量。此时，计算平均发展水平时，与相对数时间数列平均发展水平的计算方法相同，也需分别计算分子、分母两个总量指标的平均发展水平，然后再将两个序时平均数进行对比求得。

若时间数列 $c=\frac{a}{b}$，则 $\bar{c}=\frac{\bar{a}}{\bar{b}}$。

例 5－9

某企业职工工资总额及职工人数资料如表 5－12 所示，计算该企业第二季度职工的平均月工资。

表 5－12　某企业职工工资及人数资料

月份	4 月	5 月	6 月	7 月
工资总额（元）	270 000	360 000	340 000	400 000
月初职工人数（人）	100	120	105	130

$$\bar{c}=\frac{\bar{a}}{\bar{b}}=\frac{(270\ 000+360\ 000+340\ 000)/3}{\left(\frac{100}{2}+120+105-\frac{130}{2}\right)/3}=\frac{970\ 000}{340}=2\ 852.94\text{（元）}$$

2. 序时平均数时间数列的平均发展水平

序时平均数时间数列是由序时平均数构成的平均数时间数列，通常有两种情况：一是构成时间数列的序时平均数间隔相等，此时直接采用简单算术平均数即可计算平均发展水平，即 $\bar{c}=\frac{\sum a}{n}$；二是构成时间数列的序时平均数间隔不相等，此时宜采用加权算术平均数计算平均发展水平，即 $\bar{c}=\frac{\sum af}{\sum f}$。

例 5-10

2018 年某培训班的月平均报名人数资料如表 5-13 所示。

表 5-13 某培训班学生报名情况

单位：人

月份	1—2 月	3—5 月	6—7 月	8 月	9—12 月
平均报名人数	890	670	620	920	960

试计算该补习班全年月平均报名人数。

$$\bar{c}=\frac{\sum af}{\sum f}=\frac{890\times2+670\times3+620\times2+920\times1+960\times4}{2+3+2+1+4}=\frac{9\ 790}{12}=816(\text{人})$$

以上三种时间数列求平均发展水平时，需综合考虑多种情况，然后选择合适的计算公式，具体如表 5-14 所示。

表 5-14 不同时间数列下平均发展水平的计算

<table>
<tr><td rowspan="5">绝对数时间数列</td><td>时期数列</td><td colspan="3">简单算术平均法 $\bar{a}=\frac{\sum a}{N}$</td></tr>
<tr><td rowspan="4">时点数列</td><td rowspan="2">连续时点</td><td>间隔相等</td><td>简单算术平均法 $\bar{a}=\frac{\sum a}{N}$</td></tr>
<tr><td>间隔不等</td><td>加权算术平均法 $\bar{a}=\frac{\sum af}{\sum f}$</td></tr>
<tr><td rowspan="2">间断时点</td><td>间隔相等</td><td>简单序时平均法 $\bar{a}=\frac{\frac{a_1}{2}+a_2+\cdots+a_{N-1}+\frac{a_N}{2}}{N-1}$</td></tr>
<tr><td>间隔不等</td><td>加权序时平均法
$\bar{a}=\frac{\frac{a_1+a_2}{2}\times f_1+\frac{a_2+a_3}{2}\times f_2+\cdots+\frac{a_{N-1}+a_N}{2}\times f_{N-1}}{f_1+f_2+\cdots+f_{N-1}}$</td></tr>
<tr><td rowspan="3">相对数时间数列</td><td colspan="3">分子、分母同为时期数列</td><td rowspan="3">$\bar{c}=\frac{\bar{a}}{\bar{b}}$</td></tr>
<tr><td colspan="3">分子、分母同为时点数列</td></tr>
<tr><td colspan="3">分子、分母一个为时期一个为时点</td></tr>
<tr><td rowspan="3">平均数时间数列</td><td>一般平均数</td><td colspan="3">$\bar{c}=\frac{\bar{a}}{\bar{b}}$（与相对数时间数列平均发展水平的计算方法相同）</td></tr>
<tr><td rowspan="2">序时平均数</td><td>间隔相等</td><td>简单算术平均法</td><td>$\bar{c}=\frac{\sum a}{N}$</td></tr>
<tr><td>间隔不等</td><td>加权算术平均法</td><td>$\bar{c}=\frac{\sum af}{\sum f}$</td></tr>
</table>

三、增长量

增长量是指时间数列中现象在不同时期的发展水平之差，用来反映现象在一定时期内增长或降低的绝对数量。一般用正数表示增长的绝对数量，用负数表示减少或降低的绝对数量。基本的计算公式为：

增长量＝报告期水平－基期水平

根据采用的基期不同，增长量有累计增长量和逐期增长量。累计增长量是报告期与某一固定时期的发展水平之差，反映现象的发展水平在较长时期内增加或减少的绝对量；逐期增长量是报告期水平与报告期前一期发展水平之差，反映本期水平比上一期水平增加或减少的绝对数量。

假设时间数列中各期的发展水平用 $a_0, a_1, \cdots, a_{n-1}, a_n$ 表示，用来比较的固定时期发展水平为最初水平 a_0，那么增长量的计算公式及表示方法如下：

逐期增长量＝报告期水平－上期水平

逐期增长量：$a_1-a_0, a_2-a_1, \cdots, a_n-a_{n-1}$。

累计增长量＝报告期水平－某一固定时期水平

累计增长量：$a_1-a_0, a_2-a_0, \cdots, a_n-a_0$。

容易验证二者的关系：

（1）各期逐期增长量之和等于相应期的累计增长量：

$$(a_1-a_0)+(a_2-a_1)+\cdots+(a_n-a_{r-1})=a_n-a_0$$

（2）相邻两期的累计增长量后一期减前一期之差等于后一期的逐期增长量：

$$(a_i-a_0)-(a_{i-1}-a_0)=a_i-a_{i-1}(i=1,2,\cdots,n)$$

例 5－11

某企业近七年的销售额资料如表 5－15 所示，计算增长量。

表 5－15 某企业近七年销售额资料 单位：万元

年份	2012	2013	2014	2015	2016	2017	2018
销售额	5 772	5 388	6 528	7 212	7 044	7 728	7 920
逐期增长量	—	－384	1 140	684	－168	684	192
累计增长量	—	－384	756	1 440	1 272	1 956	2 148

实际工作中，还需计算年距增长量指标，即报告期水平与上年同期水平之差，用来反映本期比上年同期增加或减少的绝对数量。计算公式及表示方法如下：

年距增长量＝报告期发展水平－上年同期发展水平

$$=a_{i+L}-a_i$$

例 5－12

某超市 2017 年 3 月份营业额为 389 万元，2016 年 3 月份营业额为 356 万元，计算年距增长量。

年距增长量＝389－356＝33（万元）

说明：该超市 2017 年 3 月份比上年同期营业额增加 33 万元。

四、平均增长量

例 5－13

根据某企业七年内的销售额资料，如表 5－15 所示，计算该企业七年内销售额的平均增长量。

$$平均增长量=\frac{(-384)+1\ 140+684+(-168)+684+192}{6}=\frac{2\ 148}{6}=358（万元）$$

从计算中可以看出，平均增长量是各个时期逐期增长量的平均数，反映现象在一定时间内平均增加或减少的绝对数量。计算公式为：

$$平均增长量=\frac{各期逐期增长量之和}{逐期增长量项数}=\frac{累计增长量}{时间数列项数-1}$$

用符号表示为：

$$\Delta\bar{a}=\frac{\sum_{i=1}^{n}(a_i-a_{i-1})}{n}=\frac{a_n-a_0}{N-1}$$

式中，n 为逐期增长量的个数；N 为时间数列项数。

任务三　运用时间数列的速度指标分析

任务导入

某企业 2010 年汽车产量 1.5 万辆，若规定“十二五”期间每年平均增长 5%，之后的五年平均增长 8%。

（1）到 2020 年时，汽车增长为多少辆？

（2）若规定 2020 年汽车产量在 2010 年的基础上翻两番，且“十二五”期间年平均增长速度只能增长 10%，则后五年以多大速度递增？

（3）如果从 2011 年起每年以 18%的速度递增，能够提前多长时间实现（2）中翻两番的目标？

任务分析

本任务涉及的要点有时间数列的平均发展速度、平均增长速度、翻番、提前实现任务的时间等，需要结合时间数列的速度指标进行分析计算。

相关知识与拓展

一、发展速度

时间数列中两个不同时期的发展水平相对比的百分数称为发展速度，反映现象在一定时期内发展变化的相对程度，一般用百分比表示，指报告期水平发展到了基期水平的百分之几（或多少倍）。计算公式为：

$$发展速度=\frac{报告期水平}{基期水平}\times 100\%$$

由于采用的基期不同，发展速度可以分为定基发展速度与环比发展速度。定基发展速度是报告期水平与某一固定时期发展水平之比，说明现象在较长时期内总的发展变动程度；环比发展速度是报告期水平与其前一期水平之比，表明现象逐期发展变化的程度。

假设时间数列中各期的发展水平用 $a_0,a_1,\cdots,a_{n-1},a_n$ 表示，用来对比的固定时期发展水平为最初水平 a_0，那么发展速度的计算公式及表示方法如下：

$$定基发展速度=\frac{报告期水平}{某一固定时期水平}\times 100\%（总速度）$$

定基发展速度：$\frac{a_1}{a_0},\frac{a_2}{a_0},\cdots,\frac{a_n}{a_0}$。

$$环比发展速度=\frac{报告期水平}{上期水平}\times 100\%（年速度）$$

环比发展速度：$\frac{a_1}{a_0},\frac{a_2}{a_1},\cdots,\frac{a_n}{a_{n-1}}$。

容易验证二者的关系：

（1）环比发展速度的连乘积等于定基发展速度：

$$\frac{a_1}{a_0}\times\frac{a_2}{a_1}\times\cdots\times\frac{a_{n-1}}{a_{n-2}}\times\frac{a_n}{a_{n-1}}=\frac{a_n}{a_0}$$

（2）两个相邻时期的定基发展速度之比，等于相应的环比发展速度：

$$\frac{a_i}{a_0}\div\frac{a_{i-1}}{a_0}=\frac{a_i}{a_0}\times\frac{a_0}{a_{i-1}}=\frac{a_i}{a_{i-1}}(i=1,2,\cdots,n)$$

实际工作中，还需计算年距发展速度指标，指的是报告期水平与上年同期水平之比，用来反映报告期水平发展到了上年同期水平的百分之几或几倍。计算公式及表示方法如下：

$$年距发展速度=\frac{报告期水平}{上年同期发展水平}\times 100\%$$

$$年距发展速度=\frac{a_{i+L}}{a_i}$$

例 5 - 14

某超市 2017 年 3 月份营业额为 389 万元，2016 年 3 月份营业额为 356 万元，计算年距发展速度。

$$年距发展速度=\frac{389}{356}=109.27\%$$

计算结果表明，该超市 2017 年 3 月份发展到了上年同期水平的 109.27%。

二、增长速度

现象不同时期的发展水平的差数（增长量）与基期水平对比的百分数称为增长速度，反映现象在一定时期内增减变化的相对程度，一般用百分数表示，指报告期水平在基期水平基础上增长了百分之几（或多少倍）。计算公式为：

$$增长速度=\frac{增长量}{基期水平}=\frac{报告期水平-基期水平}{基期水平}=发展速度-1$$

由于采用的基期不同，增长速度也可分为定基增长速度和环比增长速度。假设时间数列中各期的发展水平用 $a_0, a_1, \cdots, a_{n-1}, a_n$ 表示，用来对比的固定时期发展水平为最初水平 a_0，那么增长速度的计算公式及表示方法如下：

定基增长速度=定基发展速度−1

定基增长速度：$\frac{a_i-a_0}{a_0}=\frac{a_i}{a_0}-100\%$。

环比增长速度=环比发展速度−1

环比增长速度：$\frac{a_i-a_{i-1}}{a_{i-1}}=\frac{a_i}{a_{i-1}}-100\%$。

例 5－15

某企业近七年的销售额资料如表 5－16 所示，计算发展速度和增长速度。

表 5－16　某企业近七年销售额资料

年份	2012	2013	2014	2015	2016	2017	2018
销售额（万元）	5 772	5 388	6 528	7 212	7 044	7 728	7 920
环比发展速度	—	93.35%	121.16%	110.48%	97.67%	109.71%	102.48%
环比增长速度	—	−6.65%	21.16%	10.48%	−2.33%	9.71%	2.48%
定基发展速度	—	93.35%	113.10%	124.95%	122.04%	133.89%	137.21%
定基增长速度	—	−6.65%	13.10%	24.95%	22.04%	33.89%	37.21%

实际工作中，还需计算年距增长速度指标，用来反映报告期水平在上年同期水平基础上增长了百分之几或多少倍。计算公式及表示方法如下：

年距增长速度=年距发展速度−1

$$\frac{a_{i+L}-a_i}{a_i}=\frac{a_{i+L}}{a_i}-100\%$$

例 5－16

某超市 2017 年 3 月份营业额为 389 万元，2016 年 3 月份营业额为 356 万元，计算年距增长速度。

$$年距发展速度=\frac{389}{356}=109.27\%$$

年距增长速度=年距发展速度−1=9.27%

计算结果表明，该超市 2017 年 3 月份在上年同期水平的基础上增长了 9.27%。

可见，发展速度与增长速度性质不同。前者表示报告期与基期相比的发展程度，后者表示报告期在基期水平基础上的增长程度；同时，与增长量和发展速度不同，定基增长速度与环比增长速度之间没有直接的换算关系。

三、平均发展速度

平均发展速度是各个时期环比发展速度的平均数，用于描述现象在一定时期内平均发展变化的程度。根据所掌握的资料、现象的特点和统计分析目的的不同，平均发展速度的计算方法主要有水平法和累计法两种。

（一）水平法

水平法，又称为几何平均法。当我们仅仅掌握最初水平及最末水平时，或当我们仅仅关心现象在最后一期所应达到的水平时，适宜采用该方法。

水平法的基本思路是：设最初水平为 a_0，每期按一定的平均发展速度 $\bar{X}$ 发展，经过 n 个时期后，达到最末水平 a_n。具体推算过程为：

$$a_1' = a_0\bar{X}$$

$$a_2' = a_1'\bar{X} = a_0\bar{X}^2$$

……

$$a_n' = a_{n-1}'\bar{X} = a_0\bar{X}^n = a_n$$

则有，$a_n = a_0\bar{X}^n$

所以，$\bar{X} = \sqrt[n]{\dfrac{a_n}{a_0}}$

可见，用水平法计算的平均发展速度只与最初水平、最末水平有关，与中间水平无关。

因为式中的 $\dfrac{a_n}{a_0}$ 表示现象在一定时期内发展变化的总速度，又等于各环比发展速度的连乘积，故上式可综合表达为：

$$\bar{X} = \sqrt[n]{\frac{a_1}{a_0}\times\frac{a_2}{a_1}\times\cdots\times\frac{a_n}{a_{n-1}}} = \sqrt[n]{\frac{a_n}{a_0}}$$

例 5-17

根据例 5-15 的资料计算平均发展速度。

企业 2012 年销售额为 5 772 万元，2018 年销售额为 7 920 万元，即 a_0=5 772，a_n=7 920，则 $\bar{X}=\sqrt[6]{\dfrac{7\ 920}{5\ 772}}$=1.054 1。

用水平法计算平均发展速度后，还可以据此推算一些其他指标：

（1）可以推算最末水平 a_n。

已知 a_0、$\bar{X}$ 和 n，则最末水平 $a_n=a_0\bar{X}^n$。增长速度若用 i 表示，也经常表示为 $a_n=a_0(1+i)^n$。

（2）可以预测达到一定水平所需要的时间 n。

已知 a_0、$\bar{X}$ 和 a_n，则达到最末水平所需要的时间为 $n=\dfrac{\lg a_n-\lg a_0}{\lg \bar{X}}$。

（3）可以计算翻番速度。

翻番指按几何级数计算的总速度，是现象变化的倍增次数，一般用 2^m 表示。翻几番就是 2 的几次方，即 $a_n=a_0 2^m$。

由 $2^m=\dfrac{a_n}{a_0}$，可计算出 $m=\dfrac{\lg a_n-\lg a_0}{\lg 2}$

小知识

“番”与“倍”

增加一倍，就是增加 100%；翻一番，也是增加 100%。除了一倍与一番相当外，两倍与两番以上的数字含义就不同了。而且数字越大，差距越大。如增加两倍，就指增加 200%；翻两番，就是 400%（一番是二，二番是四，三番就是八），所以说翻两番就是增加了 300%，翻三番就是增加了 700%。“番”是按几何级数计算的，“倍”是按算术级数计算的。

例 5－18

以任务三任务导入的实例为例说明一些指标的推算。

实例中，2010 年汽车产量为 1.5 万辆，即 $a_0=1.5$ 万辆；“十二五”期间每年平均增长 5%，即指 2011—2015 年的 $i_1=5\%$，以后五年平均增长 8%，即指 2016—2020 年的 $i_2=8\%$。

（1）到 2020 年时，汽车增长为多少辆？

$a_{2015}=a_{2010}\times(1+5\%)^5=1.5\times(1+5\%)^5=1.91$（万辆）

$a_{2020}=a_{2015}\times(1+8\%)^5=1.91\times(1+8\%)^5=2.81$（万辆）

（2）若规定 2020 年汽车产量在 2010 年的基础上翻两番，且“十二五”期间年平均增长速度只能增长 10%，之后五年以多大速度递增？

要求 i_2，利用 $a_{2020}=a_{2010}\times 2^2=a_{2010}\times(1+10\%)^5\times(1+i_2)^5$，

得 $2^2=(1+10\%)^5\times(1+i_2)^5$，

计算得到 $i_2=19.96\%$。

（3）如果从 2011 年起每年以 18%的速度递增，能够提前多长时间实现（2）中翻两番的目标？

要求 n，利用 $a_{2010}\times 2^2=a_{2010}\times(1+18\%)^n$，

得 $2^2=(1+18\%)^n$，

计算得到 $n=8.38$（年）。

因此就可以得知能够提前 1.62（10－8.38）年实现目标。

（二）累计法

累计法，又称方程法。当我们需要考虑每个时期的发展水平或侧重考察现象在一定时

期的累计发展总水平时，适宜采用该方法。

累计法的基本思路是：设最初水平为 a_0，每期按一定的平均发展速度 $\bar{X}$ 发展，经过 n 个时期后，达到各期实际水平之和等于各期推算水平之和。各期推算水平分别为：

$$a_1' = a_0\bar{X}$$

$$a_2' = a_1'\bar{X} = a_0\bar{X}^2$$

……

$$a_n' = a_{n-1}'\bar{X} = a_0\bar{X}^n = a_n$$

∵ $\sum$ 实际水平 $=\sum$ 推算水平，

$$\therefore \sum_{i=1}^{n} a_i = \sum_{i=1}^{n} a_i' = a_0\sum_{i=1}^{n}\bar{X}^i，$$

即 $\bar{X}^n + \bar{X}^{n-1} + \cdots + \bar{X}^2 + \bar{X} = \sum_{i=1}^{n} a_i / a_0$。

该一元 n 次方程的正根即为平均发展速度。但是求解上述高次方程的正根比较复杂，实际工作中可通过查找《平均增长速度查对表》得知，也可通过计算机操作得知。

小知识

用 Excel 求解高次方程

1. 确定两个单元格，分别放置求解结果和方程（只要等号两边含 x 的那一边）。

2. 输入公式按回车键结束，注意输入公式时用结果单元格代替“x”。求解结果显示为 0。

3. 在菜单中点选“数据”—“模拟分析”—“单变量求解”。在“单变量求解”对话框的“目标单元格”中输入公式所在的格，“目标值”中输入等号不含 x 那边的常数值，“可变单元格”是用来放置 x 的单元格。

例 5－19

某高等学校历届毕业生人数如表 5－17 所示，用方程法计算平均发展速度。

表 5－17　某高等学校毕业生人数资料　　单位：人

年份	2011	2012	2013	2014	2015	2016	2017	2018
人数	521	640	780	900	920	1 012	1 120	1 300

$$x^7 + x^6 + x^5 + x^4 + x^3 + x^2 + x = \frac{640 + 780 + 900 + 920 + 1\,012 + 1\,120 + 1\,300}{521}$$

$$= 12.80$$

用 Excel 进行求解，具体步骤为：

(1) 首先确定 A4 单元格放置求解结果，B4 单元格放置方程，B4 中输入“$= x^7 + x^6 + x^5 + x^4 + x^3 + x^2 + x$”。其中，输入 x 时用 A4 单元格代替。如图 5－1 所示。

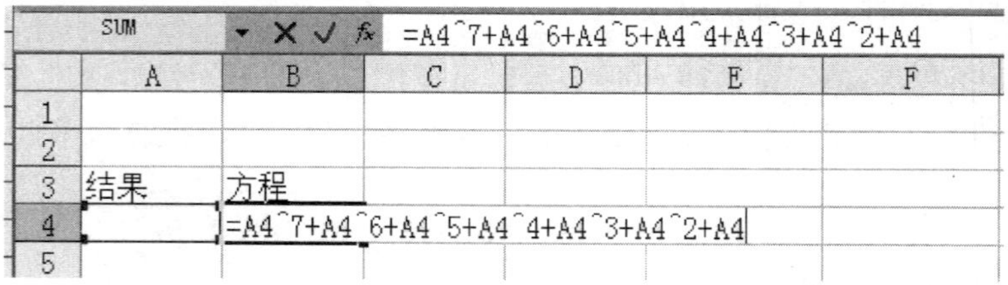

图 5-1　单变量求解确定单元格

(2) B4 输入完成后按回车键结束，B4 显示为 0。从菜单栏中点选“数据”—“模拟分析”—“单变量求解”，出现“单变量求解”对话框。对话框中“目标单元格”对应点击 B4，“目标值”输入 12.80，“可变单元格”对应点击 A4，如图 5-2 所示。

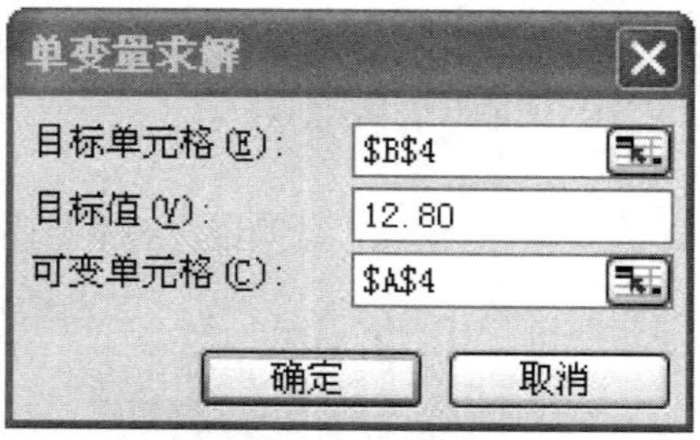

图 5-2　“单变量求解”对话框

(3) 点击“确定”，出现“单变量求解状态”对话框，显示单变量求解的当前最优解为12.799 953 33，与 12.8 有较小的误差，见图 5-3。

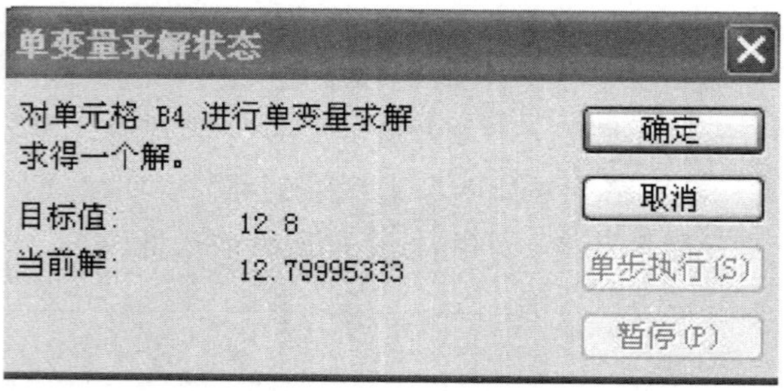

图 5-3　单变量求解状态图

(4) 点击“确定”，Excel 界面中 A4 单元格显示求得的 $x=1.151\ 448$，如图 5-4 所示。

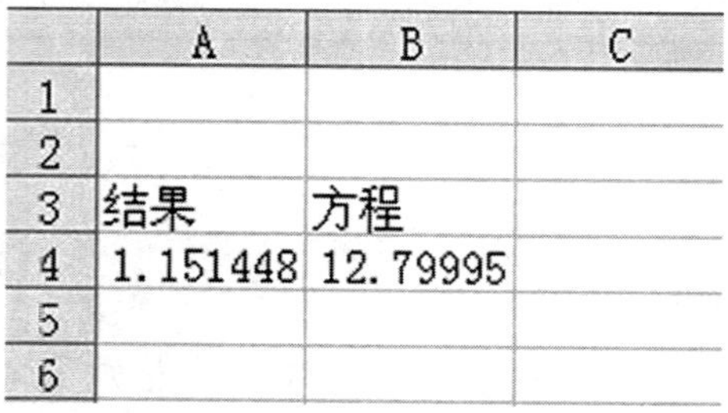

图 5-4　Excel 显示单变量求解结果

因此，用方程法求得的平均发展速度为 1.151 448。

四、平均增长速度

平均增长速度是用来描述现象在一定时期内平均增长程度的指标。计算公式为：

平均增长速度＝平均发展速度－1

例 5－20

根据例 5－15 的资料计算平均增长速度。

水平法计算出的平均发展速度 $\bar{X}=\sqrt[6]{\frac{7\,920}{5\,772}}=1.054\,1$，则平均增长速度为 $1.054\,1-1=0.054\,1$。

通过以上公式可以看出，平均发展速度和平均增长速度之间也有密切的关系，二者仅相差一个基数 1。但是，平均增长速度可能是正数，也可能是负数。当平均发展速度大于 1 时，则平均增长速度为正数，表示现象在一定阶段内是以平均递增的速度发展的；当平均发展速度小于 1 时，平均增长速度为负数，表示现象在一定阶段内以平均递减的速度发展。而平均发展速度的值总是正数，表示在报告期现象在一定程度上平均发展到了基期水平的百分之几或多少倍。

以上几种时间数列指标经常用来分析现象在不同时期发展的规模及速度，但各有不同，具体如表 5－18 所示。

表 5－18 时间数列的各种指标分析

时间数列指标	种类	计算公式	含义	平均水平
发展水平	发展水平	$a_0, a_1, \cdots, a_{n-1}, a_n$	现象在不同时间上的规模及水平	平均发展水平
增长量	逐期增长量	$a_1-a_0, a_2-a_1, \cdots, a_n-a_{n-1}$	现象在一定时期内增长或降低的绝对数量	平均增长量
	累计增长量	$a_1-a_0, a_2-a_0, \cdots, a_n-a_0$		
发展速度	环比发展速度	$\frac{a_1}{a_0}, \frac{a_2}{a_1}, \cdots, \frac{a_n}{a_{n-1}}$	报告期发展到了基期水平的几分之几或多少倍	平均发展速度（水平法和累计法）
	定基发展速度	$\frac{a_1}{a_0}, \frac{a_2}{a_0}, \cdots, \frac{a_n}{a_0}$		
增长速度	环比增长速度	$\frac{a_i-a_{i-1}}{a_{i-1}}=\frac{a_i}{a_{i-1}}-100\%$	报告期在基期水平基础上增长了百分之几或多少倍	平均增长速度（水平法和累计法）
	定基增长速度	$\frac{a_i-a_0}{a_0}=\frac{a_i}{a_0}-100\%$		

五、增长 1%绝对值

例 5－21

甲企业 1 月份生产 A 产品 100 件，6 月份生产 150 件。乙企业 1 月份生产 A 产品 2 000件，6 月份生产 3 000 件。丙企业 1 月份生产 A 产品 1 000 件，6 月份生产 1 800 件。

分析：甲、乙、丙哪个企业发展最好？

计算：

增长量（甲）＝150－100＝50（件）

$$增长速度（甲）=\frac{150-100}{100}=50\%$$

增长量（乙）＝3 000－2 000＝1 000（件）

$$增长速度（乙）=\frac{3\,000-2\,000}{2\,000}=50\%$$

增长量（丙）＝1 800－1 000＝800（件）

$$增长速度（丙）=\frac{1\,800-1\,000}{1\,000}=80\%$$

可以看出，从水平指标分析看，三个企业中乙企业的增长量最大，为 1 000 件；从速度指标分析看，三个企业中丙企业的增长速度最快，为 80%。但是要分析哪个企业发展最好时，却不能单纯地使用水平指标或速度指标。水平指标通常用来描述现象发展变化的绝对水平，而速度指标通常用来描述现象发展的相对水平或程度，若单独使用这些指标容易出现片面性，在考察事物的相对水平时我们还必须注意对比的基数，否则可能造成虚假现象。为此需要将速度指标与水平指标结合起来。

例中，甲、乙两企业的增长速度相同都为 50%。虽然两企业的增长速度相同，但发展水平却相差很大。甲企业增长 50%的增长量是 50 件，即增长 1%的增长量为 1 件；乙企业增长 50%的增长量是 1 000 件，即增长 1%的增长量为 20 件。丙企业增长速度最快为 80%，增长量为 800 件，即增长 1%的增长量为 10 件。可以看出，用以计算增长速度的基期水平越高，增长速度提高 1%所包含的增长量就越多。

这种将水平指标与速度指标结合起来进行分析，最具代表性的指标就是增长 1%绝对值。增长 1%绝对值是指报告期在基期水平基础上每增长 1%时增长的绝对量，它表明增长速度所包含的实际内容。

其计算公式为：

$$增长\ 1\%绝对值=\frac{逐期增长量}{环比增长速度\times 100}=\frac{a_i-a_{i-1}}{\frac{a_i-a_{i-1}}{a_{i-1}}\times 100}$$

$$=\frac{a_{i-1}}{100}=\frac{前一期水平}{100}$$

增长 1%绝对值指标还经常用于对比不同地区、不同国家的发展程度。例如，2018 年我国国内生产总值为 90.03 万亿元人民币，折合 13.61 万亿美元，国内生产总值增长速度达到 6.6%，增长 1%的绝对值是 0.82 万亿元，折合 1 214.35 亿美元；而同期美国国内生产总值为 20.49 万亿美元，是我国的 1.51 倍，增长速度只有 3.9%，低于我国，但其增长 1%的绝对值达到1 948.54亿美元。美国 GDP 增长 1%的绝对量相当于我国 GDP 增长 1.6%的绝对量。通过比较可以看到，我国经济发展速度比较快，正在缩小与发达国家的差距，但从经济规模上看还不够大，特别是人均水平还不高。

任务四 运用时间数列进行趋势分析

任务导入

某企业 2009—2018 年各季度销售额资料如表 5-19 所示。

表 5-19 某企业 2009—2018 年各季度销售额资料 单位：万元

季度	年份									
	2009	2010	2011	2012	2013	2014	2015	2016	2017	2018
1	3 017.60	3 274.80	3 327.48	3 685.08	3 849.63	4 078.66	4 339.61	4 242.42	4 360.33	4 690.48
2	3 043.54	3 163.28	3 493.48	3 661.23	3 701.18	3 907.06	4 148.60	3 997.58	4 360.53	4 694.48
3	2 094.35	2 114.31	2 439.93	2 378.43	2 642.33	2 828.46	2 916.45	2 881.01	3 172.18	3 342.35
4	2 809.84	3 024.57	3 490.79	3 459.55	3 585.52	4 089.50	4 084.64	4 036.23	4 223.76	4 557.63

要求：通过绘制折线图，分析该企业的销售额变动受哪些因素影响。

任务分析

事物的发展总是受多种因素影响的，时间序列的形成也是多种因素共同作用的结果。在一个时间序列中，有长期的起决定性作用的因素，也有临时的起非决定性作用的因素；有可以预知和控制的因素，也有不可预知和不可控制的因素，这些因素相互作用和影响，从而使时间序列的变化趋势呈现不同的特点。影响时间序列的因素大致可分为四种：长期趋势、季节变动、循环变动及不规则变动。

相关知识与拓展

一、长期趋势

长期趋势是指现象在相当长的一段时期内，受某种长期的、决定性的因素影响而呈现出的持续上升或持续下降的趋势。

以下介绍两种测定长期趋势的基本方法。

（一）移动平均法

移动平均法是指对时间数列的各项数值按照一定的时距进行逐期移动，计算出一系列序时平均数，形成一个派生的平均数时间数列，以此削弱不规则变动的影响，显示出原数列的长期趋势的方法。这是最简单、最常用的测定长期趋势的方法。

基本的测定步骤是：

（1）确定移动时距。

一般选择奇数项进行移动平均，若原数列呈周期变动，应选择现象的变动周期作为移动的时距长度。即如果是季度资料，可采用 4 项移动平均；如果是月份资料，可采用 12 项移动平均，只有这样才能削弱周期或季节的影响。

（2）计算各移动平均值，并将其编制成新的时间数列。

如果进行的是奇数项移动平均，比较简单，一次即求得正对中间项的趋势值；如果进行的是偶数项移动平均（如 4 项或 12 项），求出的序时平均数同样正对中间项的趋势值，但由于时间间隔为偶数，序时平均数所对应的时期应介于两个时期之间，不能直接构成时间序列，所以需要对相邻的序时平均数再进行一次移动平均。

例 5-22

以表 5-20 为例，说明 3 项、4 项、5 项移动平均的计算。

表 5-20 某地 2010—2019 年饮料酒产品产量资料

年份	产量（万千升）	3 项移动平均	4 项移动平均		5 项移动平均
			一次平均	二次平均	
2010	135.8	—	—	—	—
2011	138.7	135.8	138.8	—	—
2012	132.8	139.8	141.3	140.1	140.2
2013	148.0	142.1	149.3	145.3	147.2
2014	145.6	154.8	163.4	156.3	157.3
2015	170.8	168.5	177.8	170.6	171.8
2016	189.1	188.5	190.5	184.1	181.5
2017	205.6	197.1	198.3	194.4	192.8
2018	196.5	201.4	—	—	—
2019	202.0	—	—	—	—

假设原数列为 $a_1, a_2, a_3, \cdots, a_{10}$。

3 项移动平均下新的数列为：

$$\bar{a}_2 = \frac{a_1 + a_2 + a_3}{3} = \frac{135.8 + 138.7 + 132.8}{3} = 135.8$$

$$\bar{a}_3 = \frac{a_2 + a_3 + a_4}{3} = \frac{138.7 + 132.8 + 148.0}{3} = 139.8$$

……

$$\bar{a}_9 = \frac{a_8 + a_9 + a_{10}}{3} = \frac{205.6 + 196.5 + 202.0}{3} = 201.4$$

依此类推，共计算出正对原数列中间项的新数列 8 项。

5 项移动平均类似，在此不再赘述。

4 项移动平均下新的数列如下。

第一次移动平均为：

$$\bar{a}_{2.5} = \frac{a_1 + a_2 + a_3 + a_4}{4} = \frac{135.8 + 138.7 + 132.8 + 148.0}{4} = 138.8$$

$$\bar{a}_{3.5} = \frac{a_2 + a_3 + a_4 + a_5}{4} = \frac{138.7 + 132.8 + 148.0 + 145.6}{4} = 141.3$$

……

$$\bar{a}_{7.5}=\frac{a_6+a_7+a_8+a_9}{4}=\frac{170.8+189.1+205.6+196.5}{4}=190.5$$

$$\bar{a}_{8.5}=\frac{a_7+a_8+a_9+a_{10}}{4}=\frac{189.1+205.6+196.5+202.0}{4}=198.3$$

第二次移动平均为：

$$\bar{a}_3=\frac{\bar{a}_{2.5}+\bar{a}_{3.5}}{2}=\frac{138.8+141.3}{2}=140.1$$

……

$$\bar{a}_8=\frac{\bar{a}_{7.5}+\bar{a}_{8.5}}{2}=\frac{190.5+198.3}{2}=194.4$$

依此类推，通过两次移动平均，共计算出正对原数列中间项的新数列 6 项。

使用移动平均法测定长期趋势时，移动平均对数列具有平滑修匀作用，移动项数越多，平滑修匀作用越强；由移动平均数组成的趋势值数列，较原数列的项数少。但最大的局限是，不能完整地反映原数列的长期趋势，不便于直接根据修匀后的数列进行预测。

（二）最小二乘法

最小二乘法是通过数学方法给时间数列找到一个理想的趋势方程，使其与原数列曲线达到最优拟合，故也称为数学模型法或趋势模型法。

利用最小二乘法可以拟合直线趋势，也可以拟合曲线趋势，具体需要根据研究现象的特点来确定。但基本的程序是：定性分析、判断趋势类型、计算待定参数、利用方程预测。其中定性分析和判断趋势类型主要为了确定是拟合直线趋势还是拟合曲线趋势，最基本的方法是通过绘制散点图观察得知。

下面以拟合直线趋势为例说明通过最小二乘法测定长期趋势的过程。

直线趋势方程一般表示为：

$$\hat{y}=a+bt$$

式中，$\hat{y}$代表时间数列的趋势值；a代表趋势线在y轴上的截距；b代表趋势线的斜率；t代表时间。

根据最小二乘法原理，拟合的直线趋势方程满足：$\sum(y-\hat{y})^2=\min$。由此条件，我们可以推导出有关a，b的计算公式：

$$\begin{cases}\sum y=na+b\sum t\\ \sum ty=a\sum t+b\sum t^2\end{cases}$$

求得的值如下（具体过程略）：

$$\begin{cases}b=\dfrac{n\sum ty-\sum t\sum y}{n\sum t^2-(\sum t)^2}\\ a=\bar{y}-b\bar{t}\end{cases}$$

a,b确定后,方程$\hat{y}=a+bt$也就确定，任一时间下的趋势值也就可以预测得到。

但在具体计算时，时间如为年份时，t通常较大，这时可以自由设定时间标号。时间标号t的设定比较灵活，可以顺序设为$t=1$，2，3，…；也可取时间数列中间项为原点，

使得 $\sum t=0$。当设定 $\sum t=0$ 时，如果年份为奇数项，可令 $t=\cdots，-3，-2，-1，0，1，2，3，\cdots$；如果年份为偶数项，可令 $t=\cdots，-5，-3，-1，1，3，5，\cdots$。这时，$a,b$ 的公式也会发生变化，相对更加简单。

$$\begin{cases} b=\dfrac{\sum ty}{\sum t^2} \\ a=\bar{y} \end{cases}$$

例 5-23

某商品流通企业近十年的销售额呈直线趋势，试根据最小二乘法拟合直线方程。企业销售额资料如表 5-21 所示。

表 5-21　企业近十年的销售额资料　　单位：万元

年份	2010	2011	2012	2013	2014	2015	2016	2017	2018	2019
销售额	85	100	126	140	157	162	180	240	269	310

具体计算方法如表 5-22 所示。

表 5-22　利用企业销售额资料拟合直线方程

年份	编号 t	销售额 y	ty	t^2
2010	1	85	85	1
2011	2	100	200	4
2012	3	126	378	9
2013	4	140	560	16
2014	5	157	785	25
2015	6	162	972	36
2016	7	180	1 260	49
2017	8	240	1 920	64
2018	9	269	2 421	81
2019	10	310	3 100	100
合计	55	1 769	11 681	385

将 $n=10,\sum ty=11\,681,\sum t=55,\sum y=1\,769,\sum t^2=385,(\sum t)^2=3\,025,\bar{y}=176.9,\bar{t}=5.5$ 代入前述方程组，可得：

$$\begin{cases} b=\dfrac{n\sum ty-\sum t\sum y}{n\sum t^2-(\sum t)^2}=\dfrac{10\times 11\,681-55\times 1\,769}{10\times 385-3\,025}=23.65 \\ a=\bar{y}-b\bar{t}=176.9-23.65\times 5.5=46.8 \end{cases}$$

将 a,b 值代入方程，即得拟合的直线趋势方程为：

$$\hat{y}=46.8+23.65t$$

二、季节变动

季节变动是指现象在一年内，由于受到自然条件或社会条件的影响而形成的以一定时期为周期（通常指一个月或季）的有规则的重复变动。如许多农副产品的产量与销售量、旅行社的旅游收入等都会受到季节的影响。应注意的是这里提到的“季节”并非通常意义上的“四季”，季节变动中所提及的“季节”是指广义的概念，可以理解为一年中的某个时间段，如一个月、一个季度或任何一个周期。现实生活中，季节变动是一种极为普遍的现象。测定季节变动，掌握季节变动的规律性，有助于消除季节变动对日常生产经营以及人们经济生活的影响，以便更好地组织生产和安排生活；同时还可以根据季节变动的规律，对未来进行预测和决策。

测定季节变动的方法主要有两种：一是不考虑长期趋势的影响，直接用原始资料测定的按月（或按季）平均法；二是考虑时间数列中长期趋势的影响，先将原数列的长期趋势剔除以后，再测定季节变动的趋势剔除法。

（一）按月（或季）平均法

按月（或季）平均法是指对连续多年相同月份（或季度）的数据资料求算术平均数，然后与各年所有月（或季）的总的平均数对比，求得季节比率以测算季节变动的方法。求出的季节比率是由一系列数值组成的，具体的个数由资料的时间间隔决定，且季节比率之和也与所掌握资料有关。如掌握资料为月份资料，则有 12 个季节比率，季节比率之和为 1 200%，如为季度资料，则有 4 个季节比率，季节比率之和为 400%。具体步骤如下：

(1) 计算各年同月（或季）的平均数，以消除偶然因素变动的影响。

(2) 计算各年所有月（或季）的总的平均数。

(3) 用各年同月（或季）的平均数除以各年所有月（或季）的总的平均数，得出季节比率。

季节比率通常以百分数表示，代表各月（或季）平均水平高于或低于整个时期总平均水平（%）的程度。一般季节比率大，代表的是“旺季”；反之，代表的是“淡季”。

例 5-24

某企业 2014—2018 年各季度销售额资料如表 5-23 所示，计算季节比率。

表 5-23　某企业各季度销售额资料　　单位：万元

季度	2014 年	2015 年	2016 年	2017 年	2018 年	五年同季平均数	季节比率（%）
一	40	38	41	43	45	41.40	90.10
二	26	29	31	33	37	31.20	67.90
三	42	46	47	50	52	47.40	103.16
四	52	58	63	68	78	63.80	138.84
合计	160	171	182	194	212	183.80	400.00
季平均	40.00	42.75	45.50	48.50	53.00	45.95	100.00

注：季节比率的小数尾差计到最后一季度数据中。

$$第一季度季节比率=\frac{41.40}{45.95}\times 100\%=90.10\%$$

$$第二季度季节比率=\frac{31.20}{45.95}\times 100\%=67.90\%$$

$$第三季度季节比率=\frac{47.40}{45.95}\times 100\%=103.16\%$$

$$第四季度季节北率=\frac{63.80}{45.95}\times 100\%=138.84\%$$

从计算结果可以看出，由季节比率组成的新的数列，能够清晰地表明该种商品销售额的季节性变化趋势，同时也能清楚地看出第四季度平均水平最大，为该企业销售的旺季，第二季度平均水平最小，为该企业销售的淡季。需要注意的是，如果季节指数之和不等于400%或1 200%，就需要调整，后面会介绍具体的调整方法。

可见，按月（或季）平均法测定季节变动计算上比较简便，也容易掌握，但最大的缺点是未考虑长期趋势的影响，因此计算结果不够精确。为了弥补这一缺陷，可以采用趋势剔除法测定季节变动。

（二）趋势剔除法

当时间数列中存在上升或下降趋势时，应先剔除长期趋势，再求季节比率。否则会影响季节比率的准确性。趋势剔除法测定季节变动的具体步骤如下：

（1）对原数列求移动平均，求得时间数列的长期趋势值。

（2）将数列实际水平除以相应时期的趋势值，以消除长期趋势的影响，得出各季修匀比率。

（3）将修匀比率按季（或按月）排列，求同季（或同月）平均，以消除不规则变动。此同季（或同月）平均值即调整前的季节比率。

（4）调整季节比率之和为400%（或1 200%）。

调整的方法是首先计算调整系数，然后用调整系数分别乘以各月（或季）的季节比率，即得调整后的季节比率。调整系数的公式为：

$$调整系数=\frac{1\ 200\%（或400\%）}{各月（或季）季节比率之和}$$

例5-25

根据表5-23中企业2014—2018年各季度销售额资料采用趋势剔除法测定季节变动，具体过程见表5-24、表5-25。

表5-24 企业2014—2018年各季度销售额资料的移动平均

年份	季度	销售额	4项移动平均趋势值		修匀比率（%）
			一次平均	二次平均	
2014	一	40	—	—	—
	二	26	40	—	—
	三	42	39.5	39.75	105.66
	四	52	40.25	39.88	130.39
2015	一	38	41.25	40.75	93.25
	二	29	42.75	42	69.05
	三	46	43.5	43.13	106.65
	四	58	44	43.75	132.57

续前表

年份	季度	销售额	4项移动平均趋势值		修匀比率（%）
			一次平均	二次平均	
2016	一	41	44.25	44.13	92.91
	二	31	45.5	44.88	69.07
	三	47	46	45.75	102.73
	四	63	46.5	46.25	136.22
2017	一	43	47.25	46.88	91.72
	二	33	48.5	47.88	68.92
	三	50	49	48.75	102.56
	四	68	50	49.5	137.37
2018	一	45	50.5	50.25	89.55
	二	37	53	51.75	71.50
	三	52	—	—	—
	四	78	—	—	—

$$2014年第三季度修匀比率=\frac{42}{39.75}\times100\%=105.66\%$$

……

$$2018年第二季度修匀比率=\frac{37}{51.75}\times100\%=71.50\%$$

表 5-25　企业 2014—2018 年各季度销售额的季节比率计算

季度	2014年	2015年	2016年	2017年	2018年	调整前的季节比率（%）	调整后的季节比率（%）
一	—	93.25	92.91	91.72	89.55	91.86	91.85
二	—	69.05	69.07	68.92	71.5	69.64	69.63
三	105.66	106.65	102.73	102.56	—	104.40	104.39
四	130.39	132.57	136.22	137.37	—	134.14	134.13
合计	236.05	401.52	400.93	400.57	161.05	400.03	400.00

$$一季度调整前的季节比率=\frac{93.25+92.91+91.72+89.55}{4}\times100\%=91.86\%$$

……

$$四季度调整前的季节比率=\frac{130.39+132.57+136.22+137.37}{4}\times100\%=134.14\%$$

本例中计算出的季节比率之和为 400.03%，因此需要调整，调整系数$=\frac{400\%}{400.03\%}=$0.999 9，然后用调整系数分别乘以各季度季节比率即得调整后的季节比率，如表 5-25 所示。可以看出，这种方法与按月（或季）平均法的结果相差不大，但这种方法考虑了长期趋势的影响，更加精确。实际中，需要综合考虑资料的性质来确定使用何种方法。

三、循环变动

循环变动是指现象持续若干年的周期变动。循环变动的周期长短不一，没有规律，而且周期通常较长，不像季节变动有明显的变动周期（小于一年）。循环变动不是单一方向的持续变动，而是涨落相间的交替波动，如经济周期。通常用剩余法测定循环变动，但实际分析中较少用到，在此不再赘述。

四、不规则变动

不规则变动是指现象由于受偶然性因素影响而产生的无规律、不规则变动，如受到自然灾害等不可抗力的影响而产生的经济损失、生产停产等，这种变动一般无法作出解释，实际分析中较少用到。因此，本书不再详细介绍。

任务五　运用 Excel 进行时间数列分析

任务导入

某超市 2018 年的营业额资料如表 5-26 所示。

表 5-26　某超市 2018 年的营业额资料　　单位：万元

时间	1月	2月	3月	4月	5月	6月	7月	8月	9月	10月	11月	12月
营业额	390	424	431	473	470	481	449	544	601	587	644	660

要求：(1) 绘制时间数列图描述其趋势；

(2) 计算逐期增长量、累计增长量、定基发展速度、环比发展速度；

(3) 计算平均增长量、平均发展速度；

(4) 求该时间数列的三项移动平均；

(5) 拟合时间对营业额的回归方程，并预测 2019 年 3 月份超市的营业额。

任务分析

本任务主要是对超市 2018 年 12 个月的数据进行时间数列分析，涉及时间数列的水平指标分析、速度指标分析及长期趋势分析。一些分析需要结合时间数列理论知识在 Excel 中进行操作，一些分析则直接通过 Excel 的数据分析等功能实现。

相关知识与拓展

一、Excel 相关功能介绍

时间数列的水平指标分析主要包括计算逐期增长量、累计增长量、平均增长量。

时间数列的速度指标分析主要包括计算定基发展速度、环比发展速度、定基增长速度、环比增长速度、平均发展速度、平均增长速度。

Excel 在以上两类指标的计算方面没有专门的函数或功能，只能利用 Excel 本身的计算功能及填充柄功能实现。以上述任务为例说明基本的操作步骤。

（1）首先将数据粘贴到 Excel 界面中，如图 5-5 所示。

	A	B	C	D	E	F	G	H
1	时间	营业额	逐期增长量	累计增长量	环比发展速度	定基发展速度	环比增长速度	定基增长速度
2	1	390						
3	2	424						
4	3	431						
5	4	473						
6	5	470						
7	6	481						
8	7	449						
9	8	544						
10	9	601						
11	10	587						
12	11	644						
13	12	660						

图 5-5　在 Excel 中粘贴数据

（2）计算各类水平和速度指标时从 2 月份开始。在 C3 单元格中计算逐期增长量时输入“=B3-B2”，在 D3 单元格中计算累计增长量时输入“=B3-B2”，在 E3 单元格中计算环比发展速度时输入“=B3/B2”。在 F3 单元格中计算定基发展速度时输入“=B3/B2”，在 G3 单元格中计算环比增长速度时输入“=E3-1”，在 H3 单元格中计算定基增长速度时输入“=F3-1”，每格输入后分别按回车键结束。2 月份的各类指标即可求得，如图 5-6 所示。如果其他月份都按照公式计算，工作量会非常大。此时可以利用 Excel 的填充柄功能进行填充操作。将 2 月份的结果全部选上，鼠标变成“+”，按鼠标左键向下拖动，即可得出全部结果。

	A	B	C	D	E	F	G	H
1	时间	营业额	逐期增长量	累计增长量	环比发展速度	定基发展速度	环比增长速度	定基增长速度
2	1	390						
3	2	424	34	34	1.087179487	1.087179487	0.087179487	0.087179487
4	3	431						
5	4	473						
6	5	470						
7	6	481						
8	7	449						
9	8	544						
10	9	601						
11	10	587						
12	11	644						
13	12	660						
14								

图 5-6　计算第二期的水平和速度指标

（3）利用公式计算平均增长量、平均发展速度及平均增长速度，如图 5－7 所示。步骤略。

	A	B	C	D	E	F	G	H
1	时间	营业额	逐期增长量	累计增长量	环比发展速度	定基发展速度	环比增长速度	定基增长速度
2	1	390						
3	2	424	34	34	1.087179487	1.087179487	0.087179487	0.087179487
4	3	431	7	41	1.016509434	1.105128205	0.016509434	0.105128205
5	4	473	42	83	1.097447796	1.212820513	0.097447796	0.212820513
6	5	470	-3	80	0.993657505	1.205128205	-0.00634249	0.205128205
7	6	481	11	91	1.023404255	1.233333333	0.023404255	0.233333333
8	7	449	-32	59	0.933471933	1.151282051	-0.06652807	0.151282051
9	8	544	95	154	1.211581292	1.394871795	0.211581292	0.394871795
10	9	601	57	211	1.104779412	1.541025641	0.104779412	0.541025641
11	10	587	-14	197	0.976705491	1.505128205	-0.02329451	0.505128205
12	11	644	57	254	1.097103918	1.651282051	0.097103918	0.651282051
13	12	660	16	270	1.02484472	1.692307692	0.02484472	0.692307692
14			平均增长量	24.545455				
15			平均发展速度	1.0489888				
16			平均增长速度	0.0489888				

图 5－7　使用 Excel 计算时间数列各类指标

二、运用 Excel 进行时间数列的趋势分析

（一）折线图

以任务导入中的数据为例说明绘制折线图的具体步骤。

（1）将数据复制到 Excel 中，“时间”和“营业额”各为一列。

（2）选择“营业额”一列数据，在菜单中点选“插入”—“折线图”。

（3）在形成的折线图框架中，点选“选择数据”，出现“选择数据源”对话框，如图 5－8 所示。点选右边“水平（分类）轴标签”下的“编辑”按钮，选择时间一列数据，点击“确定”。

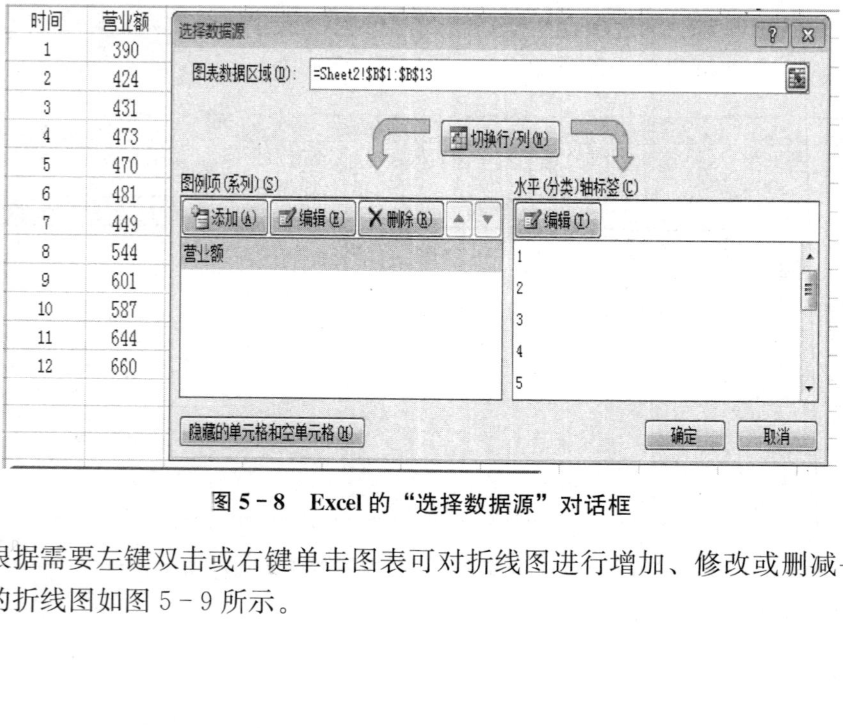

图 5－8　Excel 的“选择数据源”对话框

（4）根据需要左键双击或右键单击图表可对折线图进行增加、修改或删减一些项目，最终形成的折线图如图 5－9 所示。

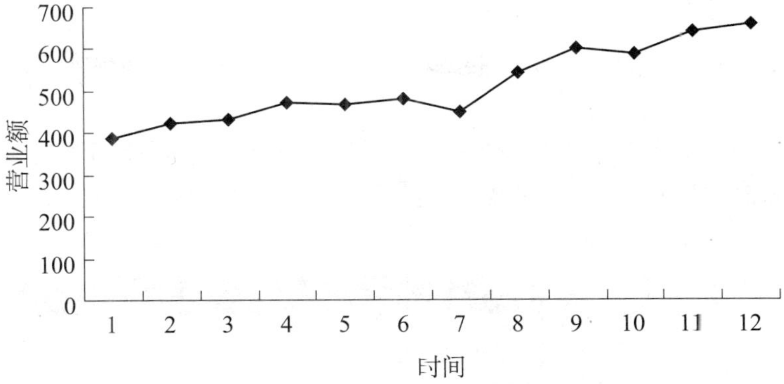

图 5-9　Excel 绘制折线图

（二）移动平均法

以上述任务为例说明三项移动平均的具体步骤：

（1）在菜单中点选“数据”—“数据分析”—“移动平均”，出现“移动平均”对话框，如图 5-10 所示。

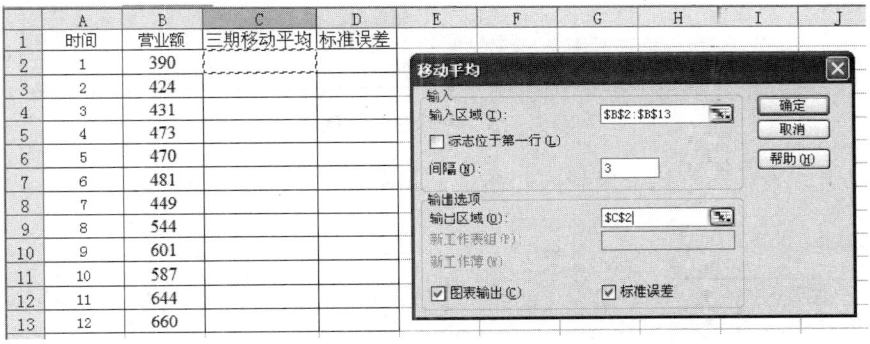

	A	B	C	D
1	时间	营业额	三期移动平均	标准误差
2	1	390		
3	2	424		
4	3	431		
5	4	473		
6	5	470		
7	6	481		
8	7	449		
9	8	544		
10	9	601		
11	10	587		
12	11	644		
13	12	660		

图 5-10　“移动平均”对话框

（2）在对话框的“输入区域”输入营业额资料，间隔为 3（间隔数与移动平均的项数一致），“输出区域”点选单元格 C2，然后选中“图表输出”与“标准误差”选项。

（3）点击“确定”按钮，结果显示如图 5-11 所示。

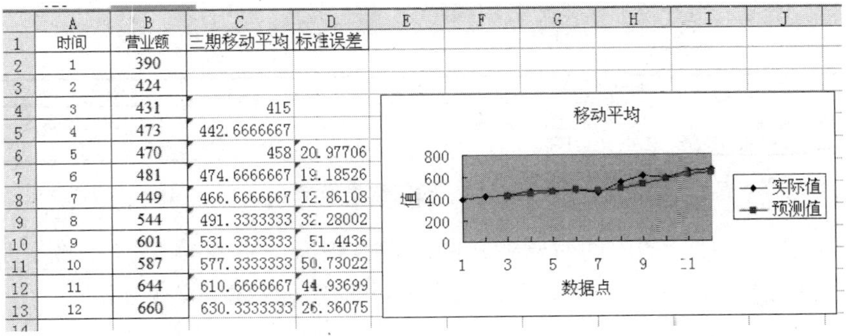

	A	B	C	D
1	时间	营业额	三期移动平均	标准误差
2	1	390		
3	2	424		
4	3	431	415	
5	4	473	442.6666667	
6	5	470	458	20.97706
7	6	481	474.6666667	19.18526
8	7	449	466.6666667	12.86108
9	8	544	491.3333333	32.28002
10	9	601	531.3333333	51.4436
11	10	587	577.3333333	50.73022
12	11	644	610.6666667	44.93699
13	12	660	630.3333333	26.36075

图 5-11　移动平均结果显示

（三）最小二乘法

（1）在菜单中点选“数据”—“数据分析”—“回归”，出现“回归”对话框，如图 5-12 对话框。

（2）在“回归”对话框中，“Y 值输入区域”输入因变量营业额资料，“X 值输入区域”输入自变量时间资料，“输出区域”根据需要可以选择当前工作表或新工作表等。

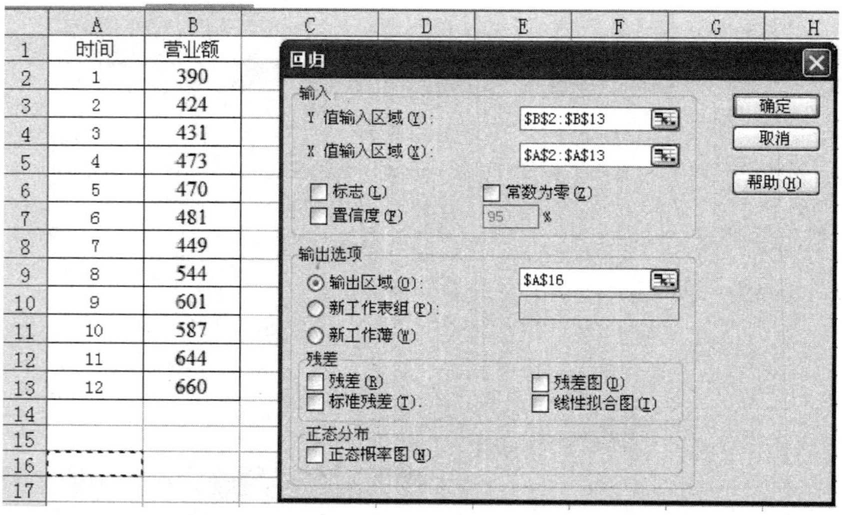

图 5-12 “回归”对话框

（3）点击“确定”按钮，出现回归结果，如图 5-13 所示。

16	SUMMARY OUTPUT								
17									
18	回归统计								
19	Multiple	0.950966							
20	R Square	0.904336							
21	Adjusted	0.894769							
22	标准误差	29.55259							
23	观测值	12							
24									
25	方差分析								
26		df	SS	MS	F	gnificance F			
27	回归分析	1	82560.11189	82560.11	94.53208	2.06E-06			
28	残差	10	8733.554779	873.3555					
29	总计	11	91293.66667						
30									
31		Coefficien	标准误差	t Stat	P-value	Lower 95%	Upper 95%	下限 95.0	上限 95.0%
32	Intercept	356.6515	18.18836081	19.60878	2.6E-09	316.1253	397.1777	316.1253	397.1777
33	X Variabl	24.02797	2.471311588	9.722761	2.06E-06	18.52155	29.5344	18.52155	29.5344

图 5-13 回归结果显示

回归结果显示，拟合的时间对营业额的回归方程为 $y=356.65+24.03t$，那么当时间为 2019 年 3 月份时，$t=15$，将 $t=15$ 代入方程，求得 $y=717.07$（万元）。

模块小结

- 时间数列分析
  - 水平指标分析
    - 发展水平
    - 平均发展水平
    - 增长量
    - 平均增长量
  - 速度指标分析
    - 发展速度
    - 增长速度
    - 平均发展速度
    - 平均增长速度
    - 增长1%绝对值
  - 趋势分析
    - 长期趋势
    - 季节变动
    - 循环变动
    - 不规则变动

拓展阅读

囤积粮食可以创高价吗

一、问题的提出

××贸易公司是经营粮油副食品的批发公司，基于前 4 年当地的消费物价指数的变化，该公司认为今后两年内消费物价指数将有大幅度上涨，为此该公司计划囤积粮食至下一年（第 6 年）以创高价。这个计划是否可行?

二、方法的选择

根据表 5 - 27 的数据，可采用时间序列的趋势分析方法和季节变动分析方法，进行相应的分析预测，以了解消费物价指数的发展趋势。

表 5 - 27　消费物价指数

	季度	$y=T\times C\times S\times I$
第 1 年	1	100.11
	2	101.73
	3	108.60
	4	107.78
第 2 年	1	104.69
	2	114.55
	3	126.51
	4	133.48

续前表

	季度	$y=T\times C\times S\times I$
第 3 年	1	133.19
	2	133.28
	3	118.27
	4	123.79
第 4 年	1	110.84
	2	109.70
	3	122.43
	4	139.37

三、消费物价指数的预测

根据题意需预测出第 6 年各季度的物价指数，若指数升幅较大，那么粮食价格将会提高，否则囤积货物只会增加保管成本而不可能得到高价。在物价指数预测中，循环变动和不规则变动难以准确预测，故仅考虑长期趋势与季节变动的影响。本案例主要采用 Excel 软件进行分析。

（1）计算移动平均数。

输出结果见表 5－28 和图 5－14。

表 5－28　消费物价指数移动平均输出结果表

消费物价指数 y（%）	四项移动平均	二项移动平均 $T\times C$	时间 t	趋势值 T	$S\times I$
100.11					
101.73					
108.60	104.555 0	105.127 5	1	112.671 0	1.033 031
107.78	105.700 0	107.302 5	2	113.844 2	1.004 450
104.69	108.905 0	111.143 8	3	115.017 4	0.941 933
114.55	113.382 5	116.595 0	4	116.190 7	0.982 461
126.51	119.807 5	123.370 0	5	117.363 9	1.025 452
133.48	126.932 5	129.273 8	6	118.537 1	1.032 538
133.19	131.615 0	130.585 0	7	119.710 4	1.019 949
133.28	129.555 0	128.343 8	8	120.883 6	1.038 461
118.27	127.132 5	124.338 8	9	122.056 8	0.951 192
123.79	121.545 0	118.597 5	10	123.230 1	1.043 783
110.84	115.650 0	116.170 0	11	124.403 3	0.954 119
109.70	116.690 0	118.637 5	12	125.576 5	0.924 665
122.43	120.585 0				
139.37					

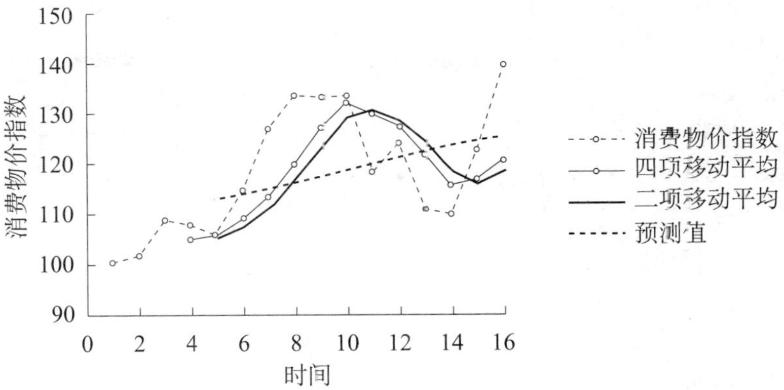

图 5-14　消费物价指数移动平均结果图

(2) 分离长期趋势 T。

对于 $T\times C$，按照表 5-28 中的时间顺序，用最小平方法建立长期趋势模型 $y=111.498+1.173t$，据以计算各期趋势值 T（见表 5-28）。

(3) 分离季节变动 S。

首先剔除长期趋势的影响，即 $\frac{T\times C\times S\times I}{T\times C}=S\times I$，然后根据 $S\times I$ 序列计算各期季节比率 S。计算结果为：1 季度季节比率=0.977 3，2 季度季节比率=0.987 4，3 季度季节比率=1.007 6，4 季度季节比率=1.027 7。

(4) 预测第 6 年各季度消费物价指数。

首先需要根据时间序列模型计算第 6 年各季度的趋势值，即将 $t=19$，20，21，22 分别代入 $y=111.498+1.173t$ 计算得：第 6 年第 1 季度的趋势值为 133.79，第 2 季度的趋势值为 134.96，第 3 季度的趋势值为 136.14，第 4 季度的趋势值为 137.31；然后分别乘以各自季节比率得到各季预测值，第 1 季度物价指数=133.79×0.977 3=130.75（%），第 2 季度物价指数=134.96×0.987 4=133.26（%），第 3 季度物价指数=136.14×1.007 6=137.17（%），第 4 季度物价指数=137.31×1.027 7=141.11（%）。

四、结论

仅从第 6 年各季度消费物价指数的预测值看，指数确有一定的增幅，因此期待高价的计划似乎可行。但同时还必须考虑为此所付出的所有代价：仓储费、人工费、粮食储存中的损耗等问题。

技能训练

一、简答题

1. 什么是时间数列？有哪些种类？
2. 时间数列的水平指标有哪些？各自的含义是什么？
3. 各种时间数列下的平均发展水平如何计算？
4. 时间数列下的速度指标有哪些？各自的含义是什么？

5. 平均发展速度的计算方法有哪些？

6. 时间数列长期趋势的测定方法有哪些？

二、单项选择题

1. 已知环比增长速度为9.2%、8.6%、7.1%、7.5%，则定基增长速度为(　　)。

A. 9.2%×8.6%×7.1%×7.5%

B. (9.2%×8.6%×7.1%×7.5%) −100%

C. 109.2%×108.6%×107.1%×107.5%

D. (109.2%×108.6%×107.1%×107.5%) −100%

2. 累计增长量与其相应的各个逐期增长量的关系表现为(　　)。

A. 累计增长量等于相应的各个逐期增长量之积

B. 累计增长量等于相应的各个逐期增长量之和

C. 累计增长量等于相应的各个逐期增长量之差

D. 以上都不对

3. 间断的时点数列计算序时平均数时，假定研究现象在相邻两个时点之间的变动是(　　)。

A. 间断的　　B. 连续的　　C. 均匀的　　D. 稳定的

4. 下列动态数列分析指标中，不取负值的是(　　)。

A. 增长量　　B. 发展速度　　C. 增长速度　　D. 平均增长速度

5. 用几何平均法计算平均发展速度，它的大小取决于(　　)。

A. 最末水平的大小　　B. 最初水平的大小

C. 总速度的大小　　D. 各期发展水平总和的大小

6. 下列属于时点数列的是(　　)。

A. 某厂各年工业产值　　B. 某厂各年劳动生产率

C. 某厂各年生产工人占全部职工的比重　　D. 某厂各年年初职工人数

7. 某地区2018年参加医疗保险的人数是2014年的4倍，比2017年增长60%，那么，2017年参加医疗保险的人数比2014年增长(　　)。

A. 250%　　B. 240%　　C. 150%　　D. 40%

8. 某企业从业人员2 300人，职工年工资总额为5 600万元，产品销售额为132 560万元，产品库存量为120箱，设备台数为1 113台。以上总量指标依次为(　　)。

A. 时点指标、时期指标、时点指标、时期指标、时点指标

B. 时期指标、时点指标、时期指标、时点指标、时点指标

C. 时点指标、时期指标、时期指标、时点指标、时点指标

D. 时期指标、时期指标、时点指标、时点指标、时点指标

9. 在分析时期序列资料时，若侧重研究这种现象在各时期发展水平的累计总和，那么，计算平均发展速度应采用(　　)。

A. 水平法　　B. 算术平均法　　C. 方程法　　D. 调和平均法

三、技能操作题

1. 某企业2012—2018年各年利润额资料如表5-29所示。

表 5-29　某企业各年利润额资料

年份	2012	2013	2014	2015	2016	2017	2018
利润额（万元）	650	748	795	820	810	860	910

要求：(1) 计算逐期增长量和累计增长量。

(2) 计算环比发展速度和定基发展速度。

(3) 计算环比增长速度和定基增长速度。

(4) 计算增长 1%绝对值。

(5) 计算平均发展水平和平均增长量。

(6) 运用水平法计算平均发展速度和平均增长速度。

2. 根据表 5-30 中的资料计算某企业月平均职工人数。

表 5-30　某企业职工人数资料

时间	1月1日	4月1日	5月1日	8月1日	12月1日	12月31日
职工人数（人）	230	242	250	244	238	236

3. 某企业 2013—2018 年各年年底职工人数和管理人员人数资料如表 5-31 所示。

表 5-31　某企业职工人数资料　　单位：人

年份	2013	2014	2015	2016	2017	2018
职工人数	1 000	1 020	1 085	1 120	1 218	1 425
管理人员人数	50	50	52	60	78	82

要求：计算该企业管理人员占全部职工人数的平均比重。

4. 表 5-32 是 2009—2018 年国家财政用于农业的支出额数据。

表 5-32　国家财政用于农业的支出额数据

年份	支出额（亿元）	年份	支出额（亿元）
2009	10 438	2014	22 906
2010	12 450	2015	26 205
2011	16 116	2016	28 056
2012	21 165	2017	30 259
2013	21 877	2018	32 222

要求：(1) 绘制时间序列图并描述其形态。

(2) 计算年平均增长速度。

(3) 根据年平均增长速度预测 2020 年的支出额。

5. 某地区粮食总产量如表 5-33 所示。

表 5-33　某地区粮食产量资料

年份	2009	2010	2011	2012	2013	2014	2015	2016	2017	2018
产量（万吨）	230	236	241	246	252	257	262	276	281	286

要求：(1) 绘制该地粮食产量的折线图。

（2）用最小二乘法拟合时间对产量的趋势方程，并预测 2019 年该地区粮食产量。

6. 某品牌运动服在某地 2014—2018 年的销售情况如表 5-34 所示。

表 5-34 某品牌运动服销售情况表

单位：件

月份	2014 年	2015 年	2016 年	2017 年	2018 年
1 月	1 875	1 274	1 277	1 508	1 596
2 月	1 180	2 009	3 874	1 580	2 194
3 月	15 470	16 337	15 338	14 035	18 493
4 月	36 643	30 307	26 773	36 490	33 787
5 月	107 340	94 374	82 899	80 106	58 400
6 月	79 211	77 949	79 660	81 151	74 733
7 月	91 185	74 723	85 034	68 282	67 026
8 月	36 624	34 538	39 475	26 630	28 737
9 月	11 724	9 630	14 577	9 933	9 494
10 月	3 077	2 951	3 951	3 413	4 465
11 月	1 030	1 240	1 651	1 552	1 587
12 月	745	1 267	1 366	1 508	1 475

要求：用按月平均法计算各月的季节比率，并进行季节变动分析。

模块六　统计指数分析

学习目标

知识目标

◎ 了解统计指数的含义及种类

◎ 掌握综合指数的编制

◎ 掌握平均指数的编制

◎ 了解平均指标指数的编制

◎ 了解统计指数体系及因素分析

◎ 掌握两因素分析

技能目标

◎ 能够结合实际问题编制综合指数和平均指数

◎ 能够根据指数体系进行因素分析

◎ 能够运用统计指数分析实际问题

模块考核

模块考核单

序号	考核内容	分值	总结与归纳	成绩
1	统计指数的含义及种类	10		
2	综合指数的编制及分析	20		
3	平均指数的编制及分析	20		
4	平均指标指数的编制及分析	10		
5	两因素及三因素分析	30		
6	用 Excel 进行统计指数分析	10		
合计		100		

案例导入

以下是来自国家统计局的资料：

2018 年 6 月份，全国居民消费价格同比上涨 1.9%。其中，城市上涨 1.8%，农村上涨 1.9%；食品价格上涨 0.3%，非食品价格上涨 2.2%；消费品价格上涨 1.5%，服务价格上涨 2.4%。上半年，全国居民消费价格比去年同期上涨 2.0%。

2018 年 6 月份，食品烟酒价格同比上涨 0.8%，影响居民消费价格指数（CPI）上涨约 0.25 个百分点。其中，蛋类价格上涨 15.1%，影响 CPI 上涨约 0.08 个百分点；鲜菜价格上涨 9.3%，影响 CPI 上涨约 0.20 个百分点；禽肉类价格上涨 6.7%，影响 CPI 上涨约 0.08 个百分点；畜肉类价格下降 6.8%，影响 CPI 下降约 0.31 个百分点（猪肉价格下降 12.8%，影响 CPI 下降约 0.32 个百分点）；鲜果价格下降 5.3%，影响 CPI 下降约 0.10 个百分点。

思考：什么是居民消费价格指数（CPI）？如何计算？各类商品价格变动如何影响居民消费价格水平的变动？

任务一 认识统计指数

任务导入

某企业生产三种产品，不同时期的销售量和销售价格如表 6-1 所示。

表 6-1 企业不同时期三种产品的销售情况

产品名称	计量单位	销售量		单价（元）	
		2010 年	2018 年	2010 年	2018 年
电脑	台	4 200	9 600	5 000	4 000
耳机	个	38 000	50 000	20	50
硬盘	个	5 000	15 000	460	300

思考：如何反映该企业三种产品的销售量和销售单价的综合变动情况？

任务分析

要反映该企业任一产品的销售量或销售单价的变动，可以考虑发展速度指标（$=\frac{报告期水平}{基期水平}\times 100\%$），其反映现象报告期在基期水平上发展了多少。但是，三种产品性质不同，计量单位不同，要反珙三种产品的销售量或销售单价的综合变动，不能通过简单的加总对比得到，必须通过引入同度量因素使其转化为可以进行加总的指标，即综合指数分析。

相关知识与拓展

一、统计指数的含义

指数分析是目前研究现象差异或变动的重要统计方法。指数最早起源于人们对价格动态的关注，它起源于18世纪欧洲关于物价波动的研究，至今已被广泛应用于社会经济生活的各方面。一些重要的指数已成为社会经济发展的晴雨表。一般来说，统计指数有广义的和狭义的两类。广义的统计指数是指一切经过对比而得到的相对指标。狭义的统计指数是指使一切不能直接相加和对比的复杂社会经济现象，成为能够相加和对比反映其综合变动程度的特殊相对指标。这里的复杂社会经济现象指的是那些由于各个部分的不同性质而在研究其数量特征时不能直接进行加总或直接对比的现象。如要反映不同商品数量或价格的综合变动时不能直接采用一般相对指标进行分析，而需要应用统计指数进行分析。统计指数分析方法就是反映复杂现象数量特征综合变动情况的方法。

统计指数的计算结果一般都用百分比表示，这个百分比大于或小于100%，表示上升或下降变动的方向，比100%大多少或小多少，就是升降变动的程度。如2018年，中国商品零售价格指数为101.9%，表明2018年中国商品零售物价水平是上年的101.9%，即零售价格上升了1.9%。2018年，中国居民消费价格指数为102.1%，表明2018年中国居民消费价格比上年上涨了2.1%。

本教材主要基于狭义的统计指数去研究统计指数的编制及因素分析等内容。

二、统计指数的种类

（一）按反映现象范围的不同，统计指数分为个体指数和综合指数

1. 个体指数

个体指数是指说明个别事物（例如某种商品或产品等）数量变动的相对数，如一种商品的价格或销售量的变动。个体指数通常记作 k，如：

$$个体产品产量指数\ k_q=\frac{q_1}{q_0}$$

$$个体产品价格指数\ k_p=\frac{p_1}{p_0}$$

式中，q 代表产量；p 代表单价；下标1代表报告期；下标0代表基期。

可见，个体指数就是同一种现象的报告期指标数值与基期指标数值对比而得到的发展速度指标，如：

$$\frac{报告期的鸡蛋价格}{基期的鸡蛋价格}$$

2. 综合指数

综合指数是指综合说明度量单位不同的多种事物数量综合变动的相对数，如反映多种商品的价格或产量综合变动的零售物价总指数、工业总产量指数等，如：

$$\frac{\text{报告期的鸡蛋、牛奶、大米价格}}{\text{基期的鸡蛋、牛奶、大米价格}}$$

（二）按反映指标的性质不同，指数分为数量指标指数和质量指标指数

1. 数量指标指数

数量指标指数，是指综合反映现象总体规模数量变动状况的相对数，如商品销售量指数、工业产品产量指数等。

$$\frac{\text{报告期的鸡蛋、牛奶、大米等销售量}}{\text{基期的鸡蛋、牛奶、大米等销售量}}$$

2. 质量指标指数

质量指标指数，是指综合反映现象总体内在数量关系变动情况的相对数，如物价指数、产品成本指数等，如：

$$\frac{\text{报告期的鸡蛋、牛奶、大米等价格}}{\text{基期的鸡蛋、牛奶、大米等价格}}$$

（三）按编制方法的不同，指数分为综合指数和平均指数

综合指数作为总指数编制的基本形式，是指通过引入同度量因素，使一切不能直接相加和对比的复杂社会经济现象成为能够相加和对比并反映其综合变动程度的特殊相对指标。平均指数是在综合指数基础上的变形，是对个体指数加权平均计算编制的指数。二者的计算结果是相同的，但适用条件不同，具体内容后面会详细介绍。

（四）按对比的基期不同，指数分为环比指数、定基指数和年距指数

环比指数是指反映社会经济现象的报告期与上一期进行对比的相对数；定基指数是指反映社会经济现象的报告期与某一固定时期进行对比的相对数；年距指数也称为同比指数，是指同类现象报告期与上年同期（同日、同月、同季度）进行对比的相对数。表 6－2 就反映了 2018 年 8 月全国 40 个大中城市新建商品住宅环比、同比及定基销售价格指数。

表 6－2　2018 年 8 月 40 个大中城市新建商品住宅销售价格指数

城市	新建商品住宅销售价格指数			城市	新建商品住宅销售价格指数		
	环比	同比	定基		环比	同比	定基
北京	100.0	100.2	135.6	唐山	102.9	109.6	118.0
天津	100.2	101.6	130.6	秦皇岛	102.8	110.7	122.9
石家庄	100.9	106.5	130.9	包头	102.5	111.8	113.6
太原	101.9	109.5	119.9	丹东	100.4	114.9	114.1
呼和浩特	102.9	113.9	118.5	吉林	102.3	109.3	116.6
沈阳	101.1	111.0	124.5	青岛	101.6	110.1	128.3
大连	101.0	113.8	121.9	郑州	101.5	106.7	138.8
长春	100.8	110.8	120.9	武汉	101.4	104.8	136.1
哈尔滨	100.9	113.3	124.0	长沙	102.0	110.3	138.2
上海	100.1	99.8	144.9	广州	100.9	103.3	144.0
南京	100.0	98.4	144.4	深圳	100.5	100.3	146.6
杭州	100.6	101.9	136.0	南宁	101.7	107.4	130.4
宁波	102.0	106.6	127.9	海口	100.9	121.4	134.0
合肥	101.6	101.8	151.3	西安	103.0	113.5	134.6

续前表

城市	新建商品住宅销售价格指数			城市	新建商品住宅销售价格指数		
	环比	同比	定基		环比	同比	定基
福州	102.2	103.5	133.3	兰州	101.2	107.8	115.3
厦门	99.9	100.3	152.7	西宁	101.5	109.0	112.9
南昌	101.4	107.4	131.6	银川	101.7	109.0	112.1
济南	102.8	110.2	134.8	乌鲁木齐	101.4	112.1	112.8
重庆	101.0	109.0	127.3	贵阳	101.8	112.5	126.2
成都	101.1	108.2	131.6	昆明	101.5	115.9	126.2

注：环比以上月价格为 100，同比以去年同月价格为 100，定基以 2017 年价格为 100。

资料来源：国家统计局.

三、统计指数的作用

（一） 可以综合反映复杂现象总体数量的变动方向和程度

在统计实践中，经常要研究多种商品或产品的数量或质量指标的综合变动情况，如反映多种商品的销售量或产品产量的总变动、多种产品的成本总变动、多种股票的价格综合变动等。由于各种商品或产品性质不同、计量单位不同等，故所研究总体中的各个个体不能直接相加。指数法的首要任务，就是把不能直接相加总的现象过渡到可以加总对比，从而反映复杂经济现象的总变动方向及变动幅度。

（二） 可以分析各个因素的变动对现象总量变动的影响方向和程度

任何一个复杂现象都是由多个因素构成的，如销售额受销售价格和销售量的影响，运用指数法编制商品零售价格指数和商品销售量指数，可以分析它们的变动对商品销售总额变动的影响。利润总额的变化受产品产量、产品销售量、产品成本、产品销售价格等因素的影响。通过编制产品产量指数、产品销售量指数、产品成本指数和产品销售价格指数等并分别对它们进行测定，可综合评价利润总额变动的情况。因此，利用指数体系理论可以测定复杂社会经济现象总变动中，各构成因素的变动对现象总变动的影响情况，并对经济现象变化做出综合评价。

（三）可以测定现象总量的变动受总体内部各组水平和总体单位结构变动的影响方向和程度

通过平均指标的计算及指数体系的分析，可以测定各组水平和总体单位结构变动对现象总量变动的影响方向和程度。

任务二 编制综合指数

任务导入

某商店销售三种商品，商品销售资料如表 6－3 所示。

表 6-3 某商店销售商品的资料

商品名称	计量单位	销售量		价格（元）	
		2012 年	2018 年	2012 年	2018 年
A	千克	800	960	9.6	10.5
B	件	600	680	54.6	62.5
C	台	780	790	96.0	126.0

思考：(1) 该商店三种商品销售量如何变动？

(2) 该商店三种商品销售价格如何变动？

任务分析

要反映一种商品不同时期价格或销售量的变动比较简单，可以直接通过报告期除以基期计算得知，即通过个体指数反映。但要反映三种商品不同时期销售价格和销售量的综合变动，就不能直接利用个体指数去反映，需运用综合指数。需要注意的是该商店销售的三种商品名称不同、计量单位不同，因此不能进行简单加总后对比得知。

相关知识与拓展

一、认识综合指数

综合指数是指通过同度量因素将两个时期不能同度量的现象指标过渡到能够同度量的指标，之后再进行对比以说明复杂现象数量变动情况的相对指标。研究时，通常需要将一个总量指标分解为两个或两个以上因素指标，然后把总量指标中的同度量因素加以固定，以测定所要研究的另一个因素的变动情况。

编制综合指数时必须分清指数化因素和同度量因素。其中，在指数分析中被研究的指标称为指数化因素，而同度量因素主要是指为了把不能同度量的现象过渡成可以同度量的价值量指标，引入的中介因素同时起到同度量和权数的作用。

综合指数编制的基本特点是“先综合，后对比”，具体编制原理为：

(1) 根据客观现象间的内在联系，引入同度量因素，使不能直接相加的现象转化为可以相加的现象。

(2) 将同度量因素固定，以消除同度量因素变动的影响。

(3) 将两个不同时期的总量指标对比，以测定指数化指标的数量变动程度。

二、编制数量指标综合指数

数量指标综合指数是指综合反映现象总体规模数量变动状况的相对数，如商品销售量指数、工业产品产量指数等。

个体指数只能说明单一商品的变动情况，要反映不同商品的综合变动情况，就要编制综合指数。

以商品销售为例，要反映复杂现象销售量的综合变动，就需要编制商品销售量综合指数。在编制商品销售量综合指数的过程中，重点研究的是商品销售量这一指标的变动，因此，指数化因素是商品销售量，但为了将不能加总的商品销售量过渡为可以加总的商品销售额指标，就必须引入商品销售价格作为同度量因素。计算商品销售量综合指数只能突出商品销售量的变动影响，因此，需将商品销售价格这一同度量因素固定下来，基本公式为：

$$\bar{k}_q = \frac{\sum q_1 p_n}{\sum q_0 p_n}$$

那么，销售价格有报告期、基期和某一固定时期三个选择：

（1）n 为报告期时，$\bar{k}_q = \dfrac{\sum q_1 p_1}{\sum q_0 p_1}$。

这种将同度量因素固定在报告期的指数公式，是由统计学家派许提出来的，称为派氏公式。

（2）n 为基期时，$\bar{k}_q = \dfrac{\sum q_1 p_0}{\sum q_0 p_0}$。

这种将同度量因素固定在基期的指数公式，是由统计学家拉斯贝尔提出来的，称为拉氏公式。

（3）n 为固定时期时，$\bar{k}_q = \dfrac{\sum q_1 p_n}{\sum q_0 p_n}$。

这里的固定时期一般是具有代表性的年份，我国常用的有 1952 年、1957 年、1970 年、1980 年、1990 年的不变价格。

编制数量指标指数的目的在于测定多种不能加总的商品数量的总变动，这就要求在计算中尽可能排除质量指标变动的影响。以商品销售量变动为例，当以报告期销售价格作为同度量因素时，虽然价格被固定在某一期，但计算分子和分母的假定销售额指标时，同时包含了销售价格和销售量共同变动的影响，不能确切地反映销售量本身的综合变动及其影响的销售额变动，所以在计算中应该排除价格变动的影响。因此，只有将销售价格固定在基期作为同度量因素时，才能反映销售量的综合变动情况及影响的销售额变动。

因此，我国在编制数量指标综合指数时，一般选择将质量指标固定在基期，即采用以基期的质量指标作为同度量因素的拉氏公式。具体公式为：

$$\bar{k}_q = \frac{\sum q_1 p_0}{\sum q_0 p_0}$$

编制的数量指标综合指数包括相对数分析和绝对数分析。

（1）数量指标综合指数的相对数分析。

$$\bar{k}_q = \frac{\sum q_1 p_0}{\sum q_0 p_0}$$

分子与分母的比值反映了所研究的数量指标报告期比基期相对综合变动的程度。

（2）数量指标综合指数的绝对数分析。

$$\sum q_1 p_0 - \sum q_0 p_0$$

分子减分母的差额反映了由于所分析的数量指标的变动，使价值量指标增加或减少的数额。

例 6-1

以任务二任务导入的实例为例说明三种商品销售量如何变动。

要反映 A、B、C 三种商品销售量的综合变动，可将表 6-3 中的资料代入数量指标综合指数公式：

$$\bar{k}_q = \frac{\sum q_1 p_0}{\sum q_0 p_0} = \frac{960\times 9.6+680\times 54.6+790\times 96.0}{800\times 9.6+600\times 54.6+780\times 96.0} = \frac{122\ 184}{115\ 320} = 105.95\%$$

计算结果表明，三种商品销售量 2018 年比 2012 年增加了 5.95%。

$$\sum q_1 p_0 - \sum q_0 p_0 = 122\ 184 - 115\ 320 = 6\ 864\ (\text{元})$$

计算结果表明，销售量的增加导致销售额增加了 6 864 元。

三、编制质量指标综合指数

质量指标综合指数是指综合反映现象总体内在数量关系变动情况的相对数，如商品销售价格指数、产品成本指数等。

个体指数只能说明单一商品的变动情况，要反映不同商品的综合变动情况，就要编制综合指数。

以商品销售为例，要反映复杂现象销售价格的综合变动，就需要编制商品销售价格综合指数。编制商品销售价格综合指数的过程中，重点研究的是商品销售价格这一指标的变动，因此，指数化因素是商品销售价格，但为了将不能加总的商品销售价格过渡为可以加总的商品销售额指标，就必须引入商品销售量作为同度量因素。计算商品销售价格综合指数只能突出商品销售价格这一指标的变动影响，因此，需将商品销售量这一同度量因素固定下来，基本公式为：

$$\bar{k}_p = \frac{\sum p_1 q_n}{\sum p_0 q_n}$$

那么，销售量有报告期、基期和某一固定时期三个选择：

（1）n 为报告期时，$\bar{k}_p = \dfrac{\sum p_1 q_1}{\sum p_0 q_1}$。

（2）n 为基期时，$\bar{k}_p = \dfrac{\sum p_1 q_0}{\sum p_0 q_0}$。

（3）n 为固定时期时，$\bar{k}_p = \dfrac{\sum p_1 q_n}{\sum p_0 q_n}$。

编制质量指标综合指数的目的在于测定多种不能加总的商品价格的总变动及其产生的销售额的变动。当以基期的销售量作为同度量因素时，质量指标综合指数是指按过去的销售量计算的商品价格的变动情况，销售量被固定了，只能单纯地反映销售价格的总变动，销售额的变动则是指在过去的销售量的条件下，由于物价变动而使销售额变动的数额，没有实际意义。因此，将销售量固定在报告期作为同度量因素，一方面可以反映销售价格的综合变动，另一方面反映销售额变动时也包含了销售量的变动，反映的是在目前的商品销售量的条件下，由于物价变动而使销售额变动的数额。

因此，我国编制质量指标综合指数时，一般选择将数量指标固定在报告期，即采用以报告期的数量指标作为同度量因素的派氏公式。具体公式为：

$$\bar{k}_p=\frac{\sum p_1q_1}{\sum p_0q_1}$$

编制的质量指标综合指数包括相对数分析和绝对数分析。

（1）质量指标综合指数的相对数分析。

$$\bar{k}_p=\frac{\sum p_1q_1}{\sum p_0q_1}$$

分子与分母的比值反映了所研究的质量指标报告期比基期相对综合变动的程度。

（2）质量指标综合指数的绝对数分析。

$$\sum p_1q_1-\sum p_0q_1$$

分子减分母的差额反映了由于所分析的质量指标的变动，使价值量指标增加或减少的数额。

■ **例 6-2**

以任务二任务导入的实例为例说明三种商品销售价格如何变动。

要反映 A、B、C 三种商品销售价格的综合变动，可将表 6-3 中的资料代入质量指标综合指数公式：

$$\bar{k}_p=\frac{\sum p_1q_1}{\sum p_0q_1}=\frac{10.5\times960+62.5\times680+126.0\times790}{9.6\times960+54.6\times680+96.0\times790}=\frac{152\ 120}{122\ 184}=124.50\%$$

计算结果表明，三种商品销售价格 2018 年比 2012 年增加了 24.50%。

$$\sum p_1q_1-\sum p_0q_1=152\ 120-122\ 184=29\ 936\text{（元）}$$

计算结果表明，销售价格的增加导致销售额增加了 29 936 元。

小知识

“支部书记”

“支部书记”为“质报数基”的谐音，主要是指编制综合指数时，如果编制的是质量指标综合指数，选择的同度量因素为报告期的数量指标；如果编制的是数量指标综合指数，选择的同度量因素为基期的质量指标。

任务三 编制平均指数

任务导入

某企业 2013 年和 2018 年生产的三种产品的资料如表 6－4 所示。

表 6－4 某企业三种产品的资料

商品名称	计量单位	产量		产值（元）
		2013 年	2018 年	2013 年
甲	件	300	500	1 000 000
乙	千克	4 000	6 000	6 000 000
丙	箱	500	800	24 000 000

思考： 如何反映三种产品的综合产量的变动？

任务分析

反映事物量或质的变动，一般首先想到编制综合指数。编制数量指标综合指数时，必须明确每种产品的 p_0、q_0、q_1，但该组数据不具备这样的条件，只能想办法对公式进行转化。

相关知识与拓展

一、认识平均指数

平均指数是对个体指数加权平均计算的一种总指数，是综合指数的变形。通常在不具备复杂经济现象数量的全部原始资料，而只有某一指标的个体指数和报告期或基期的价值量指标时，适宜编制平均指数。

编制的平均指数通常分为两种：一种是加权算术平均指数，为数量指标综合指数的变形；另一种是加权调和平均指数，为质量指标综合指数的变形。

二、编制加权算术平均指数——数量指标综合指数的变形

编制数量指标综合指数时采用公式 $\bar{k}_q=\dfrac{\sum q_1p_0}{\sum q_0p_0}$，必须取得所有个体的 p_0、q_0 及 q_1 指标。但一般报告期资料容易获取，而基期资料由于时间关系不易取得，同时分子为假定销售额 $\sum q_1p_0$ 也不易取得，因此可对综合指数公式进行转化。

$$\bar{k}_q=\frac{\sum q_1p_0}{\sum q_0p_0}=\frac{\sum \frac{q_1}{q_0}q_0p_0}{\sum q_0p_0}=\frac{\sum k_qq_0p_0}{\sum q_0p_0}$$

式中，$k_q=\frac{q_1}{q_0}$为个体指数；q_0p_0为基期价值量指标，是权数。

转化后，$\bar{k}_q=\frac{\sum k_qq_0p_0}{\sum q_0p_0}$，与加权算术平均数$\bar{x}=\frac{\sum xf}{\sum f}$的形式相同，因此这种方式计算的数量指标指数也称为加权算术平均指数，是对个体指数选择相应权数，运用加权算术平均数的方法编制的指数。

例 6-3

以任务三任务导入的实例为例说明三种产品综合产量如何变动。

反映三种产品产量的综合变动，必须计算三种产品产量的总指数。企业的产品资料如表 6-5 所示。

表 6-5　企业三和产品的资料

商品名称	计量单位	产量		产值（元）
		2013 年（q_0）	2018 年（q_1）	2013 年（p_0q_0）
甲	件	300	500	1 000 000
乙	千克	4 000	6 000	6 000 000
丙	箱	500	800	24 000 000

通过综合指数的公式$\bar{k}_q=\frac{\sum q_1p_0}{\sum q_0p_0}$不易直接求得三种产品产量的总指数，因此需采用平均指数的公式进行计算。根据已知资料可知，$k_{q甲}=\frac{500}{300}=1.67$，$k_{q乙}=\frac{6\ 000}{4\ 000}=1.5$，$k_{q丙}=\frac{800}{500}=1.6$。

$$\bar{k}_q=\frac{\sum k_qq_0p_0}{\sum q_0p_0}=\frac{1.67\times 1\ 000\ 000+1.5\times 6\ 000\ 000+1.6\times 24\ 000\ 000}{1\ 000\ 000+6\ 000\ 000+24\ 000\ 000}$$

$$=\frac{49\ 070\ 000}{31\ 000\ 000}=158.29\%$$

$$\sum k_qq_0p_0-\sum q_0p_0=49\ 070\ 000-31\ 000\ 000=18\ 070\ 000(\text{元})$$

计算结果显示，该企业生产的三种产品产量的平均指数为 158.29%，说明 2018 年比 2013 年上升了 58.29%。由于三种产品产量上升的影响，该企业三种产品的产值报告期比基期增加了 18 070 000 元。

三、编制加权调和平均指数——质量指标综合指数的变形

编制质量指标综合指数时采用公式$\bar{k}_p=\frac{\sum p_1q_1}{\sum p_0q_1}$，必须取得所有个体的$p_0$、$p_1$及$q_1$指

标。但一般报告期资料容易获取，而基期资料由于时间关系不易取得，同时分母为假定销售额 $\sum p_0q_1$ 也不易取得，因此可对综合指数公式进行转化。

$$\bar{k}_p=\frac{\sum p_1q_1}{\sum p_0q_1}=\frac{\sum p_1q_1}{\sum \frac{p_0}{p_1}p_1q_1}=\frac{\sum p_1q_1}{\sum \frac{1}{k_p}p_1q_1}$$

式中，$k_p=\frac{p_1}{p_0}$ 为个体指数；p_1q_1 为报告期价值量指标，是权数。

转化后，$\bar{k}_p=\frac{\sum p_1q_1}{\sum \frac{1}{k_p}p_1q_1}$，与加权调和平均数 $\bar{x}_H=\frac{\sum m}{\sum \frac{m}{x}}$ 的形式相同，因此这种方式计算的质量指标指数也称为加权调和平均指数，是对个体指数选择相应权数，运用加权调和平均数的方法编制的指数。

例 6－4

某企业销售的三种商品的资料如表 6－6 所示，计算三种商品价格的总指数。

表 6－6　某企业销售的三种商品的资料

商品名称	计量单位	价格（元）		销售额（元）
		2013 年	2018 年	2018 年
甲	件	8	10	10 000
乙	千克	3	6	6 000
丙	箱	50	80	24 000
合计	—	—	—	40 000

通过综合指数的公式 $\bar{k}_p=\frac{\sum p_1q_1}{\sum p_0q_1}$ 不易直接求得三种商品价格的总指数，因此需采用平均指数的公式进行计算。根据已知资料可知，$k_{p甲}=\frac{10}{8}=1.25$，$k_{p乙}=\frac{6}{3}=2$，$k_{p丙}=\frac{80}{50}=1.6$。

$$\bar{k}_p=\frac{\sum q_1p_1}{\sum \frac{1}{k_p}q_1p_1}=\frac{40\ 000}{\frac{10\ 000}{1.25}+\frac{6\ 000}{2}+\frac{24\ 000}{1.6}}=\frac{40\ 000}{26\ 000}=153.85\%$$

$$\sum q_1p_1-\sum \frac{1}{k_p}q_1p_1=40\ 000-26\ 000=14\ 000\ （元）$$

计算结果表明，该企业销售的三种商品销售价格总变动的平均指数为 153.85%，说明报告期比基期上升了 53.85%。由于三种商品销售价格上升的影响，该公司的销售额报告期比基期增加了 14 000 元。

以上两种平均指数，都是在综合指数资料不齐全的情况下对综合指数的变形，因此两种方法计算结果不会改变，指数代表的经济意义也不会改变，只是改变了计算公式的形式。实际分析时，可以根据收集到的资料确定选用综合指数和平均指数中的一种。两种指数的不同，具体如表 6－7 所示。

表 6-7 综合指数与平均指数的区别

指数名称	编制方法不同	运用资料不同	分析作用不同
综合指数	先综合后对比	需具备研究总体的全面资料	可同时进行相对分析与绝对分析
平均指数	先对比后综合再平均	同时适用于全面、非全面资料	除作为综合指数变形加以应用的情况外，一般只能进行相对分析

综合指数和平均指数在计算公式上也有所不同，具体如表 6-8 所示。

表 6-8 各类统计指数的计算

指数名称	个体指数	综合指数	加权算术平均指数	加权调和平均指数
数量指标指数	$k_q=\frac{q_1}{q_0}$	$\bar{k}_q=\frac{\sum q_1p_0}{\sum q_0p_0}$	$\bar{k}_q=\frac{\sum k_qq_0p_0}{\sum q_0p_0}$	
质量指标指数	$k_p=\frac{p_1}{p_0}$	$\bar{k}_p=\frac{\sum p_1q_1}{\sum p_0q_1}$		$\bar{k}_p=\frac{\sum q_1p_1}{\sum \frac{1}{k_p}q_1p_1}$

四、编制固定权数平均指数

固定权数平均指数，是指以指数化因素的个体指数为基础，使用固定权数对个体指数进行加权平均计算的一种总指数。这里的固定权数指的是通过加权平均计算的为固定比重的权数，一般在一段时间内不作变动并固定使用。

平均指数分为加权算术平均指数和加权调和平均指数，因此固定权数平均指数也分为固定权数加权算术平均指数和固定权数加权调和平均指数。具体公式为：

$$\bar{K}=\frac{\sum kw}{\sum w}\text{（固定权数加权算术平均指数）}$$

$$\bar{K}=\frac{\sum w}{\sum \frac{w}{k}}\text{（固定权数加权调和平均指数）}$$

商品零售价格指数、农副产品收购价格指数、消费品价格指数等各种物价指数及工业生产指数等的编制，均采用了固定权数平均指数方法，但多采用加权算术平均指数。实际应用中极少采用固定权数加权调和平均指数，因此这里仅就固定权数加权算术平均指数进行介绍。

$$\bar{K}=\frac{\sum kw}{\sum w}\text{（其中，}k\text{ 为个体指数，}w\text{ 为固定权数，}\sum w=100\text{）}$$

w 作为固定权数，一般可根据有关的普查、抽样调查或全面统计报表资料调整计算确定，但权数资料一经确定，可在相对较长时间内使用，能减少工作量；在不同时期内采用同样的权数，可比性强，有利于指数数列的编制。

以商品零售价格指数的编制为例说明固定权数加权算术平均指数的使用，一般的编制步骤是：

（1）将全部商品划分为大类、中类、小类；

（2）确定各品种的代表规格品及权数 w；

（3）按照小类、中类、大类、总指数的顺序逐级计算各级指数。

例 6-5

根据表 6-9 中的资料编制某地商品零售价格指数。

表 6-9　某地商品零售价格资料

商品类别及名称	代表规格品	计量单位	平均价格（元）		权数 w（%）	个体指数（%）
			p_0	p_1		
一、食品类					51	117.5
1. 粮食					35	105.3
（1）细粮					65	105.6
面粉	标准	千克	2.40	2.52	40	105.0
大米	粳米	千克	3.50	3.71	60	106.0
（2）粗粮					35	104.8
2. 副食品					45	125.4
3. 烟酒茶					11	126.0
4. 其他食品					9	114.8
二、衣着类					20	115.2
三、日用品类					11	109.5
四、文化用品类					5	110.4
五、书报杂志类					2	108.6
六、医疗用品类					6	116.4
七、建筑材料类					2	114.5
八、燃料类					3	105.6
总指数					100	115.1

编制商品零售价格指数的具体步骤为：

（1）将全部商品划分为大类、中类、小类。

该例中首先将商品分为八个大类，包括食品类（51%）、衣着类（20%）、日用品类（11%）、文化用品类（5%）、书报杂志类（2%）、医疗用品类（6%）、建筑材料类（2%）、燃料类（3%）；食品类又分为粮食（35%）、副食品（45%）、烟酒茶（11%）、其他食品（9%）四个中类；粮食又分为细粮（65%）和粗粮（35%）两个小类；细粮又分为面粉（40%）和大米（60%）两个小类。

（2）确定各品种的代表规格品及权数 w。

如面粉的代表规格品是标准面粉，其价格个体指数 $k_p=\frac{p_1}{p_0}=\frac{2.52}{2.40}=105.0\%$；大米的代表规格品是粳米，其价格个体指数 $k_p=\frac{p_1}{p_0}=\frac{3.71}{3.50}=106.0\%$。

（3）利用公式 $\bar{K}=\frac{\sum kw}{\sum w}$，按照小类、中类、大类、总指数的顺序逐级计算各级指数。

细粮类指数：

$$\bar{K}_{细粮}=\frac{105.0\%\times40+106.0\%\times60}{40+60}=105.6\%$$

粮食指数：

$$\bar{K}_{粮食}=\frac{105.6\%\times65+104.8\%\times35}{65+35}=105.3\%$$

食品类指数：

$$\bar{K}_{食品}=\frac{105.3\%\times35+125.4\%\times45+126.0\%\times11+114.8\%\times9}{35-45+11+9}$$

$$=117.5\%$$

商品零售价格总指数：

$$\bar{K}_{总指数}=\frac{117.5\%\times51+115.2\%\times20+\cdots+105.6\%\times3}{51+20+11-5+2+6+2+3}$$

$$=115.1\%$$

任务四 运用统计指数体系进行因素分析

任务导入

某商店销售三种不同的商品，商品销售资料如表 6-10 所示。

表 6-10 某商店三种商品销售资料

商品名称	计量单位	销售量		价格（元）	
		2012 年	2018 年	2012 年	2018 年
A	千克	800	960	9.6	10.5
B	件	600	680	54.6	62.5
C	台	780	790	96.0	126.0

思考：(1) 该商店两个不同时期三种商品销售额如何变动？

(2) 该商店销售额受哪些因素影响？影响各有多大？

任务分析

要分析影响商店销售额的因素，从资料中可以看出销售量和价格是主要因素，但是影响有多大必须结合统计指数体系的知识进行因素分析。

相关知识与拓展

一、认识统计指数体系

统计指数体系是由三个或三个以上具有内在联系的，即经济上有联系、数量上保持一定对等关系的统计指数组成的整体。如：销售额指数＝销售量指数×销售价格指数，其中销售额指数为对象指数，销售量指数和销售价格指数为因素指数。工业企业常见的统计指数还有：

产品产值指数＝产品产量指数×产品价格指数

指数体系中一般存在两个对等关系，即若干因素的乘积＝总变动指数，若干因素影响之和＝实际发生的总额。具体表现为两种基本形式：

（1）指数体系的相对数形式：

$$\frac{\sum q_1 p_1}{\sum q_0 p_0}(\bar{k}_{pq}) = \frac{\sum q_1 p_0}{\sum q_0 p_0}(\bar{k}_q) \times \frac{\sum q_1 p_1}{\sum q_1 p_0}(\bar{k}_p)$$

该形式反映指数体系中对象指数等于各个因素指数的连乘积。

（2）指数体系的绝对数形式：

$$\sum q_1 p_1 - \sum q_0 p_0 = (\sum q_1 p_0 - \sum q_0 p_0) + (\sum q_1 p_1 - \sum q_1 p_0)$$

该形式反映指数体系中对象指数的增减额等于各因素指数影响的增减额之和。

从以上指数体系的基本形式可以看出，指数体系中存在着两个数量对等关系，那么可以结合指数体系，根据已知的指数推算出指数体系中的某一未知指数。如已知平均工资指数（105%）和工资总额指数（98%），就可以利用工资总额指数＝职工人数指数×平均工资指数这一统计指数体系，推算出职工人数指数（93.3%），反映出职工人数报告期比基期下降了6.7%。统计指数体系的另一个重要作用是便于开展因素分析，如在以上工资总额这一指数体系中，可以对影响工资总额的因素进行分解，看出职工人数和平均工资的变动对工资总额的影响方向和影响程度。

二、认识因素分析

因素分析法是指根据统计指数体系理论，通过分解因素，分析各个因素在社会经济现象总变动中的影响方向和程度的一种方法。其以假定一个因素变动、其余因素不变为前提。

（一）因素分析法的种类

1. 按分析时包含的因素多少，可以分为两因素分析和多因素分析

两因素分析是指研究对象仅包含两个因素的变动的分析，如研究企业销售额的变动时主要考虑销售价格和销售量两个因素的影响。

多因素分析是指研究对象包含两个以上（不含两个）因素的变动的分析，如研究企业生产产品原材料的消耗额的变动时，主要考虑产品产量、原材料单耗量和原材料单价三个

因素的影响。

2. 按分析的指标种类不同，可以分为总量指标因素分析和平均指标因素分析

总量指标因素分析是指对复杂现象总量指标和总量指标分解后各类因素的分析，如研究企业产值受产品产量和出厂价格因素的影响。

平均指标因素分析是指对现象量的平均指标及其影响因素的分析，如研究职工平均工资受各组职工人数及各组职工工资水平变动的影响。

（二）因素分析法的程序

（1）构建指数体系。因素分析时，首先需要在分析被研究对象及其影响因素的基础上构建指数体系，然后通过指数体系来分析社会经济现象变动中各种因素变动发生作用的影响程度。

（2）计算被分析指标（对象指数）的总变动程度和绝对数。

（3）计算各因素指数变动影响程度和影响绝对数。

（4）计算指数体系间的等量关系并进行综合分析。

三、两因素分析

（1）构建指数体系。

$$\bar{k}_{pq}=\bar{k}_p\times\bar{k}_q$$

价值量指标指数＝数量指标指数×质量指标指数

（2）计算被分析指标（对象指数）的总变动程度和绝对数。

$$\bar{k}_{pq}=\frac{\sum q_1p_1}{\sum q_0p_0}$$

$$\sum q_1p_1-\sum q_0p_0$$

（3）计算各因素变动影响程度和影响绝对数。

数量指标变动及影响程度为：

$$\bar{k}_q=\frac{\sum q_1p_0}{\sum q_0p_0}$$

$$\sum q_1p_0-\sum q_0p_0$$

质量指标变动及影响程度为：

$$\bar{k}_p=\frac{\sum q_1p_1}{\sum q_1p_0}$$

$$\sum q_1p_1-\sum q_1p_0$$

（4）计算指数体系间的等量关系并进行综合分析。

指数体系的相对数形式：

$$\frac{\sum q_1p_1}{\sum q_0p_0}(\bar{k}_{pq})=\frac{\sum q_1p_0}{\sum q_0p_0}(\bar{k}_q)\times\frac{\sum q_1p_1}{\sum q_1p_0}(\bar{k}_p)$$

指数体系的绝对数形式：

$$\sum q_1 p_1 - \sum q_0 p_0 = (\sum q_1 p_0 - \sum q_0 p_0) + (\sum q_1 p_1 - \sum q_1 p_0)$$

例 6-6

以任务四任务导入的实例（表 6-10）为例说明如何进行因素分析。

具体步骤如下：

（1）该商店商品销售额的总变动为：

$$\bar{k}_{pq} = \frac{\sum q_1 p_1}{\sum q_0 p_0} = \frac{960\times10.5+680\times62.5+790\times126.0}{800\times9.6+600\times54.6+780\times96.0} = \frac{152\ 120}{115\ 320} = 131.91\%$$

$$\sum q_1 p_1 - \sum q_0 p_0 = 152\ 120 - 115\ 320 = 36\ 800\text{（元）}$$

（2）该商店商品销售量的总变动及影响程度为：

$$\bar{k}_q = \frac{\sum q_1 p_0}{\sum q_0 p_0} = \frac{960\times9.6+680\times54.6+790\times96.0}{800\times9.6+600\times54.6+780\times96.0} = \frac{122\ 184}{115\ 320} = 105.95\%$$

$$\sum q_1 p_0 - \sum q_0 p_0 = 122\ 184 - 115\ 320 = 6\ 864\text{（元）}$$

（3）该商店商品销售价格的总变动及影响程度为：

$$\bar{k}_p = \frac{\sum q_1 p_1}{\sum q_1 p_0} = \frac{960\times10.5+680\times62.5+790\times126.0}{960\times9.6+680\times54.6+790\times96.0} = \frac{152\ 120}{122\ 184} = 124.50\%$$

$$\sum q_1 p_1 - \sum q_1 p_0 = 152\ 120 - 122\ 184 = 29\ 936\text{（元）}$$

（4）计算指数体系间的等量关系并分析：

131.91%=105.95%×124.50%

36 800（元）=6 864（元）+29 936（元）

从以上计算分析得知：该商店 2018 年的商品销售额在 2012 年的基础上增长 31.91%，增加的数额为 36 800 元，是由于该商店 2018 年的商品销售量在 2012 年的基础上增长 5.95%导致的销售额增加了 6 864 元，以及该商店 2018 年的商品销售价格在 2012 年的基础上增长 24.50%导致的销售额增加了 29 936 元两个因素共同影响的结果。

四、多因素分析

多因素分析是指研究对象包含两个以上（不含两个）因素的变动的分析，如研究企业生产产品原材料的消耗额的变动时，主要考虑产品产量、原材料单耗量和原材料单价三个因素的影响；研究企业商品销售额时主要考虑职工平均人数、人均商品销售量和商品销售价格三个因素的影响。具体表现为：

原材料消耗额=产量×原材料单耗量×原材料单价

商品销售额=职工平均人数×人均商品销售量×商品销售价格

多因素分析时的基本思路和两因素分析一致。测定其中某个因素的作用时，要将其余所有因素按综合指数的一般编制原则固定作为同度量因素。但需注意的是，多因素分析时必须注意因素指标的排列顺序。一般的排列顺序是，先数量指标、后质量指标，以两因素乘积为数量指标的在前、两因素乘积为质量指标的在后的顺序排列，两两相乘要有经济意义。各因素指标的性质具有相对性，有时无法判定是数量指标还是质量指标，需在两两比较的情况下判定。

■ 例 6 - 7

某企业生产A、B、C三种产品，消耗的甲、乙、丙三种原材料的资料如表6-11所示，分析原材料消耗额的变动及影响因素。

表 6-11 总量指标变动的多因素分析计算表

原材料种类	产品名称	产品产量		原材料单耗量		原材料单价	
		Q_0	Q_1	M_0	M_1	P_0	P_1
甲（千克）	A（件）	600	800	0.5	0.4	20	21
乙（个）	B（台）	400	400	1	0.9	15	14
丙（米）	C（套）	800	1 000	2.2	2.3	30	28

因素分析：

1. 构建指数体系

原材料消耗额指数=产品产量指数×原材料单耗量指数×原材料单价指数

根据已知资料求出下面要用到的指标：

$$\sum Q_0M_0P_0 = 64\ 800,\sum Q_1M_0P_0 = 80\ 000$$

$$\sum Q_1M_1P_0 = 80\ 800,\sum Q_1M_1P_1 = 76\ 160$$

2. 计算被分析指标原材料消耗额的总变动程度和绝对数

相对数分析 $\bar{k}_{QMP} = \dfrac{\sum Q_1M_1P_1}{\sum Q_0M_0P_0} = \dfrac{76\ 160}{64\ 800} = 117.53\%$

绝对数分析 $\sum Q_1M_1P_1 - \sum Q_0M_0P_0 = 76\ 160 - 64\ 800 = 11\ 360$（元）

3. 计算各因素变动影响程度和影响绝对数

（1）产品产量的变动：

相对数分析 $\bar{k}_Q = \dfrac{\sum Q_1M_0P_0}{\sum Q_0M_0P_0} = \dfrac{80\ 000}{64\ 800} = 123.46\%$

绝对数分析 $\sum Q_1M_0P_0 - \sum Q_0M_0P_0 = 80\ 000 - 64\ 800 = 15\ 200$（元）

（2）原材料单耗量的变动：

相对数分析 $\bar{k}_M = \dfrac{\sum Q_1M_1P_0}{\sum Q_1M_0P_0} = \dfrac{80\ 800}{80\ 000} = 101\%$

绝对数分析 $\sum Q_1M_1P_0 - \sum Q_1M_0P_0 = 80\ 800 - 80\ 000 = 800$（元）

（3）原材料单价的变动：

相对数分析 $\bar{k}_P = \dfrac{\sum Q_1M_1P_1}{\sum Q_1M_1P_0} = \dfrac{76\ 160}{80\ 800} = 94.26\%$

绝对数分析 $\sum Q_1M_1P_1 - \sum Q_1M_1P_0 = 76\ 160 - 80\ 800 = -4\ 640$（元）

4. 计算指数体系间的等量关系并进行综合分析

指数体系的相对数形式：

$$\bar{k}_{QMP} = \bar{k}_Q \times \bar{k}_M \times \bar{k}_P$$

即

$$117.53\%=123.46\%\times101\%\times94.26\%$$

指数体系的绝对数形式：

$$(\sum Q_1M_1P_1-\sum Q_0M_0P_0)=(\sum Q_1M_0P_0-\sum Q_0M_0P_0)+(\sum Q_1M_1P_0-\sum Q_1M_0P_0)+(\sum Q_1M_1P_1-\sum Q_1M_1P_0)$$

即

(76 160－64 800) ＝ (80 000－64 800) ＋ (80 800－80 000) ＋ (76 160－80 800)

11 360（元）＝15 200（元）＋800（元）＋（－4 640）（元）

根据以上等量关系进行分析：原材料消耗额报告期比基期上升了17.53%，上升的数额是11 360元，是由于产品产量增加23.46%导致的消耗额上升15 200元、原材料单耗量增加1%导致的消耗额上升800元及原材料单价降低5.74%导致的消耗额下降4 640元共同影响的结果。

五、平均指标指数及因素分析

平均指标指数是指研究某一经济现象平均水平的变动状况及其受多个因素变动影响的指数。编制平均指标指数时，要注意区别平均指数。平均指数是综合指数的一种，是综合反映总量指标变化的，可编制数量指标指数和质量指标指数。平均指标指数则只可编制质量指标指数，反映质量指标中平均指标的变动，如平均工资指数、单位成本指数等。平均指标指数的编制是以平均指标的公式为依据的。计算加权算术平均数时，有绝对数权数公式和相对数权数公式，编制的平均指标指数一般也有相对数和绝对数分析。

计算公式如下：

$$\bar{x}=\frac{\sum xf}{\sum f}=\sum x\cdot\frac{f}{\sum f}$$

式中，x 为各组水平；$\frac{f}{\sum f}$ 为各组结构比重。

该计算公式反映出总体平均水平 $\bar{x}$ 同时受各组水平 x 和各组结构比重 $\frac{f}{\sum f}$ 两个因素的影响。

（一）平均指标指数的相对数分析

计算公式如下：

$$\frac{\bar{x}_1}{\bar{x}_0}=\frac{\frac{\sum x_1f_1}{\sum f_1}}{\frac{\sum x_0f_0}{\sum f_0}}=\frac{\frac{\sum x_0f_1}{\sum f_1}}{\frac{\sum x_0f_0}{\sum f_0}}\times\frac{\frac{\sum x_1f_1}{\sum f_1}}{\frac{\sum x_0f_1}{\sum f_1}}$$

式中，$\frac{\frac{\sum x_1f_1}{\sum f_1}}{\frac{\sum x_0f_0}{\sum f_0}}$ 是总体平均水平报告期与基期相对比的百分数，也叫作可变构成指数，

用来反映总体平均指标总的变动情况；$\dfrac{\dfrac{\sum x_0 f_1}{\sum f_1}}{\dfrac{\sum x_0 f_0}{\sum f_0}}$ 以各组水平为权数，反映总体内部各组结构的变动情况，又称为结构变动（影响）指数；$\dfrac{\dfrac{\sum x_1 f_1}{\sum f_1}}{\dfrac{\sum x_0 f_1}{\sum f_1}}$ 以各组结构比重为权数，反映总体内部各组水平变动的情况，又称为固定构成指数。

因此，上述平均指标指数的相对数分析也可表示为：

可变构成指数＝结构变动指数×固定构成指数

（二）平均指标指数的绝对数分析

计算公式如下：

$$\frac{\sum x_1 f_1}{\sum f_1}-\frac{\sum x_0 f_0}{\sum f_0}=\left(\frac{\sum x_0 f_1}{\sum f_1}-\frac{\sum x_0 f_0}{\sum f_0}\right)+\left(\frac{\sum x_1 f_1}{\sum f_1}-\frac{\sum x_0 f_1}{\sum f_1}\right)$$

任务五 运用 Excel 进行统计指数分析

任务导入

某企业生产三种不同的产品，产品产量和价格的资料如表 6－12 所示。

表 6－12 某企业三种产品的资料

产品名称	计量单位	产量		价格（元）	
		基期	报告期	基期	报告期
甲	千克	200	260	54.6	62.5
乙	件	600	680	25.5	20.0
丙	米	780	790	16.0	18.0

思考：如何用 Excel 对该企业的产值进行因素分析？

任务分析

要用 Excel 进行指数分析，没有专门的功能和函数，必须掌握指数编制的思路和方法，然后运用 Excel 的填充柄功能进行操作，但仍然比手工编制简单很多。

相关知识与拓展

对于统计指数分析，不能直接运用 Excel 的函数和描述统计功能实现，应综合运用统计指数的公式和 Excel 的基本填充柄功能进行操作来实现。

具体操作过程为：

(1) 将资料粘贴到 Excel 中，然后结合指数编制的内容，考虑因素分析过程中需要哪些指标。

(2) 计算商品甲的各类产值，其他商品直接通过填充柄功能完成计算。合计直接采用 Excel 的求和功能完成。然后利用公式在 Excel 单元格分别求出产值指数、产量指数及价格指数的相对数与绝对数，列示等量关系。如图 6－1 所示。

	A	B	C	D	E	F	G	H	I
1	产品名称	计量单位	产量		价格		产值		
2			q0	q1	p0	p1	p1q1	p0q0	q1p0
3	甲	千克	200	260	54.6	62.5	16250	10920	14196
4	乙	件	600	680	25.5	20	13600	15300	17340
5	丙	米	780	790	16	18	14220	12480	12640
6	合计	－	－	－	－	－	44070	38700	44176
7									
8		产值	相对数	1.13876	绝对数	5370			
9		产量	相对数	1.141499	绝对数	5476			
10		价格	相对数	0.997601	绝对数	-106			
11		等量关系	1.13876＝1.141499*0.997601						
12		等量关系	5370＝5476-106						

图 6－1 使用 Excel 计算各类综合指数的结果

(3) 根据等量关系对企业产值的变动进行因素分析。

模块小结

- 统计指数分析
  - 综合指数分析
    - 数量指标综合指数 $\bar{k}_q=\dfrac{\sum q_1p_0}{\sum q_0p_0}$
    - 质量指标综合指数 $\bar{k}_p=\dfrac{\sum p_1q_1}{\sum p_0q_1}$
  - 平均指数分析
    - 加权算术平均指数 $\bar{k}_q=\dfrac{\sum k_qq_0p_0}{\sum q_0p_0}$
    - 加权调和平均指数 $\bar{k}_p=\dfrac{\sum p_1q_1}{\sum \frac{1}{k_p}p_1q_1}$
  - 因素分析
    - 两因素分析
    - 多因素分析

拓展阅读

物价指数：掀起你的盖头来

——兼谈现行物价指数为何与百姓生活感受有较大出入

一、话题缘起

有识之士撰文指出，长期以来统计部门对外发布的物价指数只是一个“顾全大局”的“综合统计”数字，并没有反映出不同阶层百姓的实际生活感受。文章认为统计工作要切实介入民生，实行“个性化”统计，让物价指数可感可知。为什么官方公布的物价指数与老百姓的日常生活感受存在这么大的差异呢？在目前的条件下，物价指数采取“个性化”统计的方式是否切实可行？回答这些问题，首先要从了解物价指数的整个调查统计过程开始。

二、物价指数的含义

“今天的煤气又涨价了！”“怎么猪肉又贵了呢?”在日常生活中，我们经常会听到张大妈或李大姐说这样的事儿。但是你知道吗，这些普通的谈论，已经反映了大部分百姓脑子里所理解的“物价”的概念，显然它真实、形象、易懂。在我国现行的统计制度中，通常采用居民消费价格指数（英文缩写 CPI）来指称“物价”，这个统计指标反映了在一定时期内居民购买的一篮子商品（或服务）的价格的变化情况，进而反映百姓生活所面临的涨价压力。国际上，一般采用 CPI 指标来观察某个国家或地区是否发生了通货膨胀或通货紧缩。

编制居民消费价格指数需要两类资料：一是各项消费商品和服务的价格变动数据；二是各项消费商品和服务在居民生活中的开支权重。为此，我们必须选择好物价调查点和调查代表规格品。

三、物价调查点的选择

在广州越秀区，很多市民都喜欢到东川肉菜市场买菜，因为那里市容干净、菜靓，只是价格稍微贵了一点，海珠区前进路附近的市民则喜欢到万松园市场，因为那里不但菜品丰富，而且价格相对便宜；而每逢节假日，北京路的广百或新大新都特别火爆，老老少少都特别喜欢去那里逛逛，因为那里就是商品质量的保证，多少也会买一点回去，但更多的消费者会定期到好又多、百佳、家乐福等超市采购生活消费品，因为这些大型连锁超市经营成本低，物美价廉。但是你肯定想象不到，人们经常去的这些消费购物场所，其实早就成了政府统计部门定期上门采集商品价格的物价调查点。在统计上，这些有代表性的价格调查点的选择成了物价统计的一项基础性工作，因为只有科学合理地选择各类价格调查点，才能通过定期的价格调查，获得代表该市场、该商场、该地区的平均价格水平。

在选择物价调查点时，我们通常以大中型商店、超市或企业为主，并兼顾分散在各居民生活小区的小型商店，从而保证所采集的商品价格具有充分的代表性。目前，广东物价调查工作已遍布全省 21 个地级市，粗略计算包括 110 多个肉菜市场、1 100 多个商场超市和 1 200 多个服务网点，保证了所采集的商品价格具有足够代表性。

四、调查商品的选择

在商品经济和科学技术日益发达的今天，市场上的商品真是品种齐全、款式多样、琳琅满目，不可谓不丰富！面对这么丰富的商品，我们的物价调查当然不会不加选择地进行，因为客观上既有的调查力量有限，且在统计理论上也没有这个必要。于是，便需要确定将来一段时间内（有效期通常为一年）展开调查的能代表各种类别的商品，在统计上我们把它称为代表规格品；而在具体的价格调查过程中，我们通常选择那些消费量较大、市场供应相对稳定、价格容易采集而且是合格的商品作为代表规格品。

目前，在居民消费价格指数中，消费商品和服务项目按用途分为 8 大类，包括食品、烟酒及用品、衣着、家庭设备用品及维修服务、医疗保健和个人用品、交通和通信、娱乐教育文化用品及服务、居住等，总共 263 个基本分类，各省各市执行统一的分类标准。

五、物价调查方式

每天，当你进入拥挤的肉菜市场“砍价”买菜的时候，当你走在人来人往的超市准备抢购特价商品的时候，当你全家老小乐滋滋地跑到某家旅行社准备报名参团出游的时候，你也许已经注意到，在你身旁总有一些人走来走去、不厌其烦地问来问去，好像下不了决心究竟要买些什么。实话告诉你，他们当中的一个就是我们的专职物价调查员！他们正在严格按照“定人、定点、定时和直接调查”的原则进行采价。粗略统计，像这样的物价调查员全广东省共有一千多人，物价指数真的凝聚了他们的辛勤劳动。

一般来说，每个月这些物价调查员至少要去 4～6 次规定的肉菜市场，采集与百姓生活密切相关、价格变动比较频繁的鲜菜、鲜果、肉禽蛋、水产品等食品价格；要去 2～3 次商场采集烟酒、衣着、家电等工业消费品价格；至于教育、旅游、水电等由国家或地方政府定价的一些主要商品、服务项目或价格相对稳定的商品，则视情况每月采集 1～2 次价格。正是这些物价调查员的辛勤工作，保证了统计部门计算出来的物价指数能够及时、准确地反映近期各地市场价格的变动情况。

六、权重的含义与来源

在日常生活中，人们常常有意无意地使用“权重”这个概念，去评价某人某事所发挥的作用或承担的功能，如“在这里你最大”，或者说某事“微不足道”。在物价统计中，权重指的是城乡居民家庭用在某类商品或服务的开支在所有消费商品或服务总开支中所占的比重。由于物价指数是用一定数量的调查商品来反映市场价格总水平的变化，因此计算物价指数的时候必须确定每一种调查商品或服务项目价格对市场价格总水平影响的重要程度（即权重）。目前，我们确定权重的依据主要是城乡居民家庭收支抽样调查资料，并辅之以典型调查数据作为补充。

七、物价指数的计算

调查商品的价格有了，各类调查商品所属分类的权重也测算出来了，该是出成果的时候了。首先，专业人员将市场上采集回来的各种调查商品的价格进行逻辑检查校对后，逐一录入到计算机程序中，计算出每种商品的月综合平均价格，然后根据各调查商品或服务项目的基期价格和报告期价格，计算出各类商品或服务项目所属基本分类的物价指数，最后由基本分类指数依次加权计算出所属更高层次的大类指数和物价总指数。

八、为何物价指数与日常生活感受有较大出入

近两年来，市场上猪肉、鲜菜、鸡蛋、水电、燃气等商品价格纷纷涨价，由于这些主

要生活消费品与百姓生活息息相关，是人们每天都要消费的“刚性”商品，消费者几乎每日都要到市场上购买，感受自然相当强烈，因此其价格稍稍波动就能够引起我们的高度关注。但与此同时，市场上衣着、家电、通信产品则总是以降价的姿态呈现在消费者眼前，让人们充分享受了科技进步带来的生活水平的提高和生活质量的改善，因此这方面的物价指数迎合了正常的消费心态，没有引起人们一片“怨言”。

可见，人们在日常生活中习惯性侧重于关注市场上涨价的商品，因此在心理上对涨价现象感受非常深刻、反映也相当强烈，而对平价或降价商品的反应则十分微弱或视而不见。一般来说，由于人们习惯了只注意和日常生活关系密切的商品，忽视其他商品价格的变化，这就容易造成用部分商品的涨价幅度来“以偏概全”地概括市场价格总水平上涨幅度的情况，所以老百姓一看到猪肉、鸡蛋价格高了，就会想当然地认为所有的物价都在涨。

因此，客观地说，目前我国各级政府统计部门定期编制和发布的物价指数，综合地反映了全社会居民家庭购买的消费商品和服务项目价格总水平的变动情况，也部分地反映了不同阶层百姓所关注的某类商品价格的涨价情况。物价指数和人们的实际感受有出入，这除了与人们不了解物价指数的具体编制过程、对比口径出错、不明确价格的基期概念和各自的收入水平不同等因素有直接关系外，还与人们日常接触和掌握的片面情况有很大关系。在一定时期内，有的商品价格变动大，有的变动小；有的没有变化；有的上涨，有的下降；而物价总指数的最终结果都要受到这些因素的综合影响。另外，物价指数还是一个滞后的统计指标，它对经济和市场价格的反映客观上存在一个滞后期。

九、分层编制物价指数凸显了市场经济下的统计价值

分层编制物价指数其实就是本文开头提到的“个性化”统计。众所周知，随着经济社会的快速发展，人们的收入水平和收入差距逐渐拉大，经济上处于不同层次的居民在消费能力、消费水平、消费偏好、消费结构和消费质量等方面表现出了明显的差异。面对这种实际情况，仅仅编制一个物价总指数显然已经不能准确地反映不同收入阶层所面临的实际价格水平，也不能及时反映物价波动对不同阶层特别是中低收入群体的生活所带来的影响。因此根据不同收入水平分层编制物价指数，实行“个性化”统计，将成为统计部门的一项十分有必要、有价值的工作。

例如，香港统计署按照分层的概念编制了甲、乙、丙、综合四类消费物价指数，来反映香港物价水平的通胀或紧缩对不同阶层的影响，并把这些物价指数作为制定相关政策的法律依据，如在香港影响很大的综合社会保障援助基金（简称“综援金”）就是根据甲类消费物价指数定期进行调整的。但作为我们制定社会保障线的参考依据之一，现行统计的综合物价指数显然无法准确、客观地说明中低收入阶层实际上所要面对的涨价压力，由此确定出来的最低保障标准显然缺乏合适的精度。

由此可见，如果我们的统计工作能够切实介入民生，参考香港等地的有益经验，分层编制“个性化”的物价指数，这无疑有助于确定不同阶层工资收入的实际购买力，有助于公务员、企业员工工资的调整，有助于最低生活保障标准的确定，有助于建立一套与市场经济相适应的个人税收体系，还有助于促进社会财富的公平再分配。为了应对连续三年的物价上涨给居民生活带来的压力，北京、上海、浙江等地已经着手进行困难群体生活物价指数的编制工作。这确实是一个良好的开端！只有逐步完善 CPI 的计算体系，为政府在扶

持弱势群体方面提供准确的参考依据，进一步提高政府宏观调控的能力和公共管理的能力，物价指数这张市场晴雨表才能真正发挥应有的价值！

资料来源：http：//www.doc88.com/p-271180113381/.html.

技能训练

一、简答题

1. 什么是统计指数？有什么意义？
2. 什么是综合指数？如何编制各类综合指数？
3. 什么是平均指数？如何编制各类平均指数？
4. 综合指数和平均指数有何区别？
5. 平均指数和平均指标指数有何区别？
6. 什么是统计指数体系？如何进行因素分析？

二、单项选择题

1. 某公司所属三个企业生产同一种产品，要计算该公司该产品产量的增长速度，三个企业的产品产量(　　)。

A. 能够直接加总

B. 不能直接加总

C. 必须用不变价格做同度量因素才能加总

D. 必须用现行价格做同度量因素才能加总

2. 拉氏数量指数公式的同度量因素采用(　　)。

A. 基期的质量指标　　B. 报告期的质量指标

C. 基期的数量指标　　D. 报告期的数量指标

3. 欲使数量指标的算术平均指数成为数量指标综合指数的变形，其权数必须是(　　)。

A. p_0q_0　　B. p_1q_1　　C. p_0q_1　　D. W

4. 设 p 为商品价格，q 为销售量，则指数 $\frac{\sum p_0q_1}{\sum p_0q_0}$ 的实际意义是综合反映(　　)。

A. 商品销售额的变动程度

B. 商品价格变动对销售额的影响程度

C. 商品销售量变动对销售额的影响程度

D. 商品价格和销售量变动对销售额的影响程度

5. 公式 $\sum q_1p_0-\sum q_0p_0$ 的经济意义为(　　)。

A. 反映价格综合变动的绝对额

B. 反映销售量综合变动的绝对额

C. 反映由于价格变化引起的销售额的增减额

D. 反映由于销售量变化引起的销售额的增减额

6. 按照个体指数和报告期销售额计算的价格指数是(　　)。

A. 综合指数　　B. 加权调和平均指数

C. 总平均数指数　　D. 加权算术平均指数

7. 某种产品报告期与基期比较产量增长 26%，单位成本下降 32%，则生产费用支出总额为基期的(　　)。

A. 166.32%　　B. 85.68%　　C. 185%　　D. 54%

8. 某百货公司本年与上一年相比，所有商品的价格平均提高了 10%，销售量平均下降了 10%，则商品销售额(　　)。

A. 上升　　B. 下降

C. 保持不变　　D. 可能上升也可能下降

9. 已知小江买的两种股票的综合价格指数上涨了 24 点，本日股票的平均收盘价格为 14 元，前日股票的平均收盘价格为(　　)元。

A. 10.64　　B. 0.5　　C. 11.29　　D. 1

10. 价格上涨后，同样多的人民币报告期所购买商品的数量比基期少 5%，因此价格上涨了(　　)。

A. 5%　　B. 5.26%　　C. 95%　　D. 105.26%

三、技能操作题

1. 某市几种主要副食品价格和销售量的资料如表 6-13 所示。

表 6-13　某市几种主要副食品销售资料

副食品	2013 年		2018 年	
	价格（元/千克）	销售量（吨）	价格（元/千克）	销售量（吨）
蔬菜	2.1	3.00	2.3	5.20
牛肉	38.0	1.46	50.0	3.52
鲜蛋	7.0	5.20	7.8	5.15
水产品	16.5	2.15	30.0	2.80

要求：(1) 计算各种商品零售物价的个体指数。

(2) 计算四种商品物价总指数、销售量总指数。

(3) 分析由于每种商品和全部商品价格变动使该市居民增加支出的金额。

(4) 分析由于每种商品和全部商品销售量变动使该市居民增加支出的金额。

2. 某厂生产的三种产品的有关资料如表 6-14 所示。

表 6-14　某厂生产的三种产品资料

产品名称	计量单位	产量		单位成本（元）	
		2013 年	2018 年	2013 年	2018 年
甲	件	1 000	1 200	10	8.0
乙	米	5 000	5 000	4	4.5
丙	吨	1 500	2 000	8	7.0

要求：(1) 计算三种产品的成本总指数，以及由于单位成本变动使得总成本变动的绝对额。

(2) 计算三种产品的产量总指数，以及由于产量变动而使总成本变动的绝对额。

(3) 利用指数体系分析说明总成本的变动情况。

3. 某厂三种产品产量及出厂价格资料如表 6-15 所示。

表 6-15 某厂三种产品资料

产品名称	计量单位	产量		出厂价格（元）	
		2013 年	2018 年	2013 年	2018 年
甲	吨	6 000	5 000	110	100
乙	台	10 000	12 000	50	60
丙	件	40 000	41 000	20	20

要求：对该厂总产值的变动进行因素分析。

4. 某地区 2008 年和 2018 年三类商品收购价格指数和收购资料如表 6-16 所示。

表 6-16 某地区两类商品收购资料

商品类别	收购总额（万元）		收购价格指数（%）
	2008 年	2018 年	
甲	140	138.6	105
乙	60	78.4	98
丙	80	96.0	103
合计	280	313.0	—

要求：编制这三类商品的收购价格指数。

5. 某地生产的三种产品资料如表 6-17 所示。

表 6-17 某地三种产品生产资料

产品	产值（万元）		产量个体指数（%）
	2013 年	2018 年	
甲	200	240	125
乙	450	485	110
丙	350	480	140
合计	1 000	1 205	—

要求：计算三种产品的产量总指数。

6. 某市居民消费商品的资料如表 6-18 所示。

表 6-18 某市居民消费商品的资料

商品类别和名称	权数（%）	个体指数（%）
（一）食品类	46	117.37
（二）衣着类	10	108.34
（三）家庭设备及用品	12	112.00
（四）医疗保健类	8	108.42
（五）交通和通信类	6	124.28
（六）娱乐教育文化用品类	7	108.54
（七）居住类	8	110.84
（八）服务项目类	3	106.87
合计	100	—

要求：计算该市居民消费价格总指数。

7. 某企业产品销售及利润情况如表 6－19 所示。

表 6－19　某企业产品销售情况

产品名称	计量单位	销售量		销售价格（元）		利润率（%）	
		2013 年	2018 年	2013 年	2018 年	2013 年	2018 年
甲	件	2 000	2 500	300	350	23	28
乙	箱	5 000	5 200	50	60	30	35
丙	双	8 000	9 000	200	220	25	30

要求：对该企业利润额变动进行因素分析。

8. 某百货商场 2018 年的商品零售额为 420 万元，比 2016 年增加了 30 万元，零售价上涨 4.5%，试计算该商场商品零售额变动中零售价和零售量变动的影响程度和影响的绝对额。

9. 某企业 2019 年同 2014 年相比，各种产品的产量增长了 8%，总生产费用增加了 12%。该企业 2019 年的单位成本有何变化?

10. 某地区 2018 年与 2016 年相比，用同样多的人民币只能购买 2016 年商品的 90%，求物价指数；若同样多的人民币比上年可多购买 10%的商品，物价指数又是多少?

模块七　抽样推断分析

学习目标

知识目标

◎ 熟悉抽样调查的相关概念

◎ 掌握抽样平均误差、抽样极限误差的计算

◎ 掌握区间估计的计算方法

◎ 熟悉样本容量的估计方法

◎ 了解假设检验

技能目标

◎ 能够根据样本数据正确计算抽样平均误差、抽样极限误差

◎ 能够根据样本指标推断总体指标

◎ 能够利用 Excel 进行抽样推断分析

模块考核

模块考核单

序号	考核内容	分值	总结与归纳	成绩
1	抽样调查的含义	10		
2	总体指标和样本指标的含义	10		
3	抽样平均误差和抽样极限误差的含义	10		
4	区间估计	40		
5	样本容量的估计	10		
6	用 Excel 进行抽样推断分析	20		
合计		100		

案例导入

俄亥俄州的辛辛那提电气公司是一家公用事业型公司，主要为辛辛那提地区的居民提

供煤气和电力。为改进其服务质量，该公司不断努力满足顾客最新的需求。1991 年，该公司进行了一项关于建筑物特征的抽样调查，以了解在其服务范围内的商业建筑物的能源需求量。

调查需要收集诸如楼面面积、雇员数量、能源最终使用量、建筑物寿命、建筑材料类型及能源节约标准等有关商业建筑物的大量资料。在准备调查期间，该公司的分析家们发现，在该公司服务的范围内，有大约 27 000 个商业建筑物。根据调查可使用的经费和精度的要求，他们建议选择 616 个商业建筑物作为一个调查样本。

调查主要采用分层简单随机抽样方法选择样本。从公司的记录可以得到在其服务范围内过去一年每个商业建筑物的总用电量。由于许多建筑物要研究的特征（如规模、雇员数量等）都与用电量有关，因此选择用电量这一标准将建筑物总体划分为 6 层。第一层包含 54 个商业建筑物，它们都是用电量大户，将这些建筑物中的每一个都包含在样本中。尽管它们的数量仅占总数的 0.2%，但是它们的用电量却占总用电量的 14.4%，对于其他层，建筑物的数量是根据单位获得最大精度的基本条件来决定的。

该公司仔细设计了调查表，并且在正式调查之前做过试验性调查，采用个人采访法收集资料。最后，收集到 616 个商业建筑物中的 526 个建筑物的资料，85.4%的答复率是很不错的。目前，辛辛那提电气公司正在用调查得到的结果，进行能源需求的预测和改进对商业顾客的服务。

思考：如何对大量的调查单位进行抽样调查？选择何种调查组织方式和调查方法可以收集到准确、完整的数据资料？

抽样推断分析的两大核心内容是参数估计和假设检验。参数估计是依据所获得的样本资料对所要研究的总体参数，进行合乎数理逻辑的推断，主要包括确定估计值，求估计值和被估计值参数之间的误差范围，计算在一定误差范围内所作推断的可靠程度等。假设检验是指先对总体的状况作某种假设，然后再依据抽样推断的原理，根据样本资料对所作假设进行检验，来判断这种假设的真伪，以决定我们的行动。想象你是中国消费者协会的管理人员，负责治理缺斤少两的不法行为。可口可乐公司生产的一种瓶装雪碧，包装上标明其净含量是 500ml，你在市场上随机抽取了 50 瓶，测得其平均净含量为 499.5ml，标准差为 2.63ml。你拿着这些数据需要做两件事：一是做一个估计：该种包装的雪碧平均净含量在 498.77～500.23ml，然后向消协写份报告；二是做一个裁决：说“可口可乐公司有欺骗消费者的行为”的证据不足。前者是参数估计；后者是假设检验。本书重点讲述参数估计。

任务一 认识抽样推断

任务导入

一家生产灯泡的企业每天生产约 50 万只灯泡，质量控制部门每天都必须检验该天生产的灯泡的合格情况。这个任务可以通过检验每一只灯泡来完成，但这样做有可能会导致大量灯泡的损坏，增加企业的成本，从而导致灯泡成本价格上升。

思考：通过什么样的方法既可以检验企业产品的质量，又可以避免企业的损失？

任务分析

检验灯泡的质量属于损失比较大的实验。该任务为了避免损失，不能采取普查的方式，只能采用抽样调查的方式完成。质量控制部门可以从每天生产的50万只灯泡中，按照一定的随机原则抽取一定数量的灯泡，如可以抽取1 000只，然后检验这1 000只灯泡，然后通过1 000只灯泡对50万只灯泡进行合理估计。但是如何用1 000只灯泡对50万只灯泡进行估计，需要掌握抽样推断的一些基本原理。

相关知识与拓展

一、抽样推断

（一）抽样推断的含义

抽样推断是指按照随机原则从调查对象中抽取一部分单位进行调查，并以调查结果对总体数量特征作出具有一定可靠程度的估计与推断，从而认识总体的一种统计方法。如要了解全国女性消费者对化妆品的消费情况，不需要调查每个女性消费者，只需抽样调查一部分女性消费者，就可通过计算这些样本指标来推断全国女性消费者这个总体的数量特征。可以看出，抽样推断是在抽样调查的基础上，由样本推算总体的一种统计方法。具体来说，抽样推断具有以下特点：

（1）只调查总体中的一部分单位。

作为一种非全面调查组织方式，抽样调查是从总体中抽取一部分单位，用抽取的部分单位来推断总体的数量特征。

（2）根据一部分单位的指标数值，推断总体的指标数值。

抽样调查方式下，总体的指标数值是一个确定的量，但也是一个未知的量，只能通过计算样本指标的值来估计和推断总体指标的值，通常是用样本的平均数或成数来估计总体的平均数或成数。

（3）根据随机原则从总体中抽取样本单位。

抽样调查方式下，样本单位是根据随机原则抽取的。这里的“随机原则”是指样本单位的抽取不受任何主观因素及其他系统性因素的影响，每个总体单位都有均等的被抽中机会。这样，抽取的样本单位在分布特征上与总体的分布特征是类似的，样本对总体的代表性更高，推断的结果也就更加科学、可靠。

（4）抽样误差可以事先计算并加以控制。

抽样调查方式下，不可避免地会产生抽样误差。但这种误差可以通过一定的方式计算出来，在抽样过程中也能通过一定的措施控制误差范围，使得抽样结果更加可靠。

（二）抽样推断的应用

抽样推断统计方法与其他统计调查方法相比，具有省时、省力、准确可靠的特点，因此具有较广的应用范围。

（1）无限总体不可能进行全面调查时。

无限总体是指构成总体的总体单位是无限的，因此，对于无限总体或总体的范围过大时，就很难进行全面调查。例如，田地里的麦苗数、江河湖海中的鱼尾数就属于无限总体。这个时候就只能抽查一部分总体单位来推断总体。

（2）破坏性试验。

许多产品的质量检验属于破坏性或消耗性的检验。那么，对产品进行破坏性或消耗性的质量检验时，如检验灯泡的使用寿命、检验人体的白细胞数量等，全面调查就不再合适，只能采用抽样推断的方法。

（3）理论上可行，实际中不可行。

对于那些理论上可以进行调查，也能够取得资料的，如要了解全国城乡居民的家庭收入状况，从理论上讲可以对每个城乡居民进行全面调查，但是调查范围太大，调查单位太多，实现起来将费时费力，甚至难以办到，也没有必要。这时采用抽样推断则既可以节省人力、物力、费用和时间，提高调查结果的时效性，又能达到和全面调查同样的目的和效果。

（4）对全面调查资料进行补充修正时。

全面调查是针对每个调查单位进行调查的组织方式，调查单位全面、工作量大、参加人员多，因而发生登记性的误差就多。所以，在全面调查后，还可能再抽取一部分单位重新调查一次，计算其差错比率，并以此为依据对全面调查的资料进行修正，这样就可以进一步提高全面调查资料的准确性。抽样推断中调查的范围小，可以多调查一些项目，或从事某项更深入的专题调查，以补充全面调查的不足。如全国人口普查就有短表和长表之分，短表用于全面调查，长表用于抽样调查。

（5）生产过程的质量控制。

在工业产品成批或大量连续生产过程中，采用抽样推断方法可以检验生产工艺过程是否正常，及时提供有关信息，便于采取相应措施，进行质量控制，保证生产质量稳定，防止发生损失。

总之，抽样推断是一种科学实用的统计方法，在自然科学与社会科学领域都有着广泛的应用。

（三）抽样组织方式

1. 简单随机抽样

简单随机抽样，又称纯随机抽样，是指按随机原则直接从总体中抽出若干单位构成样本的一种抽样组织方式。这是一种最简单、最基本、最符合随机原则的抽样组织方式。后面的抽样误差的计算都以简单随机抽样组织方式为主。

2. 分类抽样

分类抽样，又称类型抽样或分层抽样，是将总体按某一标志进行分组，然后在各组中随机抽取样本单位的抽样组织方式。采用这种方式，能使样本结构更接近于总体结构，提高样本的代表性；能同时推断总体指标和各子总体的指标。但这种抽样组织方式要求我们在动手设计抽样方案之前，对所要研究的总体构成已经有了某种程度的了解，这样才可以按一定的标志对总体进行分组。例如，在职工身体状况调查中，可先将全部职工按年龄分为 30 岁以下、30～40 岁、40～50 岁、50 岁以上共四组，然后从各组中按一定的比例抽选一定样本的职工。

3. 机械抽样

机械抽样，又称等距抽样或系统抽样，是将总体单位按某一标志排序，而后按固定顺序或一定的间隔抽取样本单位的方法。对总体单位排序时所采用的标志，可以是与调查项目有关的，也可以是与调查项目无关的，前者称为按有关标志排序；后者称为按无关标志排序。例如，对某校学生学习情况进行调查，如按身高排序就是按无关标志排序；如按考试成绩排序就是按有关标志排序。按无关标志排序的机械抽样，其抽样效果相当于简单随机抽样；按有关标志排序的机械抽样，其抽样效果相当于分类抽样。

4. 整群抽样

整群抽样是将总体全部单位分为若干个“群”，然后随机抽取一部分“群”，被抽中群体的所有单位构成样本。如调查我校所有班级学生的学习情况，可以从所有班级中随机抽取若干个班级，然后对抽中的班级进行全面调查。可以看到，这种抽样方式简单、方便，能节省人力、物力、财力和时间，但其样本代表性可能较差，因为整群抽样的单位比较集中，影响了抽样单位在总体中分布的均匀性。

5. 多阶段抽样

多阶段抽样是指分两个或两个以上的阶段来完成抽取样本单位的过程。其实施过程为，先从总体中抽取范围较大的单元，称为一级抽样单元，再从每个抽得的一级单元中抽取范围更小的二级单元，依此类推，最后抽取其中范围更小的单元作为调查单位。如在某省 100 多万农户中抽取 1 000 户调查农户生产性投资情况，可以按四个阶段完成，其中，第一阶段是从该省所有县中抽取 5 个县，第二阶段是从被抽中的 5 个县中各抽取 4 个乡，第三阶段是从被抽中的 20 个乡中各抽取 5 个村，第四阶段是从被抽中的 100 个村中各抽取 10 户，四个阶段完成了从 100 多万农户中抽取 1 000 户农户的工作。

各种抽样组织方式都有优缺点及适用范围，在实际工作中，应综合考虑调查对象的特点、对调查对象的了解程度、人财物等条件的限制及抽样误差的大小等因素，选择适当的抽样组织方式。

（四） 抽取样本单位的方法

从总体中抽取样本单位主要有重复抽样和不重复抽样两种方法。

1. 重复抽样

重复抽样是指从总体中随机抽取一个单位，经观察后放回总体，再从全部总体单位中抽取样本单位的方法。在这种方法下，每一次抽样，总体都保持相同的单位数，同一总体单位就有多次重复选中的可能。因此，从总体 N 中随机抽取 n 个样本单位可能抽取的样本数目为 $N \cdot N \cdots N = N^n$。

2. 不重复抽样

不重复抽样是指已经抽选出来的单位不再放回去，而从剩下的总体中抽选下一个单位的抽样方法。在这种方法下，每一次抽样，总体单位数都会比上一次少一个，每个总体单位只能被抽中一次。因此，从总体 N 中随机抽取 n 个样本单位可能抽取的样本数目为 $N(N-1)\cdots(N-n+1)$ 。不重复抽样是最为常用的抽样方法，通常用于无限总体和许多有限总体样本单位的抽样。

（五）抽样调查中的几个基本概念

1. 总体和样本

总体，也称全及总体，是统计研究对象的全体，是由许多总体单位构成的。根据构成总体的总体单位的数目，总体可以分为有限总体和无限总体两类。有限总体是指统计总体中的总体单位数是有限的，如人口数、企业数、机器数等。这类现象的数据可用全面调查方式，也可用抽样调查方式来收集。有限总体所包含的个体数称为总体容量，通常用大写英文字母 N 表示，一般来说，N 总是一个很大的数。无限总体是指统计总体中的总体单位数是无限的，如田地里的麦苗、大海里的鱼类等。这类现象不可能通过全面调查，只能通过抽样调查来取得数据。

根据总体各单位标志的性质的不同，总体又可以分为变量总体和属性总体。区分变量总体和属性总体对后面的参数估计非常关键。变量总体是指研究总体单位的数量标志时构成的总体，如要研究企业产品的产量时，产量就是数量标志，此时的总体就属于变量总体；属性总体是指研究总体单位的品质标志时构成的总体，如要研究企业产品的合格率时，合格率就是品质标志，此时的总体就属于属性总体。

样本，也称样本总体，是指抽样调查时从统计总体中抽取的那部分单位所组成的集合体。抽取样本的目的主要是用来推断总体。样本中含有的总体单位的数目称为样本容量，通常用小写英文字母 n 来表示。相对于 N 而言，n 一般只是一个很小的数。抽样调查时，若 n 过大，调查工作量增大，体现不出抽样调查的优越性；若 n 过小，抽样误差会增大，抽样推断就会失去价值。因此，在抽样调查时，一定要综合考虑确定出适当的样本容量。

根据样本各单位标志的性质不同，样本又可以分为变量样本和属性样本。变量样本是指研究样本的数量标志时构成的样本总体，属性样本是指研究样本的品质标志时构成的样本总体。

2. 总体指标和样本指标

（1）总体指标。

总体指标，又称总体参数，是指反映总体数量特征的综合指标。总体是客观存在的，总体参数是唯一确定的量，但也是一个未知量，需要通过样本资料进行推算。因此计算出的总体指标是一个被估计的总体指标。

设总体中 N 个总体单位某项标志的标志值分别为 $X_1, X_2, \cdots, X_N$，其中具有某种属性的有 N_1 个单位，不具有某种属性的有 N_0 个单位，则总体指标如表 7-1 所示。

表 7-1 变量总体和属性总体指标

	总体平均数		总体标准差	
变量总体	简单	加权	简单	加权
	$\bar{X}=\frac{\sum X}{N}$	$\bar{X}=\frac{\sum Xf}{\sum f}$	$\sigma=\sqrt{\frac{1}{N}\sum(X-\bar{X})^2}$	$\sigma=\sqrt{\frac{1}{\sum f}\sum(X-\bar{X})^2 f}$
属性总体	总体成数		总体成数的标准差	
	$P=\frac{N_1}{N},Q=\frac{N_0}{N}=1-P$		$\sigma_P=\sqrt{P(1-P)}=\sqrt{PQ}$	

（2）样本指标。

样本指标，又称样本统计量，是反映样本数量特征的指标，是指根据样本单位的标志值计算的用以估计和推断相应总体指标的综合指标。样本指标作为一个随机变量，随着样本的变化而变化。但样本指标是可以直接计算的，目的是用来估计和推断总体指标。

设样本中 n 个样本单位某项标志的标志值分别为 $x_1,x_2,\cdots,x_n$，其中具有某种属性的样本单位数有 n_1 个，不具有某种属性的样本单位数有 n_0 个，则样本指标如表 7-2 所示。

表 7-2 变量样本和属性样本指标

	样本平均数		样本标准差	
变量样本	简单	加权	简单	加权
	$\bar{x}=\frac{\sum x}{n}$	$\bar{x}=\frac{\sum xf}{\sum f}$	$s=\sqrt{\frac{1}{n-1}\sum(x-\bar{x})^2}$	$s=\sqrt{\frac{1}{\sum f-1}\sum(x-\bar{x})^2 f}$
属性样本	样本成数		样本成数的标准差	
	$p=\frac{n_1}{n},q=\frac{n_0}{n}=1-p$		$s_p=\sqrt{\frac{n}{n-1}p(1-p)}=\sqrt{\frac{n}{n-1}pq}$	

二、抽样误差

（一）认识抽样误差

调查误差是指调查所获得的统计数据与调查总体未知的真实数据之间的差异，包括登记性误差和代表性误差两种。所谓登记性误差是指在调查过程中，由于计算、计量等主观原因所造成的误差，也叫做调查误差。这类误差可以通过不断提高调查人员的知识水平和业务素质等措施来解决。所谓代表性误差是指用样本指标数值去推断总体指标数值时，由于样本各单位的结构情况不足以代表总体特征所产生的误差。这类误差又分为两种：一种是由于没有遵守随机原则而造成的误差，通常称为系统性误差；另一种是指在遵守随机原则的前提下，单纯由于被抽取的样本对总体的代表性不足而产生的误差，如样本平均数与总体平均数的离差，样本成数与总体成数的离差等，这类误差通常称为抽样误差或随机误差。因此，抽样误差是指样本估计量与总体参数之间数量上的差异，仅指由于按照随机原则抽取样本而产生的代表性误差，不包括登记性误差和系统性误差。

在抽样调查中，只要遵守随机原则，系统性误差是可以避免的。但用样本指标估计总体指标，两者之间总是要出现差距的，所以抽样误差是抽样调查本身所固有的误差，它不可避免，但可以采取措施加以控制。

为了计算和控制抽样误差，有必要分析影响抽样误差的因素，一般主要包括以下几种。

1. 样本单位数的多少

抽样调查方式下，抽取的样本单位数越多，样本对总体的代表性越强，抽样误差也就越小。而当抽取的样本单位数接近于总体单位数时，此时的抽样调查近似于全面调查，抽样误差几乎为零。当在众多的总体单位数中仅仅选择几个样本单位进行调查时，样本的代表性明显不足，抽样误差也就更大。因此，样本单位数的多少与抽样误差成反比的关系。

2. 总体标志变异程度的大小

总体标志变异程度反映标志值与平均数的离差。标志变异程度越大，总体各单位标志值之间的差异越大，样本指标与总体指标之间的误差也就越大；反之，标志变异程度越小，样本指标与总体指标之间的误差也就越小。而能够反映总体标志变异程度大小的最重要的指标是标准差。因此，标准差与抽样误差成正比的关系。

3. 抽样组织方式

不同的抽样组织方式下，样本对总体的代表性也不相同，因此抽样误差也不相同。一般来说，简单随机抽样调查组织方式下，抽样误差较大。

4. 抽取样本单位的方法

在其他条件不变的情况下，不重复抽样方法避免了总体单位被重复选中的情况，因而较之重复抽样更能反映总体结构，因此，不重复抽样方法的抽样误差一般小于重复抽样的抽样误差。

（二）抽样平均误差

1. 抽样平均误差的含义

抽样平均误差是指每一个可能样本的估计值与总体指标值之间离差的平均数，即样本估计量的标准差，用来反映抽样误差的一般水平，说明样本指标代表性的大小，通常用 $\mu_{\bar{x}}$ 表示样本平均数的抽样平均误差，用 μ_p 表示样本成数的抽样平均误差。所以，抽样平均误差数值越大，说明样本估计值与总体指标值之间的离差越大，样本指标对总体指标的代表性越低。

基本的计算公式为：

$$\mu_{\bar{x}}=\sqrt{\frac{1}{M}\sum_{i=1}^{M}(\bar{x}_i-\bar{X})^2}$$

式中，$\mu_{\bar{x}}$ 为样本平均数的抽样平均误差；M 为可能的样本数目；$\bar{x}_i$ 为第 i 个可能样本的平均数；$\bar{X}$ 为总体平均数。

但是，因为 $\bar{X}$ 为总体平均数，无法求得，因此以上这个公式无法求得抽样平均误差。这一公式的产生只是为了直观说明抽样平均误差代表的基本含义及其实质。

2. 抽样平均误差的计算

实际中计算抽样平均误差时，需要考虑影响抽样误差的几大基本因素，从而推导出常用的基本公式。（推导过程略）

（1）抽样平均数的抽样平均误差。

重复抽样条件下 $\mu_{\bar{x}}=\sqrt{\dfrac{\sigma^2}{n}}=\dfrac{\sigma}{\sqrt{n}}$

式中，σ 代表总体标准差；n 代表样本容量。

不重复抽样条件下 $\mu_{\bar{x}}=\sqrt{\dfrac{\sigma^2}{n}\left(\dfrac{N-n}{N-1}\right)}=\dfrac{\sigma}{\sqrt{n}}\sqrt{\dfrac{N-n}{N-1}}\approx\dfrac{\sigma}{\sqrt{n}}\sqrt{1-\dfrac{n}{N}}$

式中，N 代表总体单位数。当 N 很大时，有 $\dfrac{N-n}{N-1}\approx\dfrac{N-n}{N}=1-\dfrac{n}{N}$。

例 7-1

某企业主要生产电子元件产品，从生产的 100 000 只产品中抽取 100 只，测得平均耐用时间为 1 000 小时，标准差为 50 小时。试计算该企业电子元件平均耐用时间的抽样平均误差。

重复抽样条件下 $\mu_{\bar{x}}=\dfrac{\sigma}{\sqrt{n}}=\dfrac{50}{\sqrt{100}}=5$（小时）

不重复抽样条件下 $\mu_{\bar{x}}=\dfrac{\sigma}{\sqrt{n}}\sqrt{1-\dfrac{n}{N}}=\dfrac{50}{\sqrt{100}}\times\sqrt{1-\dfrac{100}{100\ 000}}=4.997\ 5$（小时）

（2）抽样成数的抽样平均误差。

重复抽样条件下 $\mu_p=\sqrt{\dfrac{P(1-P)}{n}}$

式中，P 代表总体成数；n 代表样本容量。

不重复抽样条件下 $\mu_p=\sqrt{\dfrac{P(1-P)}{n}\left(\dfrac{N-n}{N-1}\right)}\approx\sqrt{\dfrac{P(1-P)}{n}\left(1-\dfrac{n}{N}\right)}$

式中，N 代表总体单位数。当 N 很大时，有 $\dfrac{N-n}{N-1}\approx\dfrac{N-n}{N}=1-\dfrac{n}{N}$。

例 7-2

某企业主要生产电子元件产品，从生产的 100 000 只产品中抽取 100 只，测得有 20 只产品不合格。试计算该企业电子元件产品合格率的抽样平均误差。

根据条件可知，合格率 $p=\dfrac{80}{100}\times100\%=80\%$

重复抽样条件下 $\mu_p=\sqrt{\dfrac{P(1-P)}{n}}=\sqrt{\dfrac{80\%\times(1-80\%)}{100}}=4\%$

不重复抽样条件下 $\mu_p=\sqrt{\dfrac{P(1-P)}{n}\left(1-\dfrac{n}{N}\right)}=\sqrt{\dfrac{80\%\times(1-80\%)}{100}\times\left(1-\dfrac{100}{100\ 000}\right)}$

$=3.998\%$

在应用上述抽样平均误差的公式时需要注意，总体指标是一个需要估计的未知量，那么在计算抽样平均误差时总体标准差（或方差）便不能直接得知。因此，总体标准差（或方差）需要通过估计得到。具体估计方法为：

第一，可用过去同类问题全面调查或抽样调查的经验数据代替。

当有若干样本方差可以选择用来代替总体方差时，选方差最大者。成数最接近 0.5

($p=0.5$) 时，方差最大，为 $p(1-p)=0.25$。

第二，可用样本标准差 s 代替总体标准差 σ，用 s_p 代替 σ_p。

$$s=\sqrt{\frac{\sum(x-\bar{x})^2}{n-1}} \quad 或 \quad s=\sqrt{\frac{\sum(x-\bar{x})^2f}{\sum f-1}}$$

$$s_p=\sqrt{\frac{n}{n-1}p(1-p)}=\sqrt{\frac{n}{n-1}pq}$$

（三）抽样极限误差

1. 抽样极限误差的含义

抽样极限误差，又称为置信区间、抽样允许误差等，是指在一定的概率保证程度下，样本指标与总体指标之间的抽样误差不允许超过的某一给定的最大可能范围，通常用 $\Delta_{\bar{x}}$ 表示样本平均数的抽样极限误差，用 Δ_p 表示样本成数的抽样极限误差。

2. 抽样极限误差的计算公式

(1) 样本平均数的抽样极限误差 $\Delta_{\bar{x}}=t\mu_{\bar{x}}$。

(2) 样本成数的抽样极限误差 $\Delta_p=t\mu_p$。

t 与相应的概率保证程度存在一一对应关系。常用 t 值及相应的概率保证程度如表 7－3 所示。

表 7－3　概率保证程度与 t 值对应表

序号	t 值	概率保证程度 $F(t)$
1	1.00	0.682 7
2	1.65	0.901 1
3	1.96	0.950 0
4	2.00	0.954 5
5	2.58	0.990 1
6	3.00	0.997 3

任务二　参数估计

任务导入

某企业生产某种产品的工人有 1 000 人，某日采用不重复抽样从中随机抽取 100 人调查他们的当日产量，具体资料如表 7－4 所示，要求在 95%的概率保证程度下，估计该厂全部工人的日平均产量和日总产量。

若工人日产量在 120 件以上者为完成生产定额任务，要求在 95%的概率保证程度下，估计该厂全部工人中完成定额的工人比重及完成定额的工人总数。

表7-4 某企业某日生产产品的产量资料

日产量（件）	110～115	115～120	120～125	125～130	130～135	135～140
人数（人）	8	10	35	25	12	10

任务分析

完成该任务需要通过抽取的样本对总体进行估计，一是估计平均产量，二是估计完成定额的工人比重，需要结合平均数的区间估计和成数的区间估计进行计算分析。

相关知识与拓展

一、点估计

点估计是指以样本的指标值直接代替总体的指标值，即总体的指标值等于样本的指标值。一般包括：

样本平均数代替总体平均数：

$$\bar{x} \Rightarrow \bar{X}$$

样本成数代替总体成数：

$$p \Rightarrow P$$

样本标准差代替总体标准差：

$$s \Rightarrow \sigma$$

如在对某校800名学生某科考试成绩的调查中，随机抽取的100名学生的平均分数为76分，则可以说该科800名学生的平均成绩也是76分。这种推断就是对总体平均数的点估计。可以看出，这种推断总体的方法非常简单明确，而且能够提供总体参数的具体估计值。但这种方法也有很大的缺陷，最主要的缺陷是估计时没有考虑样本对总体估计的误差范围，无法说明估计的准确性和可靠性，仅适用于对推断的准确程度与可靠程度要求不高的情况。

二、区间估计

（一）认识区间估计

区间估计是指根据样本指标和抽样极限误差以一定的可靠程度推断总体指标的可能范围。总体指标虽然是一个确定的量，但也是一个未知的量，需要通过样本指标来推断。因此，我们只能在一定的概率保证程度下，将样本推断总体的误差控制在一定的范围之内。可见，区间估计主要包括两部分内容：一是估计的范围，说明估计结果的准确程度；二是总体指标落在这个估计范围内的概率保证程度，说明估计结果的可靠程度。所以，区间估计是比较准确可靠的对总体的估计方法。与点估计相比，区间估计主要具有以下特点：

一是区间估计不像点估计那样用一个数值对总体指标进行估计，而是用一个范围对总体指标进行估计。

二是区间估计不像点估计那样用一个确定的值估计总体，而是用一个区间进行估计。根据概率度的要求，区间可宽可窄。

三是区间估计可以回答估计区间的把握程度，这是点估计无法做到的。

对总体指标进行区间估计时，通常包括样本平均数对总体平均数的估计、样本成数对总体成数的估计。而样本代表总体必然存在误差，也即前面提到的抽样极限误差。因此，估计后的总体指标的范围为：

$$\bar{x}-\Delta_{\bar{x}} \leqslant \bar{X} \leqslant \bar{x}+\Delta_{\bar{x}}$$

$$p-\Delta_p \leqslant P \leqslant p+\Delta_p$$

一般地，区间估计的操作步骤为：

(1) 抽样，计算样本指标；

(2) 计算抽样平均误差；

(3) 计算抽样极限误差；

(4) 对总体指标作出概率估计，列出置信区间；

(5) 对总量指标进行估计。

（二）总体平均数的区间估计

1. 计算样本平均数 $\bar{x}$

$$\bar{x}=\frac{\sum x}{n} \text{ 或 } \bar{x}=\frac{\sum xf}{\sum f}$$

2. 收集总体标准差的经验数据 σ，或计算样本标准差 s

$$s=\sqrt{\frac{1}{n-1}\sum(x-\bar{x})^2} \text{ 或 } s=\sqrt{\frac{1}{\sum f-1}\sum(x-\bar{x})^2 f}$$

3. 计算抽样平均误差

重复抽样条件下 $\mu_{\bar{x}}=\frac{\sigma}{\sqrt{n}}$ 或 $\mu_{\bar{x}}=\frac{s}{\sqrt{n}}$

不重复抽样条件下 $\mu_{\bar{x}}=\frac{\sigma}{\sqrt{n}}\sqrt{1-\frac{n}{N}}$ 或 $\mu_{\bar{x}}=\frac{s}{\sqrt{n}}\sqrt{1-\frac{n}{N}}$

4. 计算抽样极限误差

$$\Delta_{\bar{x}}=t\cdot\mu_{\bar{x}}$$

5. 确定总体平均数的置信区间

$$\bar{x}-\Delta_{\bar{x}} \leqslant \bar{X} \leqslant \bar{x}+\Delta_{\bar{x}}\text{，或 } \bar{X}\in[\bar{x}-\Delta_{\bar{x}},\bar{x}+\Delta_{\bar{x}}]$$

例 7-3

以任务二任务导入的实例（见表 7-4）为例说明总体平均数的区间估计。

任务中需要估计企业全部工人的日平均产量和日总产量，即需要估计 $\bar{X}$ 和 $N\bar{X}$。

根据资料首先可知，N=1 000，n=100，t=1.96，其他指标的计算如表 7-5 所示。

表 7-5 某企业某日生产产品的产量资料

日产量（件）	组中值 x（件）	人数 f（人）	xf	$(x-\bar{x})^2\times f$
110～115	112.5	8	900.0	1 280.18
115～120	117.5	10	1 175.0	585.22
120～125	122.5	35	4 287.5	245.79
125～130	127.5	25	3 187.5	138.06
130～135	132.5	12	1 590.0	648.27
135～140	137.5	10	1 375.0	1 525.23
合计	—	100	12 515.0	4 422.75

计算步骤为：

(1) $\bar{x}=\dfrac{\sum xf}{\sum f}=125.15$（件）。

(2) $s=\sqrt{\dfrac{1}{\sum f-1}\sum(x-\bar{x})^2 f}=\sqrt{\dfrac{4\,422.75}{100-1}}=6.683\,9$。

(3) 不重复抽样条件下 $\mu_{\bar{x}}=\dfrac{s}{\sqrt{n}}\sqrt{1-\dfrac{n}{N}}=\dfrac{6.683\,9}{\sqrt{100}}\times\sqrt{1-\dfrac{100}{1\,000}}=0.634\,1$。

(4) $\Delta_{\bar{x}}=t\cdot\mu_{\bar{x}}=1.96\times0.634\,1=1.242\,8$。

(5) $\bar{x}-\Delta_{\bar{x}}\leqslant\bar{X}\leqslant\bar{x}+\Delta_{\bar{x}}, N(\bar{x}-\Delta_{\bar{x}})\leqslant N\bar{X}\leqslant N(\bar{x}+\Delta_{\bar{x}})$；

$125.15-1.242\,8\leqslant\bar{X}\leqslant125.15+1.242\,8$；

$123.91\leqslant\bar{X}\leqslant126.39$；

$1\,000\times123.91\leqslant N\bar{X}\leqslant126.39\times1\,000$；

$123\,910\leqslant N\bar{X}\leqslant126\,390$。

即以 95%的概率保证程度估计该厂全部工人的日平均产量在 123.91～126.39 件，日总产量在 123 910～126 390 件。

（三）总体成数的区间估计

1. 计算样本成数

$$p=\frac{n_1}{n},q=\frac{n_0}{n}=1-p$$

2. 收集总体标准差的经验数据 σ_p，或计算样本标准差 s

$$s_p=\sqrt{\frac{n}{n-1}p(1-p)}=\sqrt{\frac{n}{n-1}pq}$$

3. 计算抽样平均误差

重复抽样条件下：

$$\mu_p=\frac{\sigma_p}{\sqrt{n}}\text{ 或 }\mu_p=\frac{s_p}{\sqrt{n}}=\sqrt{\frac{1}{n}\cdot\frac{n}{n-1}p(1-p)}=\sqrt{\frac{p(1-p)}{n-1}}$$

不重复抽样条件下：

$$\mu_p = \frac{\sigma_p}{\sqrt{n}}\sqrt{1-\frac{n}{N}} \text{ 或 } \mu_p = \frac{s_p}{\sqrt{n}}\sqrt{1-\frac{n}{N}} = \sqrt{\frac{p(1-p)}{n-1}\left(1-\frac{n}{N}\right)}$$

4. 计算抽样极限误差

$$\Delta_p = t \cdot \mu_p$$

5. 确定总体成数的置信区间

$$p-\Delta_p \leqslant P \leqslant p+\Delta_p \text{ 或 } P \in [p-\Delta_p, p+\Delta_p]$$

例 7-4

以任务二任务导入的实例（见表 7-4）为例说明总体成数的区间估计。

任务中需要估计该厂全部工人中完成定额的工人比重及完成定额的工人总数，即需要估计 P 和 NP 。

根据资料首先可知，$N=1\ 000, n=100, t=1.96, n_1=82, n_0=18$。

计算步骤为：

(1) $p=\frac{n_1}{n}=\frac{82}{100}=82\%$。

(2) $s_p=\sqrt{\frac{n}{n-1}p(1-p)}=\sqrt{\frac{100}{100-1}\times 82\%\times 18\%}=0.386\ 1$。

(3) 不重复抽样条件下：

$$\mu_p=\frac{s_p}{\sqrt{n}}\sqrt{1-\frac{n}{N}}=\frac{0.386\ 1}{10}\times\sqrt{1-\frac{100}{1\ 000}}=0.036\ 6\text{。}$$

(4) $\Delta_p=t\cdot\mu_p=1.96\times 0.036\ 6=0.071\ 7$。

(5) $p-\Delta_p\leqslant P\leqslant p+\Delta_p, N(p-\Delta_p)\leqslant NP\leqslant N(p+\Delta_p)$；

$0.82-0.071\ 7\leqslant P\leqslant 0.82+0.071\ 7$；

$0.75\leqslant p\leqslant 0.89$；

$1\ 000\times 0.75\leqslant NP\leqslant 1\ 000\times 0.89$；

$750\leqslant NP\leqslant 890$。

即以 95%的概率保证程度估计该厂全部工人中完成定额的工人比重在 75%～89%，完成定额的工人总数在 750～890 人。

三、样本容量的估计

抽样调查中，必须确定选取多少样本比较合适。样本容量少能够在一定程度上节省费用，但调查误差会增大；样本容量多能保证较高的调查精度，但需要花费较高的费用。一般确定必要样本容量的基本原则是：在保证抽样推断达到一定的可靠程度的前提下，确定一个恰当的样本单位数目，即找出在规定误差范围内的最小样本容量，这样既可以保证满足误差的要求，也能使调查的费用最小。

（一）样本容量的影响因素

为了确定必要的样本容量，必须分析影响样本容量的因素。

1. 总体标准差的大小

总体标准差是反映总体标志变异程度的重要指标。其他条件不变的情况下，总体标准差越大，抽样误差越大，要求抽取的样本单位越多；总体标准差越小，要求抽取的样本单位越少。

2. 抽样极限误差的大小

抽样极限误差，指的是允许误差，说明估计的精度。因此，允许的误差越小，抽取的样本单位越多；允许的误差越大，抽取的样本单位越少。

3. 概率保证程度

概率保证程度直接影响抽样极限误差的大小。抽样推断要求的概率保证程度高，则应抽取较多的样本单位；要求的概率保证程度低，则抽取较少的样本单位。

4. 抽样方法

其他条件不变的情况下，重复抽样比不重复抽样误差要大，需要的样本容量也就要多一些。

5. 抽样的组织方式

不同的抽样组织方式抽样平均误差不相同。一般地，简单随机抽样和整群抽样的误差较大，需抽取较多的样本单位；等距抽样和分类抽样则可以抽取较少的样本单位。

（二） 样本容量的计算公式

1. 推断总体平均数所需的样本容量

（1）重复抽样条件下：

$$\because \Delta_{\bar{x}} = t\mu_{\bar{x}} = t\frac{\sigma}{\sqrt{n}}$$

$$\therefore n = \frac{t^2\sigma^2}{\Delta_{\bar{x}}^2} = \frac{\sigma^2}{\mu_{\bar{x}}^2}$$

（2）不重复抽样条件下：

$$\because \Delta_{\bar{x}} = t\mu_{\bar{x}} = t\sqrt{\frac{\sigma^2}{n}\left(1-\frac{n}{N}\right)}$$

$$\therefore n = \frac{Nt^2\sigma^2}{N\Delta_{\bar{x}}^2 + t^2\sigma^2} = \frac{N\sigma^2}{N\mu_{\bar{x}}^2 + \sigma^2}$$

注意，计算出的样本容量不采取四舍五入，而是直接向上进位。

例 7-5

某工厂要检验本月生产的 10 000 袋某产品的重量，根据以往的资料，这种产品每袋重量的标准差为 25 克。如果要求在 95.45%的概率保证程度下，平均每袋重量的误差不超过 5 克，应抽查多少袋产品？

由题意可知 $N=10\ 000$，$\sigma=25$，$\Delta_{\bar{x}}=5$，根据概率保证程度 95.45%，可知 $t=2$。

重复抽样条件下：

$$n = \frac{t^2\sigma^2}{\Delta_{\bar{x}}^2} = \frac{2^2\times 25^2}{5^2} = 100\text{（袋）}$$

不重复抽样条件下：

$$n = \frac{Nt^2\sigma^2}{N\Delta_{\bar{x}}^2 + t^2\sigma^2} = \frac{10\ 000\times 2^2\times 25^2}{10\ 000\times 5^2 + 2^2\times 25^2} = 99.01\text{（袋）} \approx 100\text{（袋）}$$

由计算结果可知：在其他条件相同的情况下，重复抽样所需要的样本容量大于不重复抽样所需要的样本容量，但是相差不大。

2. 推断总体成数所需的样本容量

（1）重复抽样条件下：

$$\because \Delta_p = t\mu_p = t\sqrt{\frac{P(1-P)}{n}}$$

$$\therefore n = \frac{t^2 P(1-P)}{\Delta_P^2} = \frac{P(1-P)}{\mu_P^2}$$

（2）不重复抽样条件下：

$$\because \Delta_p = t\mu_p = t\sqrt{\frac{P(1-P)}{n}\left(1-\frac{n}{N}\right)}$$

$$\therefore n = \frac{Nt^2 P(1-P)}{N\Delta_p^2 + t^2 P(1-P)} = \frac{NP(1-P)}{N\mu_p^2 + P(1-P)}$$

注意，计算出的样本容量不采取四舍五入，而是直接向上进位。

例 7-6

某企业对一批总数为 10 000 件的产品进行质量检查，过去几次同类调查所得的产品合格率为 90%，95%，98%，为了使合格率的允许误差不超过 3%，在 99.73%的概率保证程度下，应抽查多少件产品？

由题意可知 $N=10\ 000$，$\Delta_p=3\%$，根据概率保证程度 99.73%，可知 $t=3$。

因为共有三个过去的合格率的资料，为保证推断的把握程度，合格率应选其中方差最大者，即 $P=90\%$。

重复抽样条件下的样本容量：

$$n = \frac{t^2 P(1-P)}{\Delta_p^2} = \frac{3^2 \times 0.9 \times (1-0.9)}{0.03} = 900$$

不重复抽样条件下样本容量：

$$n = \frac{Nt^2 P(1-P)}{N\Delta_p^2 + t^2 P(1-P)} = \frac{10\ 000 \times 3^2 \times 0.9 \times (1-0.9)}{10\ 000 \times 0.03^2 + 3^2 \times 0.9 \times (1-0.9)} = 825.69 \approx 826$$

从计算的结果可以看出，重复抽样应该抽检 900 件，而不重复抽样应该抽检 826 件，可见，在相同条件下，重复抽样需要的样本容量更大。

任务三　运用 Excel 进行抽样推断分析

任务导入

某大学为了解学生每天上网的时间，在全校 7 500 名学生中采取不重复抽样方法随机抽取 36 人，调查他们每天上网的时间，得到表 7-6 所示数据。

表 7-6　某大学学生的上网时间调查　　单位：小时

3.3	3.1	6.2	5.8	2.3	4.1	5.4	4.5	3.2
4.4	2.0	5.4	2.6	6.4	1.8	3.5	5.7	2.3

2.1	1.9	1.2	5.1	4.3	4.2	3.6	0.8	1.5
4.7	1.4	1.2	2.9	3.5	2.4	0.5	3.6	2.5

试以 95%的概率保证程度估计该校大学生平均上网时间的范围。

任务分析

Excel 提供了很多统计分析功能，其中包括抽样推断的功能。本任务要求进行区间估计，不能直接通过某一功能直接得出结果，需要将抽样推断理论和 Excel 结合起来使用，同时抽样推断分析与前面的综合指标分析联系密切，必须结合使用。

相关知识与拓展

一、抽样

Excel 提供了从众多总体单位中抽取样本的功能。具体步骤为：

(1) Excel 中输入所有总体单位，点选“数据”—“数据分析”—“抽样”，出现“抽样”对话框，如图 7-1 所示。

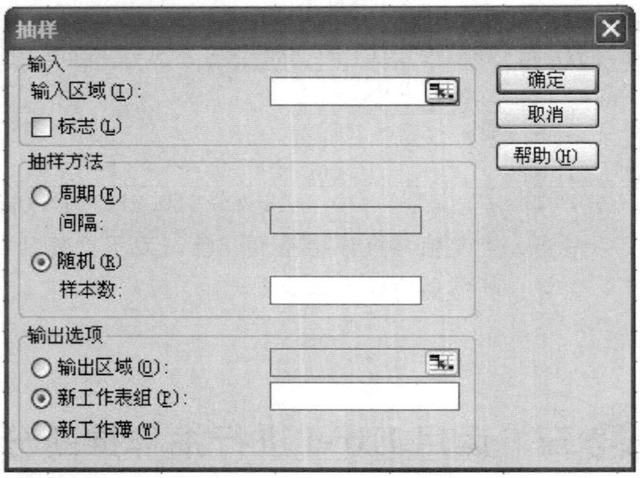

图 7-1　“抽样”对话框

(2) 在“抽样”对话框的“输入区域”中输入所有的总体单位，然后选择抽样方法为“周期”或者“随机”，单击“确定”即得到需要的样本数据。

抽样方法下，主要有周期和随机两种抽样模式。“周期”模式即所谓的等距抽样。采用这种方法时，需要在间隔栏中填入样本选取时的周期间隔。“随机”模式适用于简单随机抽样，只需在“样本数”中填好所需抽取的样本单位数即可。

二、区间估计

Excel 提供了计算总体平均值的置信区间的 CONFIDENCE 函数，但是主要针对重复抽样方法。如果采取的是不重复抽样，则需要对求出的结果进行转化。

例 7-7

以任务三任务导入的实例（见表 7-6）为例说明利用 Excel 进行区间估计的操作步骤。

（1）点选“公式”—“插入函数”—“全部”—“CONFIDENCE”。

（2）出现 CONFIDENCE 函数对话框，如图 7-2 所示，对话框中的 Alpha 代表显著水平，指的是估计总体参数落在某一区间内，可能犯错误的概率，如概率保证程度为 0.95，那么 Alpha 为 0.05。Standard-dev 代表总体标准差，Size 为样本容量。

这里需要注意，Standard-dev 这个指标有时不能直接观察得到，需要结合前面综合指标分析的内容，如果资料未分组，可用函数或者描述统计功能求得，如果资料已经分组，需要利用标准差公式及 Excel 计算功能求得。但如果是求成数的区间估计，还需要利用二元是非品质标志的标准差公式。本例中的 Standard-dev 就无法直接求得，可通过描述统计或函数功能求得 Standard-dev 为 1.609 3，见图 7-2。（计算过程略）

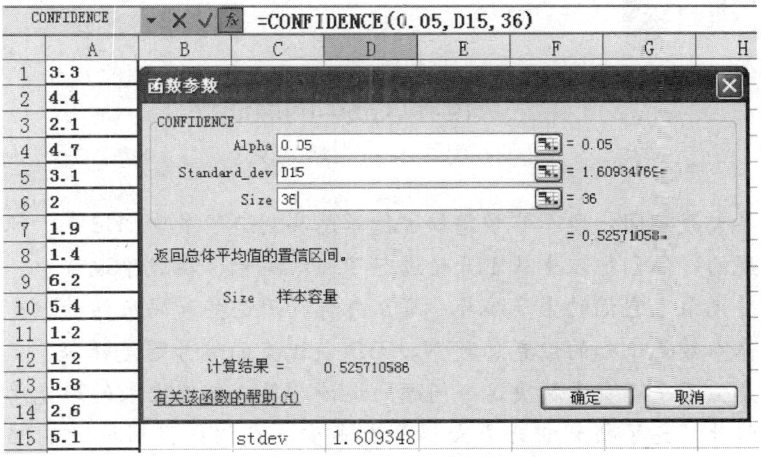

图 7-2 CONFIDENCE 函数对话框

（3）求出的结果为抽样极限误差 $\Delta_{\bar{x}}$ 或 Δ_p，这时可利用公式进行区间估计。

$$\bar{x}-\Delta_{\bar{x}} \leqslant \bar{X} \leqslant \bar{x}+\Delta_{\bar{x}}$$

$$p-\Delta_p \leqslant P \leqslant p+\Delta_p$$

如果资料是利用不重复抽样方法获取的，这时需要注意在求得抽样极限误差的结果后乘以 $\sqrt{1-\frac{n}{N}}$。

本任务中利用 CONFIDENCE 函数求得的结果为 0.525 7，但该数据是采用不重复抽样方法取得的，因此，最终的 $\Delta_{\bar{x}}=0.525\,7\times\sqrt{1-\frac{n}{N}}=0.524\,1$。

通过描述统计或函数功能亦可求得 $\bar{x}=3.316\ 7$；

因此，得 $3.316\ 7-0.524\ 4\leqslant\bar{X}\leqslant3.316\ 7+0.524\ 4$；

即 $2.792\ 3\leqslant\bar{X}\leqslant3.841\ 1$

可见，以95%的概率保证程度估计的该校大学生平均上网时间的范围为2.792 3～3.841 1小时。

模块小结

- 抽样推断分析
  - 抽样调查
    - 抽样调查方式
    - 抽样调查方法
  - 抽样误差
    - 抽样平均误差
    - 抽样极限误差
  - 参数估计
    - 点估计
    - 区间估计

拓展阅读

第二次世界大战中的点估计

——德军有多少辆坦克？

第二次世界大战期间，盟军非常想知道德军总共制造了多少辆坦克。德国人在制造坦克时是墨守成规的，他们把坦克从1开始进行了连续编号。在战争过程中，盟军缴获了一些敌军坦克，并记录了它们的生产编号。那么怎样利用这些号码来估计坦克总数呢？在这个问题中，总体参数是未知的坦克总数 N，而缴获坦克的编号则是样本。

假设我们是盟军手下负责解决这个问题的统计人员。制造出来的坦克总数肯定大于等于记录的最大编号。为了找到它比最大编号大多少，我们先找到被缴获坦克编号的平均值，并认为这个值是全部编号的中点。因此样本均值乘以2就是总数的一个估计；当然要特别假设缴获的坦克代表了所有坦克的一个随机样本。这种估计 N 的公式的缺点是：不能保证均值的2倍一定大于记录中的最大编号。

N 的另一个点估计公式是：用观测到的最大编号乘以因子 $1+1/n$，其中 n 是被缴获坦克个数。假如你缴获了10辆坦克，其中最大编号是50，那么坦克总数的一个估计是 $(1+1/10)\times50=55$。此处我们认为坦克的实际数略大于最大编号。

从战后发现的德军记录来看，盟军的估计值非常接近所生产的坦克的真实值。记录还表明统计估计比通过其他情报方式作出的估计更接近于真实数目。统计学家们做得比间谍们更漂亮！

技能训练

一、简答题

1. 什么是抽样调查？什么时候采用抽样调查？

2. 抽样调查中有哪几类误差？如何计算？

3. 影响抽样误差的因素主要有哪些？

4. 抽样组织方式有哪几种？有何特点？

5. 区间估计的基本步骤是什么？

6. 如何进行假设检验？

二、单项选择题

1. 要了解某批灯泡的平均寿命，可采用的调查组织方式是（　　）。

A. 普查　　B. 抽样调查　　C. 重点调查　　D. 典型调查

2. 为了调查某校学生的购书费用支出，从全校抽取4个班级的学生进行调查，这种调查方法是（　　）。

A. 简单随机抽样　　B. 分层抽样　　C. 系统抽样　　D. 整群抽样

3. 为了了解某地区职工的劳动强度和收入状况，并对该地区各行业职工的劳动强度和收入情况进行对比分析，有关部门需要进行一次抽样调查，应该采用（　　）。

A. 分层抽样　　B. 简单随机抽样　　C. 等距抽样　　D. 整群抽样

4. 某银行想估计平均每户活期存款余额和其总量，根据存折账号的顺序，每50本存折抽出一本登记其余额。这样的抽样组织形式是（　　）。

A. 类型抽样　　B. 整群抽样　　C. 等距抽样　　D. 纯随机抽样

5. 某地有2万亩稻田，根据上年资料得知平均亩产的标准差为50千克，若以95.45%的概率保证平均亩产的误差不超过10千克，应抽选（　　）亩地作为样本进行抽样调查。

A. 100　　B. 250　　C. 500　　D. 1 000

6. 计算抽样平均误差时，若有多个样本标准差的资料，应选（　　）来计算。

A. 最小一个　　B. 最大一个　　C. 中间一个　　D. 平均值

7. 抽样调查结果表明，甲企业职工平均工资方差为25，乙企业为100，又知乙企业工人数比甲企业工人数多3倍，则随机抽样误差（　　）。

A. 乙企业较大　　B. 甲企业较大　　C. 相同　　D. 不能作出结论

8. 某企业最近几批产品的优质品率分别为88%，85%，91%，为了对下一批产品的优质品率进行抽样检验，确定必要的抽样数目，P 应选（　　）。

A. 85%　　B. 87.7%　　C. 88%　　D. 90%

9. 在某大学随机抽取400名学生进行调查，其中优等生比重为20%，概率保证程度为95.45%，则优等生比重的极限抽样误差为（　　）。

A. 4%　　B. 4.13%　　C. 9.18%　　D. 8.26%

10. 纯随机重复抽样条件下，当误差范围 Δ 扩大一倍时，抽样单位数（　　）。

A. 只需原来的1/2　　B. 需要原来的2倍

C. 需要原来的 1 倍　　　　　　　　　D. 只需原来的 1/4

三、技能操作题

1. 某学校进行了一次英语测验，为了了解学生情况，随机抽选部分学生进行调查，所得资料如表 7－7 所示。

表 7－7　某校 100 名学生英语成绩

考试成绩（分）	学生人数（人）	比重（%）
60 以下	10	10
60～70	20	20
70～80	22	22
80～90	40	40
90～100	8	8
合计	100	100

要求：(1) 以 95.45%的概率保证程度估计该校学生英语考试的平均成绩的范围。

(2) 以 95.45%的概率保证程度估计成绩在 80 分以上（含 80 分）的学生所占比重的范围。

2. 从某企业 2 000 名职工中随机抽取 100 人，调查工资水平。结果如表 7－8 所示。

表 7－8　某企业 100 名职工工资

工资额（元）	人数（人）	比重（%）
1 000 以下	9	9
1 000～2 000	14	14
2 000～3 000	39	39
3 000～4 000	25	25
4 000 以上	13	13
合计	100	100

要求：(1) 以 95%的概率保证程度估计该企业平均工资和工资总额的区间范围。

(2) 以 99.73%的概率保证程度估计工资在 2 000 元以下的职工的比重。

3. 某进出口公司出口一种名茶，规定每包规格重量不低于 150 克，现在用不重复抽样的方法抽取其中的 1%进行检验，得到如表 7－9 所示资料。

表 7－9　某进出口公司 100 包茶叶重量资料

每包重量（克）	包数（包）	比重（%）
148～149	10	10
149～150	20	20
150～151	50	50
151～152	20	20
合计	100	100

要求以 99.73%的概率保证程度推断：

(1) 这批茶叶平均每包的重量范围，并确定是否达到规格重量的要求。

(2) 这批茶叶包装的合格率范围。

4. 某乡水稻总面积 2 000 亩，从中随机抽取 400 亩（重复抽样），每亩产量资料如表 7-10 所示。

表 7-10　某乡 400 亩水稻产量资料

每亩产量（千克）	亩数（亩）
400～450	10
450～500	20
500～550	50
550～600	110
600～650	100
650～700	60
700～750	30
750～800	20
合计	400

要求：极限误差不超过 8 千克，估计全乡水稻单产和总产量，并指出达到这一要求的概率保证程度。

5. 某糖果厂用自动包装机装糖，每包重量服从正态分布，某日开工后随机抽查 10 包的重量如下：494，495，503，506，492，493，498，507，502，490（单位：克）。对该日所生产的糖果，给定概率保证程度为 95%，试求：

(1) 平均每包重量的置信区间，已知总体标准差为 5 克。

(2) 平均每包重量的置信区间，总体标准差未知。

6. 从某企业生产的机器零件中随机抽出 50 个进行产品质量检查，其平均使用寿命为 1 000 小时，历史上几次调查已知该机器零件使用寿命的标准差分别为 100 小时、150 小时、125 小时。合格率分别为 95%，92%，90%。试分别计算平均使用寿命和合格品率的抽样平均误差。

7. 一个电视节目主持人想了解观众对某个电视节目的喜欢情况，他选取了 500 个观众作样本，结果发现喜欢该节目的人有 175 个。试以 95.45% 的概率保证程度估计喜欢这一节目的区间范围。若该节目主持人希望估计的极限误差不超过 6.39%，则有多大把握程度？

8. 从某火柴厂仓库中随机抽选 100 盒火柴检查每盒火柴支数，检验结果是：平均每盒火柴为 98 支，样本标准差为 3 支。试在 99.73% 的概率保证程度下，推断该仓库平均每盒火柴支数的区间范围。如果其他条件不变，允许的误差范围减少到原来的 1/4，问下次调查时需要抽查多少盒火柴？

9. 某地区从 100 000 亩耕地中重复抽取 100 亩耕地进行粮食产量调查，调查结果平均亩产 840 千克，方差 2 500 千克，其中，高产田占 70%。要求：

(1) 在 95.45% 的概率保证程度下，推断平均亩产和高产田所占比重的区间范围。

(2) 在 95.45% 的概率保证程度下，推断粮食总产量和高产田数的区间范围。

10. 某市抽查 50 户职工家庭，进行住户调查。调查结果：月平均每人生活费为 450 元，标准差为 80 元，试在 95.45% 的概率保证程度下，推断该市职工家庭平均每人月生活费所在的范围，若调查者希望估计的极限误差不超过 22.187 2 元，则有多大的把握？

模块八　相关与回归分析

学习目标

知识目标

◎ 了解相关关系的含义及种类

◎ 掌握相关关系的测定

◎ 掌握回归方程的构建

◎ 熟悉回归系数的含义

技能目标

◎ 能够通过相关系数判断相关程度

◎ 能够利用实际资料模拟方程并分析方程的代表性

◎ 能够利用 Excel 进行相关与回归分析

模块考核

模块考核单

序号	考核内容	分值	总结与归纳	成绩
1	相关关系的含义、种类	10		
2	相关关系的测定	20		
3	回归方程的构建	30		
4	用 Excel 进行相关与回归分析	40		
合计		100		

案例导入

表 8-1 是随机抽取的 10 家大型商场销售的同类电子产品的有关数据。

表 8-1 10 家商场销售同类电子产品的数据

单位：元

企业编号	销售价格 y	购进价格 x_1	销售费用 x_2
1	1 248	966	220
2	1 266	894	257
3	1 200	440	387
4	1 193	664	310
5	1 106	791	339
6	1 303	852	283
7	1 313	804	302
8	1 244	905	214
9	1 286	771	304
10	1 084	511	326

思考：（1）如何判断 y 与 x_1，y 与 x_2 之间的相关关系？

（2）如何构建 y 与 x_1，x_2 的回归方程？

任务一 认识相关分析

任务导入

研究结果表明大学生学习时间与学习成绩之间有一定的关系。研究人员收集了不同专业 10 名学生周学习时数和某门课程期末考试成绩的数据，如表 8-2 所示。

表 8-2 学生学习成绩与周学习时数数据

学生编号	1	2	3	4	5	6	7	8	9	10
周学习时数（小时）	4	5	6	7	8	9	10	11	12	14
学习成绩（分）	40	50	60	60	58	75	78	80	90	95

思考：如何分析学习时间与学习成绩二者的相关关系？

任务分析

本任务是关于两个变量相关关系的测定，属于相关分析的内容。相关关系一般可以通过定性分析，或通过定量分析测定，具体包括定性分析、相关表、相关图和计算相关系数。

相关知识与拓展

一、相关关系的含义

现实世界中的各种现象之间是相互联系、相互制约、相互依存的。某些现象发生变化时，另一现象也随之发生变化。研究这些现象之间的依存关系，找出它们之间的变化规律，能够为统计分析提供有利的依据。社会经济现象之间的数量关系大致可以分为两种基本类型：函数关系和相关关系。

（一） 函数关系

函数关系指的是现象之间存在着严格的、确定性的完全依存关系，即指一个变量的数值大小会随着另一个变量的数值大小确定下来。比如只要知道圆的半径就可以知道圆的面积，因为 $S=\pi r^2$，它们之间的关系可以通过确定的等式表示出来。再如，当知道产品价格时，那么销售一定量产品的销售额就是确定的，因为销售额＝销售量×销售价格。

（二） 相关关系

相关关系是指客观现象间确实存在，但数量上不是严格对应的依存关系。在这种关系中，由于受随机因素的影响，某一现象的确定数值，并不总是有一个确定的值与之相对应。例如，学习成绩的高低与学习时间的多少有密切关系，但学习成绩与学习时间并不存在严格的数量关系，因为学习成绩除了受学习时间影响外，还会受学习方法、智力、基础等因素以及其他偶然性因素的影响。

二、相关关系的种类

（一） 按相关程度可以分为完全相关、 不完全相关和不相关

1. 完全相关

完全相关是指两个变量之间存在着完全的、严格的依存关系，即一个变量的值完全由另一个变量决定，也就是函数关系，表现在图形上，所有的点都落在一条线上。例如，在价格不变的条件下，销售额与销售量之间成正比例函数关系，即为完全相关，此时相关关系便成为函数关系，因此也可以说函数关系是相关关系的一个特例。

2. 不完全相关

不完全相关是指两个变量之间有一定的关系，但这种关系并不像函数关系那样完全依存，也不是完全的毫无联系，是一种不严格的依存关系，表现在图形上，并不是所有的点都落在同一条线上。如子女的身高与父母的身高有一定的关系，但子女的身高并不完全由父母的身高确定，二者是一种不严格的依存关系，即为不完全相关。不完全相关是现实当中相关关系的主要形式，也是相关分析的主要研究对象。

3. 不相关

不相关是指变量之间彼此独立、互不影响、毫无联系的一种关系。

（二）按相关的方向可以分为正相关和负相关

1. 正相关

正相关是指一个变量和另一个变量的变化方向一致，即二者是同时增加或同时减少的关系。如你用于学习的时间越多，考试成绩就会越高；你在银行存的钱越少，所得利息就越少等。

2. 负相关

负相关是指一个变量和另一个变量的变化方向相反，即二者是一个增加而另一个减少的关系。如你运动越多，体重就越轻；你完成考试的时间越少，所犯的错误就越多等。

（三）按相关的表现形式可以分为线性相关和非线性相关

1. 线性相关

线性相关是指一个变量变动时，另一个变量也随之发生大致均等的变动，表现在图形上近似为一条直线。如销售量与销售额的关系。

2. 非线性相关

非线性相关是指一个变量变动时，另一变量也随之发生变动，但这种变动是不均等的，表现在图形上近似为一条曲线，可能是抛物线、指数曲线等。如人的年龄和记忆力的关系，当年龄非常小的时候，记忆力是逐渐增强的，但当达到一定年龄时，记忆力就开始逐渐下降，表现在图形上是一条抛物线。

（四）按相关涉及的变量多少可以分为单相关和复相关

1. 单相关

单相关是指一个变量与另一个变量之间的相关关系，即是指两个变量之间的关系。如产品成本与产量之间的关系就属于单相关。

2. 复相关

复相关是指一个变量与两个或两个以上其他变量之间的相关关系，即是指三个或三个以上变量之间的关系。如产量与降雨量和温度之间的关系就属于复相关。

三、相关关系的测定

相关分析是研究现象之间相互依存的密切程度的方法。一般包括两方面内容：一是确定出现象之间是否存在相关关系，这是相关与回归分析的前提，可以通过定性分析、相关图和相关表实现；二是测定现象之间相关关系的密切程度，可以通过计算相关系数实现。

（一）相关表

相关表是指直接根据现象之间的原始资料，将某一变量的若干变量值按从小到大的顺序排列，并将另一变量的值与之对应排列形成的统计表。如表 8－3 所示就用相关表反映了大学生学习成绩与周学习时数的关系。从表中可以直观地看出，随着周学习时数的增加，学生的学习成绩也逐渐提高，两者之间存在一定的正相关关系。

表 8-3 学生学习成绩与周学习时数相关表

学生编号	1	2	3	4	5	6	7	8	9	10
周学习时数 x（小时）	4	5	6	7	8	9	10	11	12	14
学习成绩 y（分）	40	50	60	60	58	75	78	80	90	95

（二）相关图

相关图又称为散点图，是指用直角坐标系的 x 轴代表一个变量，y 轴代表另一个变量，将两个变量间相对应的变量值用坐标点的形式描绘出来，用以表明相关点分布状况的图形。将表 8-3 所示学生学习成绩与周学习时数相关表绘制成相关图，如图 8-1 所示。

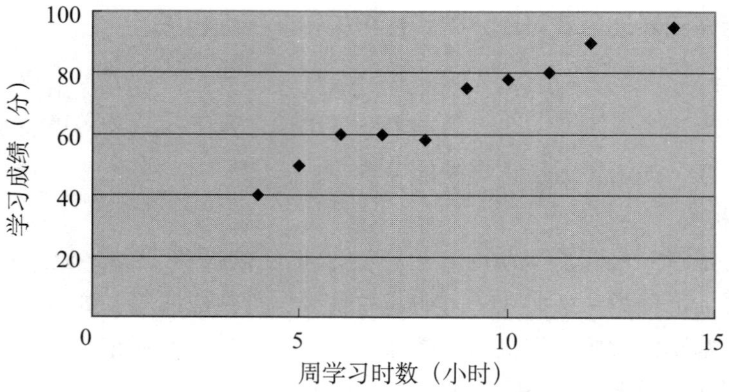

图 8-1 学生学习成绩与周学习时数相关图

从相关图中可以直观地看出，随着周学习时数的增加，学生的学习成绩也逐渐提高，两者之间存在高度的正相关关系，而且这种关系近似地表现为一条直线，也即线性相关。

两个变量之间的关系通过相关图反映时，通常有以下几种图形，具体如图 8-2 所示。

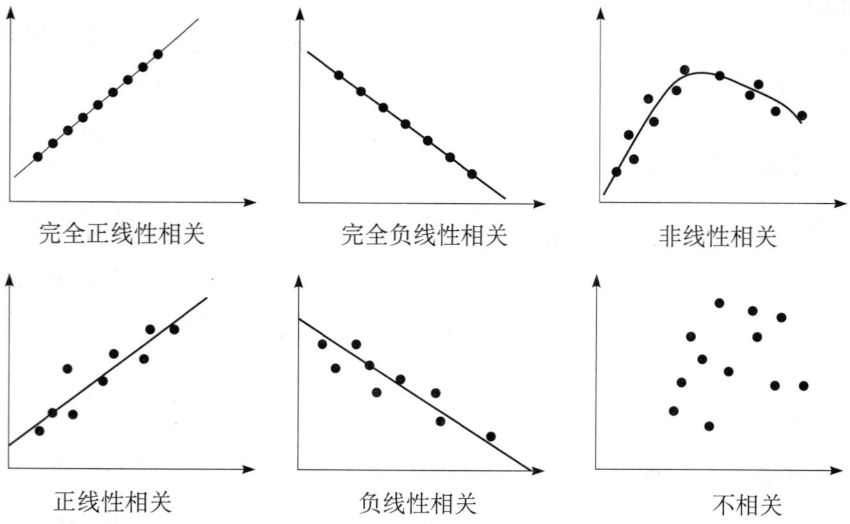

图 8-2 两个变量的各种关系

(三) 相关系数

从相关表和相关图可直观地看到两个变量之间的相关关系及其相关方向，但无法从数量上确切地表明两个变量之间相关的程度。著名统计学家卡尔·皮尔逊设计了相关系数这个统计指标，用来解决这一问题。相关系数是指在线性相关条件下，用以反映两个现象之间相关关系密切程度的统计分析指标。必须注意，相关系数是反映线性相关关系的指标，非线性相关关系不能用这一指标计算。相关系数通常用 r 表示，计算公式为：

$$r=\frac{\sum(x-\bar{x})(y-\bar{y})}{\sqrt{\sum(x-\bar{x})^2\cdot\sum(y-\bar{y})^2}}$$

也可以简化为：

$$r=\frac{n\sum xy-\sum x\sum y}{\sqrt{\left[n\sum x^2-\left(\sum x\right)^2\right]\times\left[n\sum y^2-\left(\sum y\right)^2\right]}}$$

计算出的相关系数 r 具有以下特点：

(1) r 取值范围：$|r|\leqslant 1$，即 $-1\leqslant r\leqslant 1$。

(2) $|r|$ 越接近 1，表示两变量间线性关系越密切；$|r|$ 越接近于 0，表示两变量的线性相关关系越弱。

(3) $|r|=1$，即 $r=\pm 1$ 时，表明两变量之间存在完全的线性相关关系，即为函数关系。

(4) $r>0$，表示两变量成正相关；$r<0$，表示两变量成负相关；$r=0$，表示两变量间无线性相关关系，即两变量可能不相关，也可能曲线相关。

例 8-1

根据表 8-4 所示学生学习成绩与周学习时数的相关表，计算学生学习成绩与周学习时数的相关系数。

表 8-4 学生学习成绩与学习时数的相关系数计算表

学生编号	周学习时数 x（小时）	学习成绩 y（分）	xy	x^2	y^2
1	4	40	160	16	1 600
2	5	50	250	25	2 500
3	6	60	360	36	3 600
4	7	60	420	49	3 600
5	8	58	464	64	3 364
6	9	75	675	81	5 625
7	10	78	780	100	6 084
8	11	80	880	121	6 400
9	12	90	1 080	144	8 100
10	14	95	1 330	196	9 025
合计	86	686	6 399	832	49 898

$$r=\frac{n\sum xy-\sum x\sum y}{\sqrt{\left[n\sum x^2-\left(\sum x\right)^2\right]\times\left[n\sum y^2-\left(\sum y\right)^2\right]}}$$

$$=\frac{10\times 6\ 399-86\times 686}{\sqrt{(10\times 832-86^2)\times(10\times 49\ 898-686^2)}}$$

$$=\frac{4\ 994}{\sqrt{924\times 28\ 384}}=\frac{4\ 994}{5\ 121.21}$$

$$=0.975\ 2$$

r 接近于1，表明学生周学习时数与学习成绩相关关系密切，具有高度正相关。

任务二 认识回归分析

任务导入

学生周学习时数与学习成绩具有高度的正相关关系，具体如表 8－5 所示。

表 8－5 学生学习成绩与周学习时数数据

学生编号	1	2	3	4	5	6	7	8	9	10
周学习时数（小时）	4	5	6	7	8	9	10	11	12	14
学习成绩（分）	40	50	60	60	58	75	78	80	90	95

思考：如何构建学习成绩与周学习时数的回归方程？预测当每周学习时数为 13 小时时，学习成绩为多少分？

任务分析

学习成绩和学习时间二者具有相关关系，要反映二者之间的影响关系，可以借助于模型。至于如何构建两个变量的回归方程，一般需要考虑：

（1）区分自变量和因变量；

（2）构建回归方程，确定参数；

（3）根据方程预测当自变量的值给定时因变量的值。

相关知识与拓展

一、认识回归分析

（一）回归分析的含义

相关分析可以判断两个变量之间的关系，但有相关关系的两个变量之间如何产生影响却是回归分析的内容。“回归”这个术语是由英国著名统计学家弗朗西斯·高尔顿（Francis Galton）在 19 世纪末期研究孩子及他们的父母的身高时提出来的。高尔顿发现身材高的父母，他们的孩子也高。但这些孩子平均起来并不像他们的父母那样高。父母比较矮的情形是：他们的孩子比较矮，但这些孩子的平均身高要比他们的父母的平均身高要高。高尔顿把这种孩子的身高向中间值靠近的趋势称为回归效应，而他提出的研究两个数值变量的方法称为回归分析。

回归分析，是指在相关分析的基础上，把具有相关关系的两个或两个以上变量之间的具体变动关系模型化，求出关系方程式，找出一个能够反映变量间变化关系的函数关系式，并据此进行估计和推算。通过回归分析，可以将相关变量之间不确定、不规则的数量关系一般化、规范化，从而可以根据自变量的某一个给定值推断出因变量的可能值（或估计值）。

（二）回归分析的特点

与相关分析相比，回归分析主要具有以下基本特点：

（1）变量之间不是对等的关系，即需要区分自变量和因变量。

回归分析研究变量之间的因果关系，所以必须通过定性分析来确定哪个是自变量、哪个是因变量；相关分析则是分析变量之间的关系，没有自变量和因变量之分。

（2）自变量是确定性变量，因变量是随机变量。

回归分析主要对具有相关关系的变量进行测定，确定一个数学表达式，从而以自变量推导因变量的值。因此自变量不是随机变量，应是一个给定的具体数值，因变量则是随机的；而相关分析涉及的变量都是随机变量。

（3）回归方程中的系数有正负之分。

回归方程中的回归系数可能是正数，也可能是负数，通常与相关系数的方向一致，二者可以相互推算。

（4）互为因果关系的两个变量，可以编制两个独立的回归方程。

回归分析对于因果关系不甚明确或可以互为自变量的两个变量，可以求出 y 依 x 的回归方程，还可以求出 x 依 y 的回归方程；而相关分析研究两个变量的相关程度，计算出的相关系数是唯一的。

（5）构建回归方程后，可以用自变量的值推算因变量的值。

相关分析重在测定相关程度和方向，回归分析则重在用回归模型进行预测和控制。回归方程在进行预测估计时，只能通过自变量的数值求因变量的可能值，即只能由 x 推出 y 的估计值 $\hat{y}$，而不能据 $\hat{y}$ 逆推 x。

需要注意的是，我们不能把回归分析看作是在变量间建立一个因果关系的过程。回归分析只能表明，变量是如何或者是以怎样的程度彼此联系在一起的。有关变量间因果关系的任何结论，必须建立在理论分析的基础之上。

（三）回归分析的种类

1. 按自变量的个数可以将回归分析分为一元回归和多元回归

（1）一元回归。

一元回归是指一个自变量和一个因变量之间的回归。

（2）多元回归。

多元回归是指两个或两个以上自变量和一个因变量之间的回归。

2. 按回归曲线的形态可以将回归分析分为线性回归和非线性回归

（1）线性回归。

线性回归是指回归的变量之间的关系为线性关系。

（2）非线性回归。

非线性回归是指回归的变量之间的关系为非线性关系。

二、建立一元线性回归方程

回归分析是在相关分析的基础上，对相关分析的深入和继续。因此，相关分析是回归分析的基础和前提。所以，回归分析之前必须通过某种方法判断变量间是否存在相关关系。变量间回归分析时，要根据定性分析，将变量区分为自变量和因变量，然后通过构建方程描述变量间的相关关系，并推算方程中的参数。由于涉及的变量值具有不确定性，方程形成后还要对方程进行检验，主要通过估计标准误差这一指标进行。检验通过后，利用回归方程，根据自变量估计因变量的值。下面以一元线性回归方程为例加以说明。

一元线性回归方程是分析两个变量 x 与 y 之间线性相关关系的数学方程式，是回归分析中最简单、应用最广泛的一种，是一般回归分析的基础。假定 x 为自变量，y 为因变量，y 值除了受自变量 x 值影响外，还受其他随机因素的影响。在构建模型时，还应该包括随机误差项 ε。那么，x 与 y 之间的关系可以表示为：$y=a+bx+\varepsilon$。

其中，a 为直线的截距，表示当自变量 x 的数值为 0 时，因变量 y 的取值。b 为直线的斜率，又称回归系数，表示当自变量 x 每变动一个单位时，因变量 y 平均变动的数值。

估计的回归方程为：$\hat{y}=a+bx$

根据实际资料，用最小二乘法，即使 $\sum(y-\hat{y})^2=$ 最小，从而确定待定系数 a,b 的值。

$$\sum(y-\hat{y})^2=\sum(y-a-bx)^2=\min$$

分别对 a,b 求偏导并令其为零，可以得出以下两个方程组：

$$\begin{cases}\sum y=na+b\sum x\\ \sum xy=a\sum x+b\sum x^2\end{cases}$$

解方程组，从而求得：

$$\begin{cases}b=\dfrac{n\sum xy-\sum x\sum y}{n\sum x^2-\left(\sum x\right)^2}\\ a=\bar{y}-b\bar{x}=\dfrac{\sum y}{n}-b\dfrac{\sum x}{n}\end{cases}$$

a,b 确定后，估计的回归方程即可确定，从而也可以通过自变量的值估计和推算因变量的值。

例 8-2

某种产品的产量与单位成本的资料如表 8-6 所示。

表 8-6 产品产量与成本资料

产量（千件）	2	3	4	3	4	5
单位成本（元）	73	72	70	73	69	65

要求：(1) 模拟产量与单位成本的回归方程；

(2) 分析产量每增加 1 000 件时，单位成本如何变动。

计算出的相关数据如表 8-7 所示。

表 8-7 根据产品产量和成本计算相关系数表

产品编号	产量 x（千件）	单位成本 y（元）	xy	x^2	y^2
1	2	73	146	4	5 329
2	3	72	216	9	5 184
3	4	70	280	16	4 900
4	3	73	219	9	5 329
5	4	69	276	16	4 761
6	5	65	325	25	4 225
合计	21	422	1 462	79	29 728

根据表 8-7 中的数据计算相关系数：

$$
\begin{aligned}
r &= \frac{n\sum xy - \sum x\sum y}{\sqrt{\left[n\sum x^2 - \left(\sum x\right)^2\right]\times\left[n\sum y^2 - \left(\sum y\right)^2\right]}} \\
&= \frac{6\times 1\,462 - 21\times 422}{\sqrt{(6\times 79 - 21^2)\times(6\times 29\,728 - 422^2)}} \\
&= \frac{-90}{96.81} = -0.929\,7
\end{aligned}
$$

从计算结果可以看出，产量与单位成本相关性非常密切，成高度负相关关系。相关度越高，回归的意义越大。通过分析可以知道，一般情况下产量会影响单位成本，因此产量属于自变量，单位成本属于因变量，构建二者之间的回归方程 $\hat{y}=a+bx$。

计算 a,b：

$$
\begin{cases}
b = \dfrac{n\sum xy - \sum x\sum y}{n\sum x^2 - \left(\sum x\right)^2} = \dfrac{6\times 1\,462 - 21\times 422}{6\times 79 - 21^2} = \dfrac{-90}{33} = -2.73 \\
a = \bar{y} - b\bar{x} = \dfrac{\sum y}{n} - b\dfrac{\sum x}{n} = \dfrac{422}{6} - (-2.73)\times\dfrac{21}{6} = 79.88
\end{cases}
$$

因此，构建的一元线性回归方程为 $\hat{y}=79.88-2.73x$。

b 为回归系数，表示当自变量 x 每变动一个单位时，因变量 y 平均变动的数值。因此 $b=-2.73$ 表示当产量每增加 1 千件（1 000 件）时，单位成本平均下降 2.73 元。

三、建立多元线性回归方程

（一）多元线性回归方程的含义

多元线性回归方程是分析两个或两个以上自变量与一个因变量之间相关关系的数学方

程式。其估计的基本程序与一元线性回归方程相似，也是通过采用最小二乘法拟合一条与实际最为接近的直线方程。因为涉及的自变量为两个或两个以上，因此，构建方程时首先需要通过理论分析筛选自变量。假定 x 为自变量，y 为因变量，y 值除了受自变量 $x_1, x_2, x_3, \cdots, x_n$ 值影响外，还受其他随机因素的影响。在构建模型时，还应该包括随机误差项 ε。那么，构建的多元线性回归模型可以表示为：

$$y = a + b_1x_1 + b_2x_2 + \cdots + b_nx_n + \varepsilon$$

估计的回归方程为：

$$\hat{y} = a + b_1x_1 + b_2x_2 + \cdots + b_nx_n$$

构建方程后，需要通过最小二乘法确定参数。确定的思路和一元线性回归方程相似，但由于涉及的自变量较多，计算上较为复杂。实际工作中，通常需要通过计算机来处理，这里就不再赘述。

（二）建立二元线性回归方程

以二元线性回归为例说明多元线性回归方程的建立。二元线性回归方程是分析两个自变量与一个因变量之间相关关系的数学方程式。假定 x 为自变量，y 为因变量，y 值除了受自变量 x_1, x_2 值影响外，还受其他随机因素的影响。在构建模型时，还应该包括随机误差项 ε。那么，构建的二元线性回归模型可以表示为：

$$y = a + b_1x_1 + b_2x_2 + \varepsilon$$

式中，a 为截距；b_1，b_2 为回归系数。b_1 为假定 x_2 固定时，x_1 每变动 1 个单位引起的 y 的增量；b_2 为假定 x_1 固定时，x_2 每变动 1 个单位引起的 y 的增量。

估计的回归方程为：

$$\hat{y} = a + b_1x_1 + b_2x_2$$

根据实际资料，用最小二乘法使 $\sum (y - \hat{y})^2 =$ 最小：

$$\sum (y - \hat{y})^2 = \sum (y - a - b_1x_1 - b_2x_2)^2 = \min$$

分别对 a, b_1, b_2 求偏导并令其为零，求得三个标准方程：

$$\begin{cases} \sum y = na + b_1\sum x_1 + b_2\sum x_2 \\ \sum x_1y = a\sum x_1 + b_1\sum x_1^2 + b_2\sum x_1x_2 \\ \sum x_2y = a\sum x_2 + b_1\sum x_1x_2 + b_2\sum x_2^2 \end{cases}$$

解此联立方程便可得到 a, b_1, b_2。

a, b_1, b_2 确定后，估计的二元线性回归方程即可确定，从而也可通过自变量的值估计和推算因变量的值。但通过方程求以上系数的过程比较复杂，在此不再介绍，现实中多元回归主要采用计算机软件进行操作。

四、检验回归方程

回归分析的一个重要特点是构建回归方程后，可以用自变量的已知值推算因变量的可能值。推算出来的因变量的值可能与实际值一致，也可能不一致。方程建立后，效果如何，需要通过估计标准误差进行检验。估计标准误差是指回归分析的估计值与对应的实际观测值之间误差的平均值，是检验回归方程代表性大小的重要指标。估计标准误差值越小，说明回归估计值的准确程度越高，回归方程的代表性越好；反之，值越大，说明回归估计值的准确度越低，回归方程的代表性越差。具体计算公式为：

$$S_{yx}=\sqrt{\frac{\sum(y-\hat{y})^2}{n-2}}$$

式中，S_{yx} 表示估计标准误差；y 表示因变量的实际值；$\hat{y}$ 表示因变量的估计值；n 表示数据的个数。

一般，当 $S_{yx}/\bar{y}<15\%$时，认为回归方程拟合较好。

例 8-3

以例 8-2 的资料说明估计标准误差的计算过程。

相应的计算结果如表 8-8 所示。

表 8-8　根据产品产量和成本计算估计标准误差

产量 x（千件）	单位成本 y（元）	$\hat{y}=79.88-2.73x$	$(y-\hat{y})^2$
2	73	74.42	2.016 4
3	72	71.69	0.096 1
4	70	68.96	1.081 6
3	73	71.69	1.716 1
4	69	68.96	0.001 6
5	65	66.23	1.512 9

将表 8-8 中的结果代入公式可得：

$$S_{yx}=\sqrt{\frac{\sum(y-\hat{y})^2}{n-2}}=\sqrt{\frac{6.4247}{6-2}}=1.2673\text{（元）}$$

$$S_{yx}/\bar{y}=1.8\%<15\%$$

说明：该一元线性回归方程 $\hat{y}=79.88-2.73x$ 拟合良好。

为了计算方便，有的时候会将估计标准误差进行简化，简化后的公式为：

$$S_{yx}=\sqrt{\frac{\sum y^2-a\sum y-b\sum xy}{n-2}}$$

任务三　运用 Excel 进行相关与回归分析

任务导入

某集团公司所属 15 个企业产品销售资料如表 8-9 所示。

表 8-9 15 个企业产品销售资料

企业编号	销售额（万元）	销售利润（万元）
1	170	8.5
2	180	10.1
3	220	12.3
4	380	17.4
5	450	18.2
6	480	25.6
7	520	28.1
8	650	40.0
9	660	39.8
10	700	45.6
11	740	55.2
12	800	56.0
13	950	64.3
14	1 000	70.0
15	1 020	71.8

思考：（1）如何分析产品销售额与销售利润之间的关系？

（2）模拟二者的回归方程。

（3）预测当销售额为 1 100 万元时，销售利润为多少？

任务分析

本任务涉及 15 个企业的数据，数据量比较大，若人工计算，工作量大且容易出现错误，现实中经常采用统计软件进行分析。

相关知识与拓展

一、运用 Excel 进行相关分析

（一）Excel 的图表功能

相关图是通过绘制两个变量的散点图来测定变量间相关关系的一种方法。图表绘制后，就可以直观地判断两变量间有无关系，什么关系。以表 8-9 中 15 个企业产品销售资料为例说明绘制散点图的具体操作步骤。

（1）选定 Excel 中的数据。

（2）在菜单中选择“插入”—“散点图”或选择“插入”—“图表”，出现“插入图表”对话框，选择图表类型为“XY（散点图）”，如图 8-3 所示，点击“确定”。

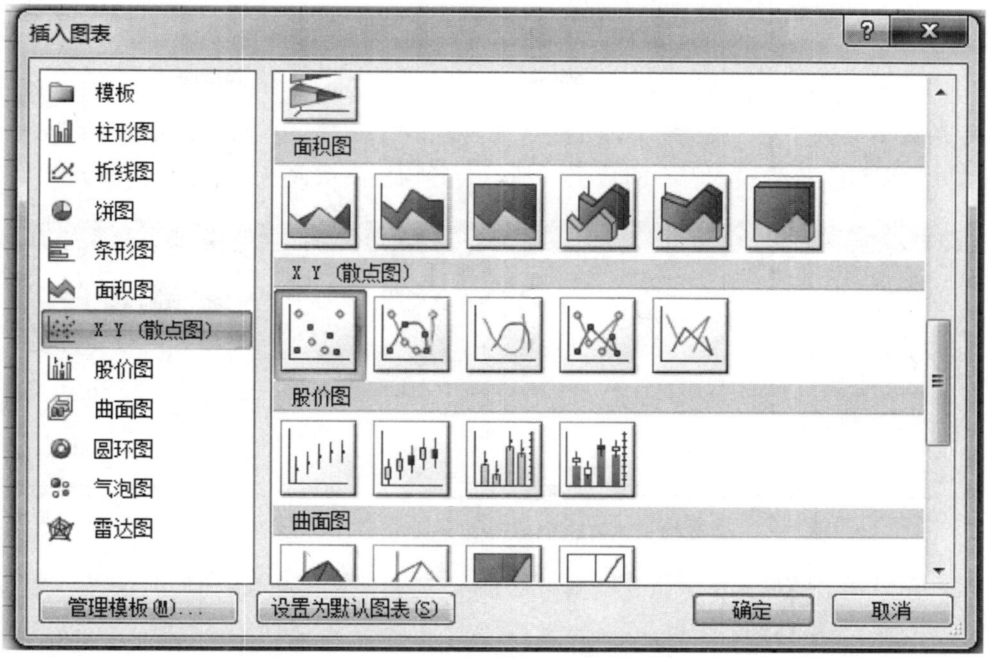

图 8－3 图表类型对话框

（3）点击“确定”后，会在 Excel 中形成一个基本的散点图。根据需要左键双击或右键单击图表可对散点图进行增加、修改或删减一些项目，最终形成的散点图如图 8－4 所示。

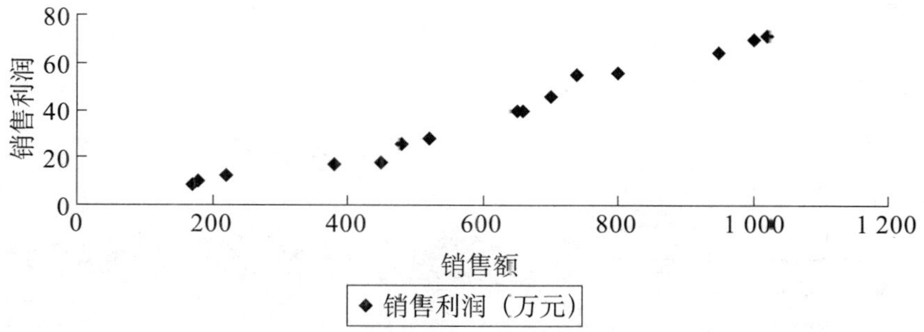

图 8－4 企业产品销售额与销售利润的散点图

图中 X 轴代表销售额，Y 轴代表销售利润，散点图反映二者之间的相关关系。可以看出，随着销售额的增加，销售利润是呈现上升趋势的，而且销售额与销售利润的关系近似于一条直线，因此二者呈正线性相关关系，且高度相关。

（二） Excel 的函数功能

Excel 提供了两个可以计算相关系数的函数，分别是 PEARSON 和 CORREL，二者操作步骤相似。仍然以表 8－9 中 15 个企业产品销售资料为例说明通过 Excel 的函数功能计算相关系数的具体操作步骤。

（1）在数据区域外选择一个空白单元格，用来放置相关系数的值。

（2）在菜单中点选“公式”—“插入函数”—“全部”（或“统计”）—“PEARSON”（或“CORREL”）。

（3）出现对话框，如图 8－5 所示，在 Array1 中输入一组变量，通常是自变量，Array2 中输入另一组变量，通常是因变量，然后点击“确定”。因为相关分析中两个变量是平等的，故而，无论先输入哪一组数据，都不会影响相关系数的结果。

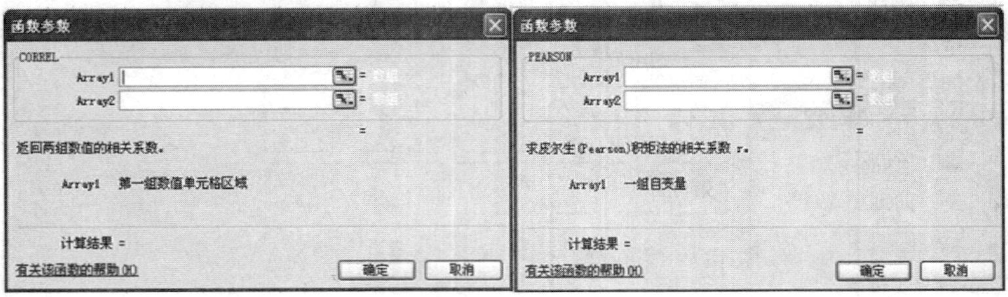

图 8－5 计算相关系数的 CORREL 函数和 PEARSON 函数对话框

（4）在原选定的单元格中出现结果为 0.984 398，即相关系数的值。

（三）Excel 的数据分析功能

在 Excel 的数据分析功能中，仍然提供了两种求相关系数的方法。一种是数据分析中的“相关系数”，另一种是数据分析中的“回归”，稍后就会介绍到回归，这里暂不介绍。仍然以表 8－10 中 15 个企业产品销售资料为例说明通过 Excel 的数据分析功能计算相关系数的具体操作步骤。

（1）在菜单中点选“数据”—“数据分析”—“相关系数”，然后点击“确定”。

（2）出现“相关系数”对话框，“输入区域”中选择全部数据（包括文字），勾选“标志位于第一行”，根据需要选择“输出选项”，然后点击“确定”，见图 8－6。

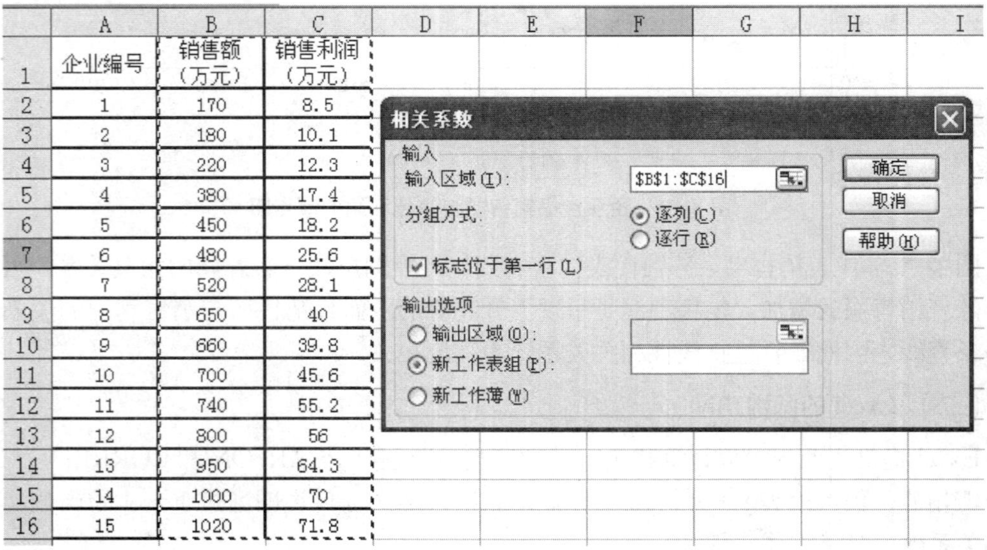

图 8－6 “相关系数”对话框

（3）出现相关系数的结果，如表 8－10 所示。

表 8－10　相关系数的结果显示

	销售额（万元）	销售利润（万元）
销售额（万元）	1	
销售利润（万元）	0.984 398 479	1

可见，销售利润与销售额的相关系数为 0.984 398 479，二者高度线性正相关。

二、运用 Excel 进行回归分析

运用 Excel 进行回归分析主要是利用 Excel 的数据分析功能实现的。仍然以表 8－9 中 15 个企业产品销售资料为例说明通过 Excel 的数据分析功能进行回归分析的具体操作步骤。

（1）在菜单中点选“数据”—“数据分析”—“回归”，点击“确定”。

（2）出现“回归”对话框。

（3）在出现的对话框中输入 X 值和 Y 值。此时的 X 代表的是自变量，Y 代表的是因变量。因此必须首先分析数据的关系从而判断自变量和因变量。从表 8－9 所示的数据资料很容易分析出销售额会影响销售利润，销售额是影响因素，是自变量，销售利润是因变量。因此，X 值输入区域输入销售额一列的值，Y 值输入区域输入销售利润一列的值。若勾选“标志”，则输入区域应包含标志，若不勾选，则只需选择数据区域。其他如输出选项、残差及正态分布等可以根据需要选择，然后点击“确定”，见图 8－7。

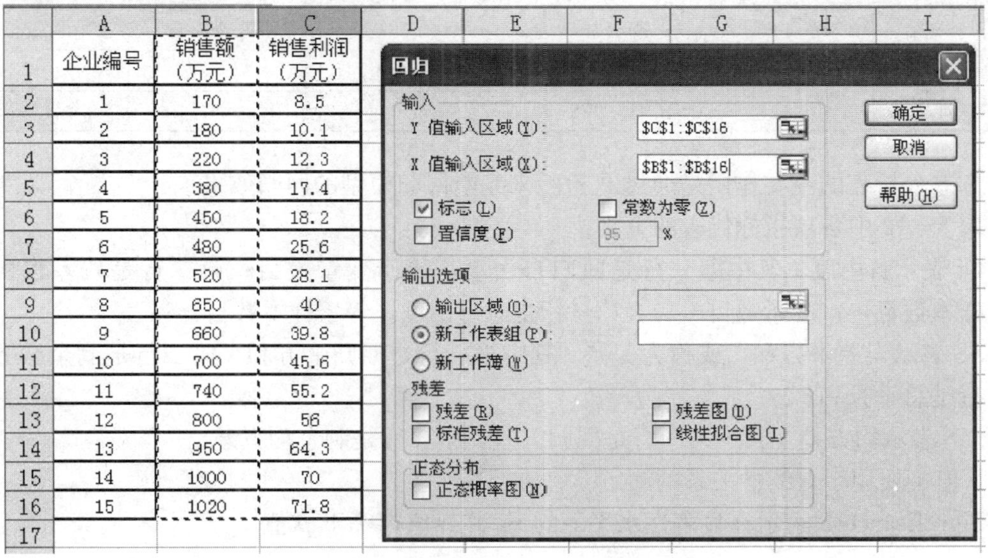

图 8－7　回归对话框

（4）出现回归的结果，如表 8－11～表 8－13 所示。

回归的结果主要有回归统计表、方差分析表和回归参数表三个。

表 8－11 回归统计表

回归统计	
Multiple R	0.984 398
R Square	0.969 040
Adjusted R Square	0.966 659
标准误差	4.058 662
观测值	15

表 8－11 中，Multiple R 称为相关系数，它用来衡量变量 x 和 y 之间相关程度的大小。Multiple R 为 0.984 398，表示二者之间的关系是高度正相关关系。

R Square 即 R^2，称为判定系数，用来说明用自变量解释因变量变差的程度，以测量自变量同因变量 y 的拟合效果。判定系数为 0.969 04，表明用自变量可解释因变量变差的 96.90％。

Adjusted R Square 为调整的判定系数，它用于衡量加入独立变量后模型的拟合程度，仅用于多元回归才有意义。当有新的独立变量加入后，即使这一变量同因变量之间不相关，未经修正的 R^2 也要增大，修正的 R^2 仅用于比较含有同一个因变量的各种模型。

标准误差又称为标准回归误差或叫作估计标准误差，它用来衡量拟合程度的大小，也用于计算与回归有关的其他统计量，此值越小，说明拟合程度越好。

观测值是指用于估计回归方程的数据的个数。

表 8－12 方差分析表

	Df	SS	MS	F	Significance F
回归分析	1	6 702.784	6 702.784	406.901 6	3.409 62E－11
残差	13	214.145 6	16.472 74		
总计	14	6 916.929			

方差分析表的主要作用是通过 F 检验来判断回归模型的回归效果。

表 8－12 中各项指标代表的含义：

Df 表示自由度。其中第一行是回归自由度，等于变量数目；第二行是残差自由度，等于样本数目－（变量数目＋1）；第三行是总自由度，等于样本数目－1。

SS 表示误差平方和，或称为变差。其中第一行是回归平方和，第二行是剩余乘方和，第三行是总平方和。

MS 表示均方差。其中第一行是回归方差，第二行是剩余均方差。

F 值主要用于对线性关系的测定。

Significance F 表示在显著性水平下的 Fa 临界值，等于 p 值。

表 8－13 回归参数表

	Coefficients	标准误差	T Stat	P-value	Lower 95％	Upper 95％
Intercept	－8.241 1	2.499 22	－3.297 5	0.005 78	－13.640 3	－2.841 9
X Variable 1	0.076 96	0.003 82	20.171 8	3.4E-11	0.068 721	0.085 21

回归参数表是回归分析结果的最后一个部分。回归参数代表的含义：

Intercept 代表截距，与之对应的行代表截距的各项指标。

X Variable 1 代表自变量，与之对应的行代表自变量的各项指标。

Coefficients 代表截距和回归系数（斜率）的值。

标准误差代表回归系数的标准误差，误差值越小，表明参数的精确度越高。

T Stat 代表根据原假设 H_0（截距＝斜率＝0）计算的样本统计量 t 的值，用于对模型参数的检验。

P-value 代表各个回归系数的 p 值（双侧）。

Lower 95％代表截距和回归系数 95％的置信区间的下限。

Upper 95％代表截距和回归系数 95％的置信区间的上限。

（5）分析回归结果，本例中首先观察到，相关系数极高，回归有意义。判定系数＝0.966 7，也说明方程的拟合程度较高。通过下面的 Intercept＝－8.241 1，X Variable 1＝0.076 96 可知，拟合的回归方程为 $\hat{y}=-8.241\ 1+0.076\ 96x$。

根据拟合的回归方程，将 $x=1\ 100$ 代入，即可求得当销售额为 1 100 万元时，利润 $y=76.42$ 万元。

模块小结

- 相关与回归分析
  - 相关分析
    - 定性分析
    - 相关图
    - 相关表
    - 计算相关系数
  - 回归分析
    - 模拟回归方程
    - 确定参数
    - 效果检验

拓展阅读

子女身高与父母身高的回归分析

一、问题的提出

早在 19 世纪后期，英国统计学家 Galton 通过观察 1 078 个家庭中父亲、母亲身高的平均值 x（单位：英寸）和其中一个成年儿子身高 y（单位：英寸），建立了关于父母身高与子女身高的线性方程：

$$y=33.73+0.516x$$

从方程可以看出，子女身高有回归平均的倾向。那么，时隔一百多年后的今天，人类的物质生活和精神生活都已发生巨大的变化，父母身高与子女身高之间将呈现出什么样的关系呢？

在现实生活中，我们都知道父母身高对子女身高是有影响的，但父亲与母亲的影响分别有多大？他们对儿子和女儿的影响程度是否相同？能否用定量的形式回答这些问题？如果可以利用回归方法，进一步揭示父亲身高、母亲身高与子女身高之间量化关系的秘密，将有助于那些关注自己后代身高的年轻父母们进行早期预测，同时也可为那些未婚青年男女在选择理想配偶时提供科学的参考依据。

二、数据的收集

为了问题的研究，我们要求所调查的家庭满足下列条件：(1) 家庭中有一个或多个子女；(2) 家庭成员身体健康，发育正常，无先天性和遗传性疾病，无残疾；(3) 子女的年龄均在 23 岁（含 23 岁）以上。考虑到调查范围的广泛性，我们随机抽取了机关干部、职员、工人、农民、城市居民、军人、大学生家庭，并特意选择了一所全国招生的军队院校应届毕业生，他们来自全国各地，家庭背景相对复杂，这样使得样本更具代表性。

在收回的 410 张（发放 460 张）调查表中，符合要求的有 290 个家庭，其中，有儿子 405 人，有女儿 270 人。

三、方法的确定

根据所收集的数据，应用二元回归分析方法，研究父亲身高、母亲身高与儿子或女儿身高的关系。

1. 建立回归方程

设 X_1 为父亲身高，X_2 为母亲身高，Y 为儿子或女儿身高。则父母身高与子女身高的回归模型为：

$$Y=\beta_0+\beta_1X_1+\beta_2X_2+\varepsilon$$

根据样本数据建立估计二元回归方程：

$$\hat{y}=b_0+b_1x_1+b_2x_2$$

2. 显著性检验

对回归方程进行 F 检验，拒绝区域为 $F>F_\alpha(2, n-3)$；

对回归系数进行 t 检验，拒绝区域为 $t>t_{\alpha/2}(n-3)$。

3. 预测

若某一家庭父亲和母亲身高分别为 x_{10} 和 x_{20}，则子女身高的点估计为：

$$\hat{y}=b_0+b_1x_{10}+b_2x_{20}$$

四、结果分析

(1) 父母身高对儿子身高的影响：

$$\hat{y}=53.640+0.368x_1+0.349x_2$$

显著性检验：在 $\alpha=0.01$ 的显著水平下：

$$F=62.714>F_\alpha(2, 400)=4.68$$

$$t_1=7.85>t_{\alpha/2}(400)=2.689$$

$$t_2=6.71>t_{\alpha/2}(400)=2.689$$

结果说明回归方程显著，回归系数显著。因此，所建立的回归方程是有意义的，即父母身高与儿子身高有显著的线性关系。

(2) 父母身高对女儿身高的影响：

$$\hat{y}=47.140+0.249x_1+0.455x_2$$

显著性检验：在 $\alpha=0.01$ 的显著水平下：

$F=46.81>F_{\alpha}(2, 300)=4.68$

$t_1=4.92>t_{\alpha/2}(300)=2.68$

$t_2=7.61>t_{\alpha/2}(300)=2.689$

结果说明回归方程显著，回归系数显著，故所建立的回归方程有效，即女儿身高与父母身高有显著的线性关系，特别是母亲身高对女儿身高的影响更为重要。

(3) 从以上结果可以看出，在某种程度上，父母身高对子女身高有重要影响，且在不同时期，子女身高有回归平均身高的趋势，即个子矮的父母，其子女身高未必低于自己，个子高的父母，其子女身高未必高于自己。表 8-14 给出了部分家庭子女身高的预测值，其中，区间估计的把握程度为 95%。

表 8-14　部分家庭子女身高的预测值　　单位：cm

父亲身高	母亲身高	儿子身高			女儿身高		
		点估计	下限	上限	点估计	下限	上限
160	155	166.57	165.32	167.83	157.50	155.99	159.02
160	160	168.32	167.16	169.48	159.78	158.43	161.13
165	160	170.15	169.41	170.91	161.02	160.14	161.90
165	165	171.90	171.01	172.91	163.30	162.26	164.33
170	160	172.00	171.53	172.46	162.27	161.74	162.79
170	165	173.74	173.12	174.36	164.54	163.77	165.30
175	160	173.83	173.27	174.40	163.51	162.94	164.07
175	165	175.58	174.93	176.22	165.78	164.98	166.59
180	160	175.67	174.73	176.60	164.75	163.79	165.71
180	165	177.42	176.47	178.36	167.03	165.91	168.14
180	170	177.41	176.47	178.36	169.30	167.76	170.83

技能训练

一、简答题

1. 什么是相关关系？相关关系有哪些种类？
2. 测定相关关系的方法有哪几种？
3. 如何计算相关系数？
4. 什么是回归分析？回归分析的种类有哪些？
5. 什么是线性回归方程？如何构建线性回归方程？
6. 回归系数代表什么含义？它与相关系数有何联系？

二、单项选择题

1. 变量 x 与 y 之间的负相关是指(　　)。

A. x 数值增大时 y 也随之增大　　B. x 数值减少时 y 也随之减少

C. x 数值增大时 y 随之减少　　D. y 的取值几乎不受 x 取值的影响

2. 设某种产品产量为 1 000 件时，其生产成本为 30 000 元，其中固定成本为 6 000 元，则总生产成本对产量的一元线性回归方程为(　　)。

A. $y=6\ 000+1\ 000x$　　B. $y=6\ 000+24x$

C. $y=24\ 000+6x$　　D. $y=6\ 000+30\ 000x$

3. 根据你的判断，下面的相关系数取值哪一个是错误的？（　　）

A. −0.86　　B. 0.78　　C. 1.25　　D. 0

4. 在回归模型中，ε反映的是（　　）。

A. 由于 x 的变化引起的 y 的线性变化部分

B. 由于 y 的变化引起的 x 的线性变化部分

C. 除 x 和 y 的线性关系之外的随机因素对 y 的影响

D. 由于 x 和 y 的线性关系对 y 的影响

5. 如果两个变量之间存在负相关关系，下列回归方程中哪个肯定有误？（　　）

A. $y=25-0.75x$　　B. $y=-120+0.86x$

C. $y=200-2.5x$　　D. $y=-34-0.74x$

6. 现象之间相互依存关系的程度越高，则相关系数（　　）。

A. 越接近于无穷大　B. 越接近于−1　C. 越接近于1　D. 越接近于−1或1

7. 下列回归方程中，哪个肯定有误？（　　）

A. $y=15-0.48x$，$r=0.65$　　B. $y=-15-1.35x$，$r=-0.81$

C. $y=-25+0.85x$，$r=0.42$　　D. $y=120-3.56x$，$r=-0.96$

8. 若变量 x 与 y 之间的相关系数 $r=0.8$，则回归方程的判定系数为（　　）。

A. 0.8　　B. 0.89　　C. 0.64　　D. 0.40

9. 对具有因果关系的现象进行回归分析时，（　　）。

A. 只能将原因作为自变量　　B. 只能将结果作为自变量

C. 二者均可作为自变量　　D. 没有必要区分自变量

10. 若根据两个变量的观测值计算出来的相关系数接近于0，则说明（　　）。

A. 两个变量间无关系　　B. 两个变量间无直线关系

C. 两个变量间关系十分密切　　D. 两个变量间是曲线相关

三、技能操作题

1. 某公司10个所属企业的产品销售资料如表8－15所示。

表8－15　某公司10个所属企业的产品销售资料

企业编号	销售额（万元）	销售利润（万元）
1	165	9.1
2	220	12.5
3	390	18.0
4	430	22.0
5	480	26.5
6	650	40.0
7	850	64.0
8	1 000	69.0
9	1 050	71.0
10	1 180	72.9

要求：(1) 计算相关系数，测定产品销售额和销售利润之间的相关关系。

(2) 模拟二者的回归方程，分析当销售额增加 1 万元，销售利润将如何变动。

(3) 预测当销售额为 1 300 万元时，销售利润为多少?

2. 从某大学会计电算化专业的学生中随机抽取 20 人，对数学与会计的考试成绩进行调查，结果如表 8-16 所示。

表 8-16 某大学会计电算化专业学生数学与会计考试成绩 单位：分

学生编号	数学成绩 x	会计成绩 y	学生编号	数学成绩 x	会计成绩 y
1	60	71	11	81	94
2	81	72	12	77	68
3	90	90	13	60	66
4	91	96	14	66	58
5	74	68	15	84	87
6	70	82	16	70	82
7	73	78	17	54	46
8	85	81	18	82	85
9	60	75	19	70	62
10	83	78	20	88	90

要求：(1) 绘制数学成绩与会计成绩的散点图。

(2) 计算数学成绩与会计成绩之间的相关系数，并说明二者的相关程度。

(3) 拟合二者的回归方程，预测当数学成绩每增加 1 分时，会计成绩如何变动?

模块九 认识和撰写统计分析报告

学习目标

知识目标

◎ 熟悉统计分析报告的结构

◎ 掌握统计分析报告的撰写方法

技能目标

◎ 能够根据现有资料撰写出完整的统计分析报告

模块考核

模块考核单

序号	考核内容	分值	总结与归纳	成绩
1	统计分析报告的含义及种类	20		
2	统计分析报告的格式	20		
3	统计分析报告的撰写	60		
合计		100		

案例导入

长城家用电器厂产品竞争能力分析

长城家用电器厂前两年饮水机市场占有率比较高。由于产品质量较好，价格相对较低，无须在销售中花费更多力气，就可得到较高的市场占有率。销售总量在本省同行业销售总量中所占的比例，前两年为 8.8%，上一年为 8.3%。本年该厂仍然沿用过去的销售方法，没有什么新的开拓，原以为仍可保持以前的市场占有率，但本年市场占有率一下子降为 4.3%，全厂经济效益急剧下降，从厂领导到职工，心中都十分焦急，希望找到原因，改善长城家用电器厂的销售情况。市场占有率下降，说明企业竞争能力减弱。本厂饮水机市场占有率为何下降，有什么对策？厂领导责成统计科进行分析研究。

思考：假设你是该厂统计科工作人员，该从哪些方面进行分析？如何撰写出一份能为领导提供决策参考的统计分析报告？

任务一 认识统计分析报告

任务导入

某会计专业学生，毕业后进入一家服装公司从事统计工作，主要负责统计公司生产的服装产量。同时领导要求，每月撰写一份关于服装产量的统计分析报告。

思考：什么是统计分析报告？它主要有哪几种类型？该毕业生撰写的统计分析报告属于哪一类？如何撰写？

任务分析

统计分析报告是以数据的统计分析为基本前提的。要想做好统计分析报告的撰写工作，必须首先要遵循统计学的原理和方法对数据进行整理和分析，从而描述和反映事物的发展情况。统计分析报告的应用是很广泛的。按照不同的角度可以有不同的分类。该学生撰写的统计分析报告以定期数据为主，反映现象的发展情况，了解未来的趋势及当期的计划完成情况，属于进度统计分析报告。撰写时必须讲究时效，力求内容短小精悍，结构简单规范，看后一目了然。

相关知识与拓展

一、统计分析报告的含义

统计分析结果可以通过统计表、统计图和统计分析报告等多种形式表现来。统计分析报告是全部表现形式中最完善的形式。统计分析报告是根据统计学的原理和方法，运用大量统计数据来反映、研究和分析社会经济活动的现状、成因、本质和规律，做出结论，并提出解决问题的办法的一种统计应用文体。这种文体可以综合而灵活地运用表格、图形等表现形式；可以表现表格、图形难以充分表现的活情况；可以使分析结果鲜明、生动、具体；可以进行深刻的定性分析。

二、统计分析报告的特点

（一）统计分析报告以统计数据为主体

统计分析报告主要以统计数字语言，来直观地反映事物之间的各种复杂的联系，以确凿的数据来说明具体时间、地点、条件下社会经济领域的成就和经验、问题与教训、各种矛盾及其解决办法。它不同于用艺术形象刻画的文艺作品，也不同于旁征博引进行探讨研究的各种论文，而是以统计数字为主体，用简洁的文字来分析叙述事物量的方面及其关系，进行定量分析。

（二）统计分析报告以科学的指标体系和统计方法进行分析研究说明

统计是认识社会的武器，着眼于社会经济现象总体的量的方面，并在质与量的辩证统一中进行研究。因此，统计分析报告是通过一整套科学的统计指标体系，进行数量研究，进而说明事物的本质的。但它又不同于数学分析，数学分析方法撇开事物的质量，只分析抽象的数量关系和空间的形式。而统计分析报告是在遵循统计学的基本原理和方法的基础上，运用大量的统计数据，研究说明事物质的规律性，实用性更强。

（三）统计分析报告具有独特的表达方式和结构特点

统计分析报告属于应用文体，基本表达方式是叙述事实，让数据说话，在阐述中议论，在议论中分析。在表现事物时，不是用夸张、虚构、想象等手法，而是用较少的文字，精确的数据，言简意赅、精练准确地表达丰富的内涵。

统计分析报告在结构上的突出特点是脉络清晰、层次分明。作为一种文体，统计分析报告既要遵循一般文章写作的普遍规律和要求，同时，在写作格式、写作方法、数据运用等方面也有自身的特点和要求。一般是先摆数据、事实，进行各种科学的分析，进而揭示问题，亮出观点，最后有针对性地提出建议、办法和措施。统计分析报告的行文，通常先后有序、主次分明、详略得当、联系紧密，做到统计资料与基本观点统一，结构形式与文章内容统一，数据、情况、问题和建议融为一体。

三、统计分析报告的类型

按照内容和作用的不同，统计分析报告主要有以下几种类型。

（一）统计公报

统计公报，是政府统计机构通过报刊向社会公众公布的一个年度国民经济和社会发展情况的统计分析报告。一般是由国家、省一级及计划单列的省辖市一级的统计局发布的。如《中华人民共和国 2018 年国民经济和社会发展统计公报》。统计公报的特点是：(1) 政治性、政策性和权威性较强。(2) 主要用统计数字直接反映方针政策的贯彻执行所取得的成就和问题，一般不作统计分析。(3) 标题和结构比较固定。(4) 写作严肃认真，用语郑重，概括性强，语言简练。

（二）进度统计分析报告

进度统计分析报告主要以定期报表为依据，反映社会经济的发展情况，分析其影响和形成的原因，如月度分析、季度分析和年度分析。从时间上看，它可分为定期和不定期的、期中的和期末的统计分析报告；从内容上看，它又可分为专题统计分析报告和综合统计分析报告两种。

进度统计分析报告主要用来反映各单位计划完成情况，因此较多用到计划完成程度相对指标。一般撰写时比较规范，通常包括：计划完成的基本情况；分析计划完成或未完成的原因；总结成绩和经验，找出存在的不足；提出改进的对策。

编制进度统计分析报告时必须讲究时效，力求内容短小精悍，结构简单规范，看后一目了然，方便今后改进工作和制订新的计划。进度统计分析报告通常都有一些固定的服务对象，因此，对于月报的动态、季报的趋势和年报的重点问题分析都要提前调查研究，早做准备。

（三）综合统计分析报告

综合统计分析报告是从客观的角度，利用大量丰富的统计资料，对国民经济和社会发展的规模、水平、结构和比例关系、经济效益及发展变化状况，进行综合分析研究所形成的一种统计分析报告。其主要特点是：（1）内容上具有全面性、系统性、客观性。（2）使用大量丰富而广泛的统计资料。（3）统计分析方法运用灵活。因此，编制综合统计分析报告时必须注意综合分析的内容的完整性、系统性和综合性。既要各方面综合考虑，又要重点突出，避免出现那种现象罗列、头绪纷繁、杂乱无序的分析。

（四）专题统计分析报告

专题统计分析报告是对社会经济现象的某一方面或某一问题进行专门的、深入研究的一种分析报告。它的目标集中，内容单一，不像综合分析报告那样，要反映事物的全貌。正因为如此，专题统计分析报告更要求突破时间和空间的限制，根据领导和社会公众的需要灵活选题，做到重点突出、认识深刻。专题统计分析报告在内容上尽量突出一个点或一个方面，这样容易阐述深刻，千万不要涉及面太宽，否则突出不了主题。

（五）典型调查报告

典型调查报告，是根据调查的目的、要求，有意识地选择少数有代表性的单位进行深入实际调查后所写成的报告。深入实际，进行调查研究，是各级领导、各部门了解情况，指导工作经常采用的一种工作方法。通常典型要具有代表性，事例要很生动，令人信服。其特点是：（1）内容上只反映少数单位的具体情况，不直接反映总体的全部情况，也不用这些单位的情况去推断总体的情况。（2）直接取材，编写统计分析报告所使用的材料主要是典型调查所收集的第一手资料。因此，它比其他分析报告更具体、细致和生动。

任务二 撰写统计分析报告

任务导入

为了了解某高校学生食堂饭菜的质量情况，该校进行了一项对本校在校生关于学生食堂质量评价的问卷调查，并通过抽样调查方式收集了该校 1 000 名在校生对学生食堂评价的数据。该校的后勤主任希望能从此次调查中了解到学生食堂饭菜的质量水平，并切实改善学生伙食状况。

思考：如何才能让该校的后勤主任了解到该校学生食堂饭菜的质量？

任务分析

调查问卷能够保证收集到学生食堂饭菜质量的数据，但是收集的数据非常零散，必须对数据进行加工整理，最终形成图文并茂的统计分析报告，该校的后勤主任才能直观了解食堂的饭菜质量。这就要求我们必须学会如何撰写统计分析报告。

相关知识与拓展

一、统计分析报告的格式

具体撰写统计分析报告时，格式不是一成不变的，但一般主要包括以下几个部分。

（一）标题

统计分析报告首先要有标题。标题是统计分析报告的灵魂，是内容和形式统一的体现。通过标题，能够准确揭示调查报告的主题思想。标题要简单明了、高度概括、具有较强的吸引力。好的标题往往会给文章带来画龙点睛的奇效。因此，选题时问题的针对性、时效性一定要强。标题的写法灵活多样，可以根据统计分析报告的类型合理选择。选好标题后，从报告的开头到结尾都要时刻抓住这一主题，紧紧围绕主题来进行分析，并且能够连贯、有序地阐述主题、论证主题，达到层次清楚、条理分明、论证透彻、无懈可击。

（二）摘要

摘要是统计分析报告中正文的一个缩影，通常是用简单的一段话来阐述研究的目的、研究的内容、研究的方法及研究的结论等。

（三）正文

正文是统计分析报告的中心。它主要解决以下问题：为什么要进行统计分析、对什么问题进行分析、如何进行统计分析、能够得到什么重要发现、提出什么样的措施与对策等。通过正文可以明确统计分析的目的、分析的对象、使用的方法、得出的结论及对策建议。具体撰写时可以采取文字与统计图表综合表现的形式。

（四）附件

附件是指统计分析报告正文包含不了或没有提及，但与正文有关，必须附加说明的部分。它是对报告正文的补充或更详尽的说明，可以是附表，也可以是文字或其他形式。

二、统计分析报告的要求

（一）要素要齐全

把握好基本要素，是撰写统计分析报告的基本要求，也是基本的方法。统计分析的基本要素有三点：现状分析、找准问题和提出建议。包含前一项或前两项即可以生成统计分析文章，但是作为向决策者提供咨询建议的统计分析报告必须包括这三个要素。

在统计分析“三要素”中，现状分析要总结规律、总结特点，使人感到不但立论有据，而且相当明确，而不是简单的平铺直叙。找准问题是写好统计分析的难点，也是统计分析报告中非常重要的部分，不但要从数据方面分析，更重要的是要对实际情况有深切的了解，从内在的原因上把握问题的准确性。尤其是通过横向比较和纵向比较，找出决策者应该注意的问题。提出建议要有针对性，提出的建议要与揭示的问题相对应。建议要讲究可行性和可操作性，不能太原则、太笼统。太原则的建议不但无用，还容易使人反感。

（二）主题要突出

主题是统计分析报告的中心思想或基本论点，是文章的核心与灵魂。统计分析报告中对统计数据的选择、对问题的描述和分解、对分析方法的利用、对统计数据分析的要求，以及最后所作出的统计分析的结论等，都要为主题服务，紧扣主题。统计分析报告的主题以简明的形式直接表现在“标题”中，以细化的层次体现在整个分析过程中，以观点鲜明的意见或建议体现在归纳性的结论中。

（三）材料和观点要统一

统计分析报告必须以统计资料为依据，但不能搞资料堆砌，要用统计资料来说明观点。这就要求编写统计分析报告必须处理好材料与观点的关系。这里的材料主要指的是与主题有关的各种统计数据和背景资料，观点指的是作者对问题的看法及结论，它表明作者对问题的一种基本理解、基本立场。二者的统一是指统计资料要支持统计分析报告中所说明的观点，而观点要依据统计资料，做到材料与观点的辩证统一。如果材料与观点脱节，便失去统计分析报告的说服力。

（四）判断推理要符合逻辑

统计分析报告的准确性，不仅要求运用的统计数字要准确可靠，而且要准确地说明社会经济现象的本质和发展变化的规律。这就要求编写统计分析报告要在统计资料的基础上运用推理和判断的逻辑方法进行深入分析。判断是以准确的统计数字为依据的；推理是以充分的依据为前提的。正确的判断和推理，从事物发展上说，就是要有根有据，符合客观的规律性；从思维发展上说，就是要实事求是，合乎事物的逻辑性。判断和推理的结果，前后不能矛盾，左右不能脱节，要如实反映客观事物的内在联系。

（五）结构要严谨

统计分析报告的结构是指整个分析活动的叙述在逻辑和次序上的安排，一般都直观地表现在分析提纲上。具体体现在三个方面：一是在整体结构上为主题服务的内容要完整，逻辑要清楚，层次要分明。二是段落层次的划分要体现问题分解的逻辑，即同一层次各部分之间、每部分各段落之间呈现统一的结构形式。三是结构的安排应服从主题的需要。

结构要严谨，是指统计分析报告内容的组织、构造要精当细密、无懈可击。这就要求首先要思想周密；其次要组织严谨。因此，结构能否严谨，首先取决于作者思想认识和思路是否清晰、严密。作者只有充分认识与掌握事物发展的内在规律，才能把它顺理成章地表达出来。

（六）语言要生动、简练

统计分析报告的质量高低，首先在于内容正确，其次还要讲究语言的准确。语言的准确是指统计分析报告的写作要尽可能使用学科规范术语与事务规范用语，避免引起歧义。具体撰写时，还要注意语言的简洁和通俗易懂。如果用词烦琐、语言不通、词不达意，就不能较好地表述分析的结果。所以，写一篇较好的分析报告，要善于用典型的事例、确凿的数据、简练的辞藻、生动的语言来说明问题。切忌玩文字游戏、堆砌词句、华而不实。

对于需要使用大量统计数字的分析或说明，可适当利用统计图表。描述统计数据的图表常常能够直观地表达意思，免去烦琐的文字陈述，所以在统计分析报告中用好数据图表很重要。关键是要直观和精要，忌多而杂。在统计分析报告中，依数成理是基础，依理立论是灵魂，图表是为立论服务的，多了就会影响论述。在具体使用统计图表时，还要注意统计图表在统计分析报告中的基本格式。统计表的标题要放在表的上方；统计图的标题要放在图的下方。

（七）报告要反复研究、修改

写好统计分析报告要下很大工夫，需要反复推敲，反复修改，多方征求意见，力求精益求精。最重要的是统计分析报告写作中引用的数据和背景资料，应确保准确与真实；采用的分析方法，应确保科学与规范；引用的观点，应确保合乎逻辑，经得起推敲；现状分析、问题、建议等正文内容要与题目相互呼应。同时还要在时间许可的范围内，对统计分析报告的结构、材料、方法与语言等进行反复修改。只有反复修改，才能写出好的统计分析报告。

三、统计分析报告范文

2017 年中国住宿行业发展报告

一、典型企业统计分析

2016 年，国内生产总值（GDP）74.4 万亿元，同比增长 6.7%，全国居民消费价格指数（CPI）上涨 2.0%，社会消费品零售总额 33.2 万亿元，比上年增长 10.4%，国内旅游 44.4 亿人次，比上年增长 11%，国内旅游收入 3.9 万亿元，同比增长 14%。总体来看，住宿业正处在消费升级、行业结构再造、产业链重塑的转型升级关键期，上下游产业链进一步融合，“住宿+X”成为行业发展的模式。

（一）行业规模持续增长

据国家统计局统计，2016 年，全国限额以上住宿企业营业收入为 3 791 亿元，比上年增长 4.0%。据商务部商贸服务典型企业统计测算，2016 年，全行业经营单位达 58.8 万家，比上年增长 2.5%，从业人数 510.1 万，同比增长 2.1%，总收入 5 307.5 亿元，同比增长 4.0%，与上一年度相比，增速有所放缓，主要是住宿业新业态经过上一年爆发式增长后进入稳步增长期。

（二）大众化企业成为行业主体

从行业构成来看，2016 年，住宿业在规模和档次上保持着金字塔形的市场结构，高档饭店占 7.4%，中档饭店占 28.6%，经济型连锁饭店占 21.1%，其他旅店占 41.9%. 总体来看，服务大众市场的业态占比高达 92.6%，体现了住宿业服务大众消费的民生属性。

从就业人员来看，高档饭店从业人数占住宿业就业总人数的21.4%，而其他旅店从业人员仅占21.3%。从营业收入构成来看，占比最高的是中档饭店，达29.2%，其次是经济型连锁饭店，占比28.2%。

（三）行业企业房租和人力成本负担加重

根据商务部商贸服务典型企业统计数据分析，住宿业人均劳效达26.3万元，较上年增长6.5%，客房收入仍然是住宿业营业额的重头，占47.5%。从各项成本和费用来看，企业三项费用平均为营业额的66.3%，较上年增加3.8%；应付职工薪酬为营业额的27.2%，较上年增长13.3%；房租为营业额的10.7%，较上年增加42.7%；这三项成本费用的上涨抵消了营业额增长的空间，以及能源、税金等的下调，总体来看，住宿行业企业负担较重，利润率仅为1.0%，比上年下降9.1%，盈利水平极低。

（四）转型升级趋势日益明显

2016年，住宿业连锁化程度得到进一步加强。据中国饭店协会统计，2016年，中国住宿业以规模排序的酒店集团前五十强合计拥有门店21 093个，客房数2 083 077间，分别较上一年增长17.2%和8.4%，其中前十大集团市场占有率高达58.2%，在高端酒店领域，前十大高端酒店品牌占据了37.3%的市场份额，前十大中端酒店品牌占据了64.8%的市场份额，前十大经济型饭店品牌占据了64.4%的市场份额，可以看出行业集中度明显提高。

2016年，住宿业互联网程度得到进一步提升，根据商务部商贸服务典型企业统计显示，2016年，住宿业电子商务交易额较上一年度增长28.4%，除携程、美团等第三方在线交易平台外，基于微信等社交平台的在线销售、品牌在线直销等方式都在改写传统的住宿业营销方式，企业利用互联网为企业降低营销成本，扩大品牌传播，深入分析消费市场。

（五）在国民经济中的作用日益突出

住宿业作为重要的服务性行业，对国民经济发展发挥着重要的贡献。2016年，住宿业营业额占全年国内生产总值的0.7%，为第三产业增加值的1.4%，占全年社会消费品零售总额的1.6%。住宿业就业人口占全国总就业人口的0.6%。住宿业在解决就业、拉动内需、带动相关产业发展方面发挥起着不可忽视的作用。

二、行业发展基本情况分析

（一）供给侧结构性改革取得新进展

1. 供给结构进一步优化

首先，从市场结构看，住宿业供给更加符合当前消费升级下大众住宿消费市场的需求。其次，从细分业态看，住宿业供给更加丰富、产品更加多样化，从星级酒店、经济型酒店主导的二元时代进入了多元化发展阶段，文化主题酒店、中档连锁酒店、客栈民宿、租赁式公寓成为行业发展的生力军。最后，从地域分布看，住宿消费需求旺盛的经济发达地区的住宿业供给得到更好的发展。东部沿海省市以及国内大中城市仍是住宿业的主要市场。

2. 供给能力大大提升

在消费需求的引领倒逼下，住宿企业通过创新提升了供给能力。公寓、民宿、目的地景区的多元化住宿生活中心、文化街区的部落式住宿、城市郊区的“4+3”式生活体等非标准化住宿业态的出现，中档酒店、文化主题酒店、精品酒店的迅猛发展，为消费者提供了多元化的消费选择。

3. 走出去步伐加快

2016年，中国住宿企业以自建、并购、战略投资、管理输出、品牌输出等多种方式走出国门。截至2016年底，共有35家中国酒店品牌进入“全球酒店集团325强”，其中9家为香港酒店品牌；进入前十的有3家，其中锦江酒店集团排名第五，首旅如家排名第八，华住酒店集团排名第九。

（二）行业降成本取得新成效

1. “营改增”工作切实降低行业税负水平

2016年5月1日起，住宿业全面实施“营改增”，行业税率水平为6%，可抵扣项目主要包括餐饮成本、劳务服务、能源动力、工程维修、固定资产等项目。由于住宿业经营管理比较规范，可抵扣发票可获取比率较高，因此“营改增”后税负水平下降比较明显。根据商务部典型企业数据分析，住宿业实际税负水平较上年下降10.1%，增强了企业的活力。

2. 绿色饭店提升行业可持续发展水平

2016年，各级政府部门加大《绿色饭店》国家标准的宣贯工作力度，完善绿色饭店评价办法，组织加强绿色饭店评审员队伍建设，提升绿色饭店创建工作质量，鼓励饭店企业对照明、空调、锅炉系统进行节能改造，节约用电、用水、用气，减少各类用品过度豪华包装，为顾客提供舒适、安全、利于人体健康的绿色客房和绿色餐饮。目前已覆盖20多个省市，有超过五千家企业、近万名从业人员参与到绿色饭店工作中，绿色饭店平均节能20%、节水15%。越来越多的消费者选择进入到绿色饭店和绿色餐饮企业进行消费。

三、存在的问题及原因

（一）存在的问题

1. 单体酒店、小规模连锁酒店生存环境更加艰难

据《2017中国酒店连锁发展与投资报告》数据显示，2016年，中国酒店集团规模50强的客房总数达到2 085 616间，比上年增长8.54%。产业集中度得到进一步提升。在这种环境下，酒店连锁、酒店集团的平台效应进一步显现，无论是从会员体系、营销，还是从采购以及人力成本，单体酒店和小规模连锁酒店与之相比，都有很大的劣势。

2. 成本费用高企仍是住宿企业发展的普遍问题

根据住宿业上市公司数据，营业成本以及管理、销售、财务费用在营业收入中的占比仍然很大，从35%至81%不等。与上年相比，成本费用也有不同程度的上涨，甚至高达一倍以上。根据商务部商贸服务典型企业统计数据测算，住宿企业主营业务成本在主营业务收入的占比为44.1%。此外，房租到期续约成本上涨、人力成本增长较快也是导致部分住宿企业收入和利润下降的重要因素。

3. 数据分析和应用仍有较大提升空间

当前，住宿市场已经由卖方市场发展为买方市场，深入研究顾客消费行为，了解入住客群特征、客群消费特征，有助于企业进行市场定位、产品创新、服务创新以及经营创新。然而，目前大部分住宿企业，尤其是单体酒店，还未对顾客消费行为研究加以重视。有些是因为没有有效的会员系统，没有针对性的营销措施和产品改进；还有些是因为企业内各个信息系统是割裂开的，顾客数据没有整合在一起，不能进行有效地使用；还有些是

因为经营者意识不够，没有认识到数据分析的重要性。

4. 民宿客栈等新业态发展水平有待提升

大多数客栈民宿缺乏核心竞争力，缺乏对文化等特色内涵的挖掘，缺少结合当地的人文、地域特征开展一些体验性的活动。同时，客栈民宿以单体经营为主，还没有形成规范的组织，缺少行业间的沟通交流与指导，整体上从业人员素质参差不齐，参与门槛较低，单体规模小，盈利门店不多。在公寓行业，虽然公寓行业迈入了发展的快车道，但在公寓的品牌集中度、消费者口碑、盈利模式等方面还有相当大的发展空间，租客群体对品牌公寓的认知也有待提高。

（二）原因分析

1. 传统企业缺乏创新能力

传统酒店企业经常存在经营管理模式化经验化、新知识新技术应用缓慢、人力资源缺乏、观念转变不足等问题，对新市场适应慢。同时，由于酒店企业同质化竞争严重，盈利能力偏低，无力投资应用新技术新系统、引进高端人才。

2. 投资和经营缺乏前置指导

住宿行业缺乏行业各业态规模的总体数据，缺乏各业态投资的实时动态的公示，缺乏各业态各区域住宿市场经营情况的实时指数，但住宿企业从投资到开业有半年到两年不等的期限，因此，行业极易出现投资的一窝蜂，缺乏科学的数据与规划指导。同时，新兴业态如客栈民宿、公寓等在中国大多属于新生事物，没有太多的经验可供学习和借鉴，行业的经营管理人员面对着当前前所未有的市场环境，凭借经验主义和主观判断，经营决策具有一定的盲目性和局限性。

四、政策建议

（一）强化信息服务，引导科学决策

加强对行业总体规模、各业态规模、各区域各业态投资情况、经营情况等方面数据的实时统计和分析，以行业报告、数据、指数等形式定期向各界发布，引导不同业态、不同规模、不同主题、不同档次的住宿企业正确定位、科学投资、规范建设、健康发展，实现住宿市场供给和需求的结构性均衡，更好地满足人民群众的住宿消费需求。

（二）健全法律法规，完善标准体系

建立适合行业发展需要的法律法规管理体系，加强法律法规的针对性和行业适用性，鼓励行业的业态创新。同时，建立行业标准体系，按照行业发展需要加快建立和完善短租公寓等新业态、新模式、新产品、新服务领域的相关国家标准和国家行业标准。

（三）注重规范引导，加快转型升级

鼓励住宿企业开展技术改造和能源管理等项目。鼓励企业创建绿色饭店。探索多元化经营和连锁经营，支持中央预定、集中培训、连锁管理等中央支持体系，加快推进集原辅料基地、加工制作、物流配送、终端服务于一体的全产业链发展，提高产业化发展水平。

资料来源：http：//www.mofcom.gov.cn/.

模块小结

撰写统计分析报告
- 统计分析报告的含义及特点
- 统计分析报告的种类
- 统计分析报告的格式
- 统计分析报告的撰写要求

拓展阅读

我国粮食生产基本面良好

粮食是关系国计民生的重要战略物资。我国是世界第一人口大国，保障 13 亿多人的吃饭问题始终是治国安邦的头等大事。党的十八大以来，以习近平同志为核心的党中央高度重视粮食生产，习总书记反复强调，中国人的饭碗任何时候都要牢牢端在自己手上，我们的饭碗应该主要装中国粮，粮食安全的主动权必须牢牢掌握在自己手中。在新的历史时期，党中央依据农业生产情况的新变化，提出了“以我为主、立足国内、确保产能、适度进口、科技支撑”的粮食安全新战略，确立了“谷物基本自给，口粮绝对安全”的国家粮食安全新目标，持续加大对农业生产的投入支持力度，不断改革完善强农惠农富农政策体系，粮食综合生产能力再上新台阶，取得新突破，国家粮食安全的能力显著提高、物质基础更加雄厚。2013 年以来全国粮食总产量连续 5 年超过 12 000 亿斤，粮食综合生产能力跃上新台阶，2017 年人均粮食占有量超过了 470 公斤，中国人吃不饱饭的问题彻底成为历史，我国粮食安全保障能力进一步增强。

一、实行最严格的耕地保护制度，实现“藏粮于地”

耕地是人类赖以生存的最为宝贵的资源之一，没有一定数量的耕地就无法保持一定规模的粮食生产能力，粮食安全也就无从谈起。党中央国务院高度重视耕地保护工作，先后制定《土地管理法》、《省级政府耕地保护责任目标考核办法》（国办发〔2005〕52 号）以及《关于加强耕地保护和改进占补平衡的意见》（中发〔2017〕4 号）等法律法规和部门规章，加强耕地保护工作。党的十九大报告明确提出，要完成生态保护红线、永久基本农田、城镇开发边界三条控制线划定工作，严格保护耕地等部署要求。通过最严格的耕地保护制度，乱占滥用耕地的现象得到有效遏制，耕地得到保护，我们有了底气实现“藏粮于地”。

二、农田水利条件明显改善，奠定稳产高产基础

水利是农业生产的命脉，是决定粮食能否高产的关键。近十年来，尤其是党的十八大以来，国家不断加大对以农田水利为重点的农业基础设施建设投资力度，农田水利条件明显改善，能正常使用的机电井、排灌站和能够使用的灌溉用水塘水库数量不断增长，为粮食实现稳产高产奠定良好基础。据第三次全国农业普查结果，2016 年末，全国农村中能够正常使用的机电井 659 万眼，较 2006 年增长 8.2%；排灌站 42 万个，增长 8.9%；能够使用的灌溉用水塘和水库349万个，增长53.3%。农田水利设施的不断完善使得全国灌溉耕地面积不断增加。第三次全国农业普查显示，2016年全国有灌溉设施或水源、正常气候下能灌溉耕地面积占实际耕种耕地面积的55.2%。

三、农业机械普遍使用，农业生产机械化率较高

近十年来，国家先后出台了农机购置补贴等多项扶持政策支持农业生产向机械化方向发展，联合收获机等大型农业机械数量大幅度增加，农机装备水平不断提升，主要农作物的机械化率大幅提高。第三次全国农业普查结果显示，2016年末，全国联合收获机114万台，比2006年增长105.3%；排灌动力机械1 431万套，增长6.1%；小麦机耕、机播和机收的比重分别达到了94.5%、82.0%和92.2%。农业机械的广泛应用不仅极大地提高了农业劳动生产率，也显著改善了农业生产条件，逐步把农民从"面朝黄土背朝天"的高强度农业生产劳动中解放出来。

四、农业科技进步加快，科技驱动作用增强

党的十八大以来，国家强化农业科技创新驱动作用，加大以优良品种培育为重点的农业科技研究力度，生物育种、转基因新品种培育、重大动植物疫病流行规律和防控、农业遥感和信息化等领域不断取得突破。改革完善农业技术推广体系，大范围推广旱作节水、测土配方施肥、统防统治等先进农业技术，农业科技进步作用日益彰显。据农业农村部统计，2017年我国农业科技进步贡献率达到57.5%，主要农作物良种基本实现全覆盖，自主选育品种占比达95%。

五、新型农业经营主体蓬勃发展，规模经营发展迅速

国家着力培育各类新型农业生产经营主体，农民专业合作社、家庭农场和龙头企业等新型农业经营主体大量涌现，成为建设现代农业的主导力量。第三次全国农业普查结果显示：2016年末，全国规模农业经营户398万户；农业经营单位204万个，其中以农业生产经营或服务为主的农民专业合作社达91万家。新型经营主体数量的增加有力地推动了农业生产向规模化和专业化方向发展，根据第三次全国农业普查结果，2016年耕地规模化（南方省份50亩以上、北方省份100亩以上）耕种面积占全部实际耕地耕种面积的比重为28.6%。与小农户分散经营相比，适度规模经营在资金、技术、信息、人才和管理等方面具有无可比拟的优势和辐射带动作用，对稳定农业生产、农产品供应和加快推进现代农业建设等方面发挥了重要作用。

六、农业供给侧结构性改革深入推进，农业生产向提质增效转变

随着我国粮食生产连续跨越新台阶，我国粮食库存持续增加，充裕的粮食库存有力保障了市场供应和价格的稳定，也是我国实现粮食安全的坚实基础，但出现了部分粮食品种阶段性过剩、库存压力较大，绿色、有机、安全等优质农产品供应不足等问题。党中央审时度势，做出了我国农业生产主要矛盾由总量不足转化为结构性矛盾的重大判断，在全国深入推进农业供给侧结构性改革，大力实施质量兴农战略，推动农业由增产导向转向提质导向，农业产业结构调整向纵深迈进。在保持粮食生产稳定发展的同时，各地围绕市场需求变化，加大市场短缺的农产品生产，强筋、弱筋专用小麦、优质稻和经济附加值较高的各类经济作物和特色作物等优质农产品种植面积不断扩大。2016年以来主动调减非优势产区籽粒玉米播种面积3 800多万亩，增加大豆种植面积2 100多万亩，粮经饲协调发展的三元结构正在加快形成。

以上情况表明，尽管今年夏粮和早稻略有减产，但从监测情况看，玉米长势总体要好于上年，加之有好的政策，不断增强的农田水利基础设施建设，不断提高的农业科技水平，不断推进的农业改革创新，特别是有以习近平同志为核心的党中央的坚强领导，有全国人民的共同努力，我国粮食生产仍将继续保持平稳健康发展，粮食生产的基本面总体良好。

资料来源：国家统计局.

技能训练

一、简答题

1. 什么是统计分析报告？简要说明其特点。
2. 统计分析报告有哪些种类？
3. 进度统计分析报告和综合统计分析报告有何区别？
4. 简要说明统计分析报告的格式。
5. 撰写统计分析报告时有哪些基本要求？
6. 如何撰写一篇完整的统计分析报告？

二、单项选择题

1. (　　)是对研究过程进行表述的文章，是统计分析结果的最终形式。

A. 统计数据分析　　B. 统计分析报告
C. 动态分析方法　　D. 定性分析方法

2. (　　)是对文章基本思想的浓缩，在文章中占有重要的地位。

A. 标题　　B. 导语　　C. 结束语　　D. 论点

3. 下列不属于统计分析报告特点的是(　　)。

A. 以统计数据为语言　　B. 以定性分析为主
C. 具有简明的表达方式和结构材料　　D. 是对研究过程的高度概括

4. 张力撰写了一篇题为“强化征收管理，确保税收收入稳步增长”的统计分析报告。报告首先阐述了税收收入的完成情况及其特点，其次分析了影响税收收入的主要因素及税收征管中面临的突出问题，最后提出了强化征收管理，确保税收收入稳步增长的几点政策建议。该报告的结构属于(　　)。

A. 递进结构　　B. 并列结构　　C. 时序结构　　D. 时空结构

5. 在战略控制中，通常使用统计分析报告。统计分析报告以图表式和文章式等多种形式表达统计分析结果，其特点不包含(　　)。

A. 多以较详尽的文字配合不同假设的情景表述
B. 主要以统计数据来反映事物之间的联系
C. 通过一整套科学指标体系进行数量研究
D. 一般包含对所存在问题的建议改善方法和措施

6. 下列关于统计分析与专题报告说法不正确的是（　　）。

A. 统计分析结果可以通过表格式、图形式和文章式等多种形式表现出来，其中图形

式是表现形式中最完善的一种

B. 统计分析报告以科学的指标体系和统计方法来进行分析研究说明

C. 专题报告有助于企业对具体问题进行控制，有助于企业管理人员开阔战略视野，有助于企业内外的信息沟通

D. 统计分析报告在结构上的突出特点是脉络清晰、层次分明

7. 某人撰写了一篇题为“我市股份制商业银行的竞争力不断提高”的统计分析报告，此报告是以（　　）为标题的。

A. 分析目的　　B. 主要论点　　C. 主要结论　　D. 提问的方式

8. 统计分析报告的结束语应当(　　)。

A. 开门见山　　B. 留下悬念　　C. 交代动机　　D. 总括全文

9. 李斌撰写了一篇题为“我国钢铁业发展研究和预测”的统计分析报告，报告仅就我国钢材的销售收入进行了分析和预测。此文标题存在的问题主要是(　　)。

A. 缺乏新意　　B. 不够精练　　C. 标题过长　　D. 与内容不一致

三、技能操作题

1. 对本班学生上学期和下学期消费情况进行调查、整理，最终形成一份反映本班学生消费情况的统计分析报告。

2. 通过各种途径了解某城市 2018 年房价情况，最终形成一份反映某城市房价情况的统计分析报告。

参考文献

[1] 陈在余，陶应虎．统计学原理与实务．北京：清华大学出版社，2009.

[2] 贾俊平．统计学．2 版．北京：清华大学出版社，2006.

[3] 裴更生，陈娟．统计基础．北京：中国人民大学出版社，2010.

[4] 郑聪玲．统计．杭州：浙江大学出版社，2004.

[5] 郑聪玲．统计．2 版．杭州：浙江大学出版社，2009.

[6] 王苹香，崔玉娟．统计学原理．上海：上海交通大学出版社，2011.

[7] 朱文涛．统计学基础项目化教程．北京：冶金工业出版社，2010.

[8] 全国统计专业技术资格考试用书编写委员会．统计业务知识．4 版．北京：中国统计出版社，2019.

[9] 朱小平，马元驹．财会统计业务基本技能训练教程．北京：中国人民大学出版社，2004.

[10] 马军海．管理统计学．2 版．北京：北京大学出版社，2015.

[11] 刘玉玫．统计学基础．北京：中国统计出版社，2002.

[12] 陈宏威，于海峰．统计基础与实务．北京：中国人民大学出版社，2012.

[13] 姚增明，高安吉．统计学项目化教程．北京：北京交通大学出版社，2011.

[14] 王正朋．实用统计学．北京：北京交通大学出版社，2011.

[15] 达莱尔·哈夫．统计数据会撒谎．廖颖林，译．北京：中国城市出版社，2009.

[16] 陈宏威．统计基础与应用．西安：西安交通大学出版社，2011.

[17] 蒙德·埃维森，玛丽·培根．统计学：基本概念和方法．吴喜之，等，译．北京：高等教育出版社，2000.

[18] 国家统计局主页，http：//www. stats. gov. cn.

图书在版编目（CIP）数据

统计基础/张俊清，邱学林主编．—2版．—北京：中国人民大学出版社，2019.8
21世纪高职高专会计类专业课程改革规划教材
ISBN 978-7-300-27191-0

Ⅰ.①统… Ⅱ.①张… ②邱… Ⅲ.①统计学-高等职业教育-教材 Ⅳ.①C8

中国版本图书馆CIP数据核字（2019）第151690号

普通高等职业教育“十三五”规划教材
21世纪高职高专会计类专业课程改革规划教材
统计基础（第二版）
主　编　张俊清　邱学林
副主编　费琳琪　赵峰松　徐玉萍
主　审　綦　颖
Tongji Jichu

出版发行	中国人民大学出版社		
社　　址	北京中关村大街31号	**邮政编码**	100080
电　　话	010－62511242（总编室）		010－62511770（质管部）
	010－82501766（邮购部）		010－62514148（门市部）
	010－62515195（发行公司）		010－62515275（盗版举报）
网　　址	http://www.crup.com.cn		
经　　销	新华书店		
印　　刷	北京密兴印刷有限公司	**版　　次**	2014年2月第1版
规　　格	185 mm×260 mm　16开本		2019年8月第2版
印　　张	15.5	**印　　次**	2019年8月第1次印刷
字　　数	371 000	**定　　价**	38.00元